LABYRINTH

An International Journal for Philosophy,
Value Theory and Sociocultural Hermeneutics

Printed ISSN 2410-4817
Online ISSN 1561-8927

Vol. 20, No. 2, Winter 2018

**THE IMPACT OF THE REFORMATION
AND THE FUTURE OF CHRISTIANITY**

Guest Editor: Prof. Dr. Hans-Walter Ruckenbauer

Editor-in-Chief:
Prof. Dr. Yvanka B. Raynova

Managing Editor:
Dr. Susanne Moser

Advisory Board:

Prof. Dr. Seyla Benhabib (Boston), Prof. Dr. Debra Bergoffen (Fairfax), Prof. Dr. Peter Caws (Washington), Prof. Dr. Reinhold Esterbauer (Graz), Prof. Dr. Nancy Fraser (New York), Dr. Ludger Hagedorn (Vienna), Prof. Dr. Alison M. Jaggar (Boulder), Prof. Dr. Domenico Jervolino (Roma/Napoli), Prof. Dr. Andrzej M. Kaniowski (Łódź), Prof. Dr. François Laruelle (Paris), Prof. Dr. Hedwig Meyer Wilmes (Nijmegen), Prof. Dr. Herta Nagl-Docekal (Wien), Prof. Dr. Elit Nikolov (Sofia), Prof. Dr. Sonja Rinofner-Kreidl (Graz), Prof. Dr. Hans-Walter Ruckenbauer (Graz), Prof. Dr. Ronald E. Santoni (Granville), Prof. Dr. Anne-Françoise Schmid (Paris), Prof. Dr. Hans Rainer Sepp (Prague), Prof. Dr. Helmuth Vetter (Wien), Dr. Brigitte Weisshaupt (Zürich), Prof. Dr. Andrzej Wiercinski (Warsaw/Freiburg), Prof. Dr. Richard Wisser (Mainz)

Axia Academic Publishers

Bibliographische Information der Deutschen Nationalbibliothek:
Die Deutsche Nationalbibliothek verzeichnet diese Publikation in der Deutschen
Nationalbibliographie, detaillierte bibliographische Daten sind im Internet unter
http://dnb.dnb.de aufrufbar.

Die wissenschaftliche und redaktionelle Arbeit wurde von der Kulturabteilung
der Stadt Wien – Wissenschafts- und Forschungsförderung unterstützt.

*Labyrinth: An International Journal for Philosophy, Value Theory and
Sociocultural Hermeneutics* is a serial publication of the Institut für Axiologische
Forschungen / Institute for Axiological Research, Vienna – www.iaf.ac.at
For more information, please visit the Journal's homepage:
www.labyrinth.axiapublishers.com

© 2018 Axia Academic Publishers
Vienna
All Rights Reserved
Journal & Cover © 1999 Institut für Axiologische Forschungen
Printed in Germany

ISSN 2410-4817 / ISBN 978-3-903068-26-1

www.axiapublishers.com

LABYRINTH, Vol. 20, No. 2, Winter 2018

THE IMPACT OF THE REFORMATION AND THE FUTURE OF CHRISTIANITY

Table of Contents

EDITORIAL

Yvanka B. Raynova (Sofia/Wien)
Reformation der Kirche oder Reformation durch Kultur?   5

THE IMPACT OF LUTHER'S REFORMATION AND THE FUTURE OF CHRISTIANITY

Peter Gaitsch (Graz)
Max Schelers Reformation der Religionsphilosophie   14

Susanne Heine (Wien)
"Die Sprache ist eine große und göttliche Gabe" (Martin Luther)
Reformation und Sprachkultur   41

Andrea Vestrucci (Berkeley, CA)
Thinking from Justification towards a New Perspective –
in and with Martin Luther   56

Basilius J. Groen (Graz)
Protestantismus und ostkirchliche Orthodoxie   78

Susanne Moser (Wien)
Über die Verwirrungen hinsichtlich der Genderfrage oder braucht
die römisch-katholische Kirche eine Reformation?   113

FROM THE ARCHIVES

Jan Patočka (Prag)
Das Urchristentum im Rahmen der antiken Religionen   151

REFORMATION TROUGH CULTURE AND THE PROTECTION OF CULTURAL VALUES

Nicholas Roerich (Naggar)
The Roerich Pact: Three Documents — 160

Nicholas Roerich (Naggar)
On Culture, Values, and Peace (Selected Essays and Letters) — 171

Nikolay Raynov (Sofia)
Roerich and the Fight for Culture — 195

Nikolay Raynov (Sofia)
Art and War — 199

Yvanka B. Raynova (Sofia/Wien)
The Painting "Confessions" of Nikolay Raynov — 201

Galina Dekova (Sofia)
Nikolay Raynov – Beauty with a crystalline structure — 209

BOOK REVIEW

Susanne Moser (Wien)
Crisis as engine of development of philosophical thought — 215

EDITORIAL

YVANKA B. RAYNOVA (Sofia/Wien)

Reformation der Kirche oder Reformation durch Kultur?

Nach den vorherigen beiden Nummern über François Laruelle und derjenigen über Jan Patočka, liegt mit dieser *Labyrinth*-Nummer der vierte und letzte Teil der Schwerpunktsetzung zu "Heretical Challenges and Orthodoxy" vor. Auch bei der jetzigen Ausgabe handelt es sich um ein Jubiläum oder, besser gesagt, um Gedenktage: Es geht um das Reformationsjahr 2017, das uns zum Nachdenken über Luther's Reformation und die Folgen einlädt, aber auch um den 110. Jahrestag des ursprünglichen Entwurfes des Roerich-Paktes (1928-1929) sowie um das bevorstehende 130. Jubiläum des Geburtstages von Nikolay Raynov (1879-1954), einem Verfechter der Ideen Roerichs und der erste Schriftsteller, der zum Häretiker erklärt und aus der Bulgarisch-Orthodoxen Kirche exkommuniziert wurde. Doch es ist nicht so sehr das Häretische, was die Jubilare verbindet, sondern die *geistige Reform*, die sie eingefordert haben.

Die Etymologie und die mehrfache Bedeutung des Wortes "Reformation" können behilflich sein, um dies besser zu veranschaulichen. Das Wort Reformation kommt aus dem Lateinischen *re-formare* bzw. aus dem Französischen *réformer*. Das renommierte französische Wörterbuch *Le Littré* gibt vielleicht die ausführlichste Information, indem es elf Bedeutungen des Wortes aufzählt (*Le Littré* 2018). Von Relevanz für uns sind die ersten drei, die "Reform" folgendermaßen definieren: (1) Korrigieren, d.h. in der alten Form oder in einer besseren Form wiederherstellen; (2) eine moralische und intellektuelle Verbesserung anbieten; (3) in einem religiösen Orden die nachgelassene Disziplin wieder herstellen. Wenn man diese Bedeutungen genauer betrachtet, dann fällt die Zeitform auf. *Korrektur* oder *Wiederherstellung* (Bedeutung 1 und 3) sind Hinweise auf die Vergangenheit, sie verweisen "nach hinten", auf eine ursprüngliche Situation, die verlorengegangen und zurückgewonnen werden soll. Zugleich geht es um *Verbesserung* der Gegenwartslage (Bedeutung 2), die "nach vorne" in die Zukunft weist. Luthers *Sola scriptura* bedeutet *Re-form* im Sinne der Rückkehr zurück zur ursprünglichen Form des Glaubens, die in der Heiligen Schrift gegeben ist. Für Roerich und Raynov – zwei bekennende Theosophen, geleitet von der Maxime: "There is no religion higher than truth" (Blavatsky 1988, 1) – hingegen ist die Reform, die sie anstreben, eine "nach vorne" gerichtete. Es geht ihnen um eine geistige *Erneuerung*, um eine tiefgreifende Veränderung der Menschen und der Gesellschaft durch Kultur. Die Heiligen Bücher sind in diesem

Kontext zwar wegweisende Inspirationsquellen, aber jede Zeit hat ihren eigenen Geist und eigene Aufgaben, die es zu entdecken und zu lösen gilt. Je nachdem, ob die religiösen Gemeinschaften diesen Zeitgeist und die damit verbundene Reformbedürftigkeit erfassen, ob sie entwicklungsfähig, lebendig, offen oder eher rückwärtsgewandt, dogmatisch und verschlossen sind, werden sie von Roerich und Raynov als positiv oder negativ beurteilt.

Diesen beiden Bedeutungen folgend, beinhaltet das vorliegende Heft zwei Hauptteile. Während der erste sich mit den Einflüssen und Auswirkungen des Luther'schen Protestantismus befasst und die Frage nach der Reformation von Kirche und Konfession bzw. nach der Zukunft des Christentums stellt, eröffnet der zweite Teil eine andere Perspektive, die den Reformierungsansatz nicht im religiösen Bereich ansiedelt, sondern in der Kultur als Erweiterung des menschlichen Bewusstseins und der kreativen Gestaltung des Lebens.

Zur Reformierung der Kirche(n) und des Glaubens

In seinem Beitrag "Max Schelers Reformation der Religionsphilosophie" weist Peter Gaitsch darauf hin, dass die Zukunft des Christentums in Europa maßgeblich davon abhängt, ob es gelingt Religion und Moderne auf überzeugende Weise miteinander zu vereinbaren. Im ersten Teil nimmt er Bezug auf Schelers Luther-Kritik, um darin Kriterien für ein *Prinzip Reformation* im Sinne Schelers zu gewinnen. Gaitsch knüpft hier an das *Prinzip Reformation* des liberalen Kulturprotestantismus an, der sich als Weiterführung der Reformation unter den Bedingungen der Moderne versteht und die Gegenwart des Göttlichen als tragendem Grund der Wirklichkeit als unerschöpflich annimmt, weshalb die religiösen Ausdrucksgestalten immer reformbedürftig seien. In Scheler sieht er einen *Luther des Denkens* am Werk, der im Übergang von seiner katholischen hin zur nachkatholischen Phase nach einer vom "rechten" Glauben unabhängigen universellen Liebesgemeinschaft Ausschau hält, die zu einem solidarischen Gesamtheil der Menschheit führen könnte. Allerdings verlaufe die Bezugnahme Schelers auf Luther nicht unkritisch, was sich schon daran zeige, dass er das Gottesverhältnis nicht mit dem Glaubensbezug gleichsetze, sondern an die Grundvollzüge menschlichen Daseins, insbesondere das Lieben, kopple. Im zweiten Teil unterzieht Gaitsch anhand der gewonnenen Kriterien Schelers Phänomenologie des religiösen Sinns, die das Hauptstück seiner "katholischen" Religionsphilosophie bildet, einer Kritik, während er im dritten Teil Schelers nachkatholische panentheistische Metaphysik als Antwort auf den in seiner Religionsphilosophie offen gebliebenen Reformbedarf deutet. Gaitsch weist darauf hin, dass es in Schelers Überlegungen nicht nur um eine Reform der Metaphysik des Göttlichen – der Abkehr von einem personalistischen Theismus zugunsten eines Panentheismus –, sondern insbesondere auch um die Frage geht, worauf eine überkonfessionelle nicht-exklusive Gemeinschaft zwischen Menschen zu gründen sei.

In "Protestantismus und ostkirchliche Orthodoxie" beleuchtet Basilius Groen die komplexe und vielspurige Geschichte des Dialoges zwischen Protestantismus und Orthodoxie. Bereits ab dem Jahr 1573 sei es zur Zusammenarbeit lutherischer Theologen mit dem Patriarchen von Konstantinopel gekommen, die jedoch im Jahr 1581 abgebrochen wurde, da man mittlerweile in der Reformation einen Bruch mit der authentischen christlichen Tradition sah. In den darauffolgenden Jahrhunderten sei es zu einer Flut an Missionsbewegungen gekommen, sei es von Jesuiten, Dominikanern, Methodisten, Paptisten und Anderen, die sich insbesondere im Mittleren Osten und im Balkan, aber auch in der Sub-Sahara Afrikas, in Asien und im Pazifik niederließen. Anfang des zwanzigsten Jahrhunderts habe sich die ökumenische Bewegung als Gegenbewegung zur Zersplitterung und Konkurrenzierung innerhalb der Missionierung gebildet. Angeregt vom Beispiel des 1919 errichteten Völkerbundes habe das Patriarchat von Konstantinopel sämtliche Kirche zu einer Gemeinschaft der Kirchen aufgerufen, 1948 wurde der Ökumenische Rat der Kirchen (ÖRK) gegründet. Groen betont, dass viele Orthodoxe, welche die Tradition, die Kontinuität mit der Frühkirche und die Einheit für wesentlich halten, den Protestantismus immer noch als schismatische Bewegung ansehen, welche vorhat, die Kirche zu spalten. Beim Protestantismus hingegen sei es durch die ökumenischen Kontakte mit der Orthodoxie und dem Katholizismus zu einer Erneuerung der Liturgie und der liturgischen Theologie gekommen. Er hebt hier insbesondere den liturgischen Theologen Alexander Schmemann als Vorbild eines gelungenen Ost-West-Lernens hervor. Schermann, der in Paris und New York lehrte, sei durch die westkirchliche liturgische Bewegung beeinflusst worden und habe umgekehrt einen erheblichen Einfluss auf protestantische und katholische Liturgiker ausgeübt. Trotz vieler positiver Errungenschaft schließt Groen mit der Feststellung, dass es gerade in den letzten Jahren zu starken Selbstprofilierungstendenzen und einem erneuten Konservatismus gekommen sei, der an seinen eigenen Wurzeln und an seinen Traditionen festhalte, während es zugleich durch Individualisierung, Entkirchlichung und Pluriformisierung dazu komme, dass die Kirchen kaum noch Festkörper darstellten, sondern Ruinen vergangener Machtsystem ähneln würden.

In ihrem Beitrag "Die Sprache ist eine große und göttliche Gabe (Martin Luther). Reformation und Sprachkultur" verweist Susanne Heine darauf, wie sehr Luthers Anthropologie in der Sprachlichkeit des Menschen grundgelegt ist. Als sprechendes Wesen stehe der Mensch nicht in außerbegrifflicher Korrespondenz zur Welt, sondern in personaler Kommunikation mit ihr. Luther spreche vom Menschen als von einem Lebewesen in Beziehung, wobei er diese seiner Sprachlichkeit verdanke. Heine hebt hervor, dass Luther die Sprachlichkeit in der Gottesbeziehung gründet, auf die hin die Sprache geschaffen worden sei. Luther habe daher darauf gedrängt, dass die Menschen Sprachen lernen, denn der Heilige Geist sei uns durch das Mittel der Sprache zugänglich. Sprachen, so Heine, können jedoch auch dazu verwendet werden, Menschen aufzuhetzen. Die Sprache sei zwar eine göttliche Gabe, aber sie könne auch Ängste schüren und Polarisierungen hervorrufen unter dem Motto: Wir und die Anderen. Derzeit mache sich eine populistische Rhetorik in Politik und Öffentlich breit, die sich als Stimme des Volkes verstehe und gegen die Eliten oder die Ausländer polemisiert. Die Aussage Luthers, man solle dem Volk aufs Maul schauen, werde immer wieder als Beleg für seinen Populismus genommen. Luther habe sich jedoch, im Gegensatz zu den heutigen Populisten, selbst als Teil der Elite verstanden, nämlich als hoch gebildeter Lehrer und Prediger, der dem Volk eine geistliche Botschaft nahebringen wolle. Luther habe einen Weg gesucht, dem Volk das Evangelium verständlich zu machen, weshalb er ihm aufs Maul schaute, um zu erfahren, wie es spricht und danach zu übersetzen, damit es auch versteht, was da geschrieben steht. Im Gegensatz zu heutigen Populisten, die Angst schüren, um Menschen gegeneinander aufzubringen, habe Luther die Angst überwinden wollen, die Menschen in die Unterwürfigkeit und Knechtschaft führt.

In "Thinking *from* Justification. Towards a New Perspective – in and with Martin Luther" bietet Andrea Vestrucci einen neuen Zugang zu Luthers Rechtfertigungsproblematik an. Denn es komme immer wieder zu Missverständnissen aufgrund verschiedener Zugänge, seien diese nun historisch oder systematisch. Während der historische Zugang die Schriften Luthers in seinen verschiedenen Entwicklungsphasen untersuche und auf Veränderungen und Brüche fokussiere, sei der systematische Zugang darum bemüht, die Kohärenz aufzuzeigen. Vestrucci betont, dass nur ein Dialog zwischen beiden Zugängen zielführend sei. Ausgehend von Luthers Schrift *De servo arbitrio* zeigt sie auf, dass das Bedürfnis nach Sicherheit darüber, ob man das von Gott Gewollte und Vorgeschriebene auch richtig erfüllt bzw. eingehalten habe, nie erreichbar sei. Luther sei davon ausgegangen, dass man nie wissen könne, ob die Erfüllung des *Sollens* von Gott auch wirklich gutgeheißen werde. Vielmehr komme es nur durch die Unterwerfung "Subjectus!" unter die göttliche Gnade zu einer wirklichen Rechtfertigung. In diesem Sinne sei die göttliche Rechtfertigung nicht mit einem juristischen Geschehen vergleichbar, wo nach Verlassen des Gerichts eine Freiheit von der Gerichtsbarkeit vorliege. Bei der göttlichen Rechtfertigung durch Gott bleibe das Forum immer bestehen, "*divine justification means never leaving the forum.*" Vestrucci betont, dass jede theologische Rechtfertigung, auch alle Selbst-Rechtfertigungen, von dieser göttlichen Rechtfertigung kommen müsse.

In ihrem Beitrag "Über die Verwirrungen hinsichtlich der Genderfrage oder braucht die römisch-katholische Kirche eine Reformation?" stellt Susanne Moser eine Verbindung her zwischen den Missbrauchsfällen und dem Anti-Genderismus innerhalb der römisch-katholischen Kirche, den sie als Ausdruck des Unwillens und der Unfähigkeit versteht, sich mit den eigenen Strukturen von sexualisierter Macht und Gewalt auseinanderzusetzen. Anstatt Gender als Instrumentarium zur Bekämpfung jeglicher Formen von sexualisierter Gewalt in den eigenen Reihen zu verwenden, finde – ausgehend von der römisch-katholischen Kirche seit den 2000er Jahren – eine immer aggressiver werdende Verleumdungskampagne gegenüber einer vermeintlichen "Genderideologie" statt. Zugleich, so Moser, befinde sich die römisch-katholische Kirche durch die Offenlegung von Vergewaltigungen an Nonnen durch Priester und deren Auftrag an diese im Falle einer Schwangerschaft abzutreiben, in der schwersten Krise seit der Reformation. Fünfhundert Jahre nach Luthers Kritik an bestimmten Praktiken der katholischen Kirche trage die Genderfrage ein Veränderungspotential in sich, das zu einer neuen "Reformation" geradezu aufrufe. Ziel ihres Beitrages ist es, aufzuzeigen, dass mit "Gender" ein Analyseinstrument vorliege, das genau diese Macht- und Herrschaftsstrukturen aufzeigen und aufbrechen könne, welche zu eben dieser Krise geführt haben. Denn der Zusammenhang von Sexualität und Macht sei sehr komplex und oft nicht auf den ersten Blick erkennbar, da er in der römisch-katholischen Kirche hinter einem Schleier von Mythen verborgen bleibe, die von einer Liebes- und Brautmystik genährt werden. Auch weist sie darauf hin, dass es gar kein Sinn mache, von *der* Gender-Ideologie zu sprechen, da es eine Vielzahl von Gendertheorien gebe, die sich teilweise auch widersprechen. So gebe es einerseits das Gender-Mainstreaming, welches eine natürliche Zweigeschlechtlichkeit voraussetze und auf Geschlechtergerechtigkeit abziele und auf der anderen Seite die Queer-Theorien, welche die Norm der Zweigeschlechtlichkeit grundlegend hinterfragen. Ursprünglich aus der wissenschaftlichen Sexualforschung kommend und als Gegenpart zum Begriff *sex* im Sinne eines biologischen Geschlechts entwickelt, finde mit der Übernahme von *sex* und *gender* als Analysekategorie in die Frauenforschung jener *"cultural turn"* statt, der nunmehr den Blick dafür freigebe, wie kulturelle Ordnungsstrukturen unsere Sicht der Wirklichkeit bestimmen. Anhand des Verhältnisses von *sex* und *gender* zeigt Moser detailliert die Absurdität mancher Vorwürfe auf und fordert stattdessen dazu auf, sich ernsthaft mit dieser komplexen Thematik auseinanderzusetzen.

Reformation durch Kultur und Schutz kultureller Werte

Angesichts zunehmender Zerstörung religiöser Denkmäler, die einen wichtigen Teil des kulturellen Erbes der Menschheit darstellen, ist der Roerich-Pakt von besonderer Bedeutung und Aktualität. Im Namen der Religion wurden 2001 die größten Buddha-Statuen der Welt durch die Taliban zerstört. In Timbuktu, Mali, vernichteten 2012 radikalislamistische Ansar-Dine-Rebellen alte muslimische Mausoleen und einen Teil der Sidi-Yahia-Moschee in

Malis Wüstenstadt. 2015 zertrümmerte die IS-Terrormiliz den 2000 Jahre alten Baal-Tempel und Teile des römischen Theaters der syrischen Stadt Palmyra (RND/dpa 2017). Die Zitadelle und die Altstadt Aleppo wurden 2016-2017 von den Dschihadisten in Schutt und Asche verwandelt (Dudin 2017). Dass solche Zerstörungen gezielt vorgenommen werden ist kein Zufall, denn Kulturdenkmäler, unabhängig davon ob sie einen religiösen oder säkularen Charakter haben, sind Ausdruck des Wertesystems, der Identität und des Gedächtnisses einer bestimmten Gruppe, Ethnie oder Nation. Diese zu verwüsten bedeutet, alles was sie ausmacht auszulöschen. Deshalb betonte Roerich, dass solche Taten nicht toleriert werden dürfen.

Roerich war einer der Gründer der Gesellschaft zur Wiederbelebung der Künste in Russland und der Gesellschaft für den Schutz und die Erhaltung von Kunst und Antiquitäten. Nachdem er von 1903 bis 1904 alte russische Städte besucht hatte, begann er einen aktiven Kampf gegen die Zerstörung von Denkmälern und anderen kulturellen Werten. Schon 1914 wandte er sich persönlich an das Oberkommando der russischen Armee, die Regierungen der Vereinigten Staaten und Frankreichs mit der Idee, ein internationales Abkommen zum Schutz kultureller Werte in bewaffneten Konflikten zu schließen. 1915 sandte er einen Bericht an Zar Nikolaus II., in dem er ernsthafte staatliche Maßnahmen zum Schutz von Kulturgütern im ganzen Land forderte. Doch die Oktoberrevolution verhinderte diese Pläne, er verließ Russland und zog mit seiner Familie zuerst nach London und später in die USA. In der Periode 1928-1929 erarbeitete er zusammen mit George G. Chklaver, Völkerrecht- und Politikwissenschaftler an der Pariser Universität, einen Entwurf des Paktes zum Schutz von Kulturdenkmälern und schlug ein Erkennungszeichen für geschützte Objekte vor – das s.g. "Banner des Friedens". 1935 ratifizierten die USA und Vertreter von 21 Ländern des amerikanischen Kontinents den vom US-Präsidenten Roosevelt veröffentlichten Vertrag "Über den Schutz von Kunst- und Wissenschaftseinrichtungen und historischen Denkmälern (Roerich-Pakt)". Der Pakt und insbesondere sein Banner wurden nach dem Modell des Roten Kreuzes konzipiert: "If the Red Cross flag protects physical health, then may the Banner of Peace preserve the spiritual health of mankind" – betonte Roerich (Roerich 1933, 192). Seine Initiative wurde von Komitees und verschiedenen Persönlichkeiten wie Romain Rolland, Bernard Show, Rabindranath Tagore, Albert Einstein, Maurice Maeterlinck u.a. auf der ganzen Welt unterstützt. In Bulgarien war Nikolay Raynov der Initiator für die Gründung der Roerich-Gesellschaft, die den Roerich-Pakt befürwortete. Er selbst war Mitglied der *Union Internationale pour le Pacte-Roerich* und nahm am ersten internationalen Kongress in Brügge, Belgien, 1931 teil. Der Pakt sicherte den Vorrang der Kultur und der kulturellen Werte vor der militärischen Notwendigkeit und schützte sie nicht nur vor den Zerstörungen des Krieges, sondern auch vor Vandalismus in Friedenszeiten. Er bildete auch die Grundlage des späteren Haager Übereinkommens der UNESCO von 1954 zum Schutz von Kulturgütern bei bewaffneten

Konflikten und wurde somit auch zum Fundament des modernen Völkerrechts auf dem Gebiet der Erhaltung des kulturellen Erbes. Eine von Roerich vorgeschlagene Flagge des Paktes, Friedensbanner genannt, wurde zum Symbol für den Schutz von Kulturgütern. Der Banner ist weiß und beinhaltet drei rote Sphären, die pyramidal im Zentrum eines Kreises eingebunden sind. Diese symbolisieren die Einheit von Vergangenheit, Gegenwart und Zukunft im Kreislauf der ewigen Entwicklung.

Roerich gibt keine Definition von Kultur, vielmehr geht er einen eigenen Weg, der das Wort etymologisch erfasst und daraus eine neue Bedeutung gewinnt. Die Sprachwurzel Ur bedeutet in verschiedenen alten Sprachen (Ägyptisch, Hebräisch, Armenisch u.a.) Licht oder Feuer. Daher müsse man Kultur als Cult-ur, d.h. Kult des Lichts bzw. Verehrung, Anbetung des Lichts, verstehen. In diesem Sinne bedeute Kultur die Synthese der spirituellen Erfassung und Erschaffung des Schönen:

> Culture is reverence of Light. Culture is love of humanity. Culture is also fragrance, the unity of life and Beauty. Culture is the synthesis of uplifting and sensitive attainments. Culture is the armor of Light. Culture is salvation. Culture is the motivating power. Culture is the Heart. If we gather all the definitions of Culture, we find the synthesis of active Bliss, the altar of enlightenment and constructive Beauty. (Roerich 1933, 107).

Wenn Dostojewski behauptet, die Schönheit wird die Welt erretten, so könnte man sagen, dass Roerich diese Formel weiterentwickelt, indem er der Kultur eine erlösende Funktion zuschreibt – sie ist Rettung aus der Ignoranz, der Barbarei und der Zerstörung. Kultur sei jedoch nicht mit Zivilisation zu verwechseln:

> [Up] to now many people consider it fit to replace the word Culture by civilization, forgetting completely that the very Latin root Cult has a very deep spiritual significance, whereas civilization has as its root a civic social structure of life. It seems quite clear that every country passes through certain social steps, viz., civilization, which in its highest synthesis forms the eternal and indestructible conception to Culture. As we see from many examples, civilization may perish, may be altogether annihilated, but Culture creates its great heritage upon indestructible spiritual tablets, which sustain the future generation. (Roerich 1933, 46)

Kunst und Kultur sind schaffend, sie arbeiten für das Gemeinwohl, bringen die Menschheit voran und zeugen von wahrer Größe; Krieg ist hingegen zerstörend, er ist eine Antipode der Kultur und zeugt vom Größenwahnsinn oder/und Barbarei – dies ist die Hauptbotschaft des kurzen Artikels von Nikolay Raynov "Art and War" (1939), der sich auf den Pakt-Roerich bezieht. Raynovs Wertschätzung für Roerich ist in seinem kurzen Artikel "Roerich and the Fight for Culture" (1933) erkennbar, in dem er Roerichs Kultur-konzept vorstellt und die einende Kraft der Kunst betont Hier, sowie in anderen Texten, bedauert Raynov das schwindende Interesse an Kunst und Kultur und fordert mit Roerich eine Besinnung auf die "wahren Werte":

> Just at present, the world traverses an unprecedented and deeply-rooted material crisis. A crisis of over-production, a crisis of the lowering of quality. A crisis in the faith of the possibility of a better and brighter future. It occurs mainly because of the fact that many generations have already been trained to believe that the leading world power is the gold standard. But recalling the entire history of humanity, we know this is not so. Let us not be compelled to repeat again that the true *valuta* is the *valuta* of spiritual treasures, and the sources of these values without a doubt still remain in the books, written in many different languages, but which carry the one language of the spirit. (Roerich 1933, 164)

Die Hauptaussage der *Pax Cultura* ist, dass ein nachhaltiger Friede nur durch eine tiefgreifende Veränderung, sprich Re-formierung des Bewusstseins des Einzelnen und der Gesellschaft, erlangt werden kann und, dass dies in der Zuständigkeit der Kultur liegt. Dieser zutiefst theosophische Gedanke stützt sich, nach Yvanka Raynova (siehe ihren Beitrag "The painting 'confessions' of Nikolay Raynov") auf Helena Blavatsky's Auffassung, nach welcher die Entwicklung der Menschheit verschiedene Zyklen durchwandert. Diese Zyklen beinhalten sieben Wurzelrassen und sieben Subrassen, bei denen die Menschheit vor verschiedenen Prüfungen und Aufgaben gestellt wird. Raynov greift Blavatskys Konzeption auf und wendet sie auf die Kunst an, indem er sieben Kulturkreise untersucht, die sich spiralförmig entwickeln. Zurzeit befinden wir uns, so Raynov, am Anfang des sechsten Kreises der Kultur, der sich durch zunehmende Vereinfachung der Formen und Spiritualisierung charakterisiere, wie dies z.B. in der Malerei Roerichs zu beobachten sei. Der siebente Kulturkreis, den er "Epoche der großen Synthese" nennt, würde zu einer neuen Einheit der verschiedenen Künste führen und auch die ultimative Aufgabe der Kunst – die spirituelle Transformation der natürlichen und menschlichen Welt und somit die Erschaffung eines universellen geistigen Organismus – am vollkommensten erfüllen. Inwiefern dieser spiritual turn heute noch aktuell ist, zeigt der Beitrag von Galina Dekova "Nikolay Raynov – Beauty with a crystalline structure". Ihrer Meinung nach hätten Bilder und Texte von Nikolay Raynov heute Platz in einer Ausstellung wie "Der Enzyklopädische Palast" von Massimiliano Gioni, Kurator der 55. Biennale von Venedig (2013), in der spirituelle Lehren vorgestellt wurden.

Beide Teile dieser *Labyrinth*-Nummer können unabhängig von einander gelesen werden. Sie sind jedoch besonders interessant im Vergleich. Während die Luther'sche Reformation einen Rekurs auf das geschriebene Wort fordert, verweisen die Theosophen auf den Geist – inklusive den Geist Christi bzw. den Geist der Evangelien – als das belebende "lebendige Wort", das nur mit dem Herz erfasst werden kann. "Laßt uns nicht vergessen" – schreibt Helena Roerich in einem ihrer Briefe, – "daß die ganze Bibel rekonstruiert ist, abgesehen von den vielen Ungenauigkeiten und Auslassungen in den zahlreichen Übersetzungen. Wir brauchen gar nicht das Alte Testament zu erwähnen, auch im Neuen Testament gibt es viele Widersprüche... Die Lehre Christi ist bis zur Unkenntlichkeit entstellt, und jetzt ist für die christliche Welt die Zeit gekommen, ihr Karma selbst zu bestimmen." (Roerich 1934) Und sie endet mit dem folgenden Zitat aus der Lehre der Lebendigen Ethik:

> So viele Entstellungen, so viele Ungenauigkeiten haben sich in die Lehren eingeschlichen. Wahrlich, jede Bestrebung zur Reinheit ist großer Dienst. (...) Man kann sich schwer vorstellen, wie viele Gemüter durch üble Auslegungen getrübt wurden; jeder Mensch ist mit Spannung erfüllt, neue Auslegungen zu suchen, geht jedoch weiter von der Wahrheit ab. Die Zersplitterung wird lebhaft bestätigt in den Religionen, in der Wissenschaft und im ganzen Schaffen. Jede Welt steht mit einer anderen in Wechselbeziehung. Jede Wahrheit entspringt einer anderen Wahrheit. Wahrheit wird nur dem offenen Herzen enthüllt. (Ebenda.)

Yvanka B. Raynova

Literaturangaben

Dudin, Mey. Beschädigte Kulturdenkmäler in Syrien und im Irak: Das Zerstörungswerk der Dschihadisten. Qantara.de 07.07.2017. Web. <https://de.qantara.de/content/beschadigte-kulturdenkmaler-in-syrien-und-im-irak-das-zerstorungswerk-der-dschihadisten>

Le Littré. "Réformer". Aufgerufen am 25 Oktober 2018. Web. <https://www.littre.org/definition/r%C3%A9former>

RND/dpa. "Zerstörte Kulturdenkmäler – im Namen der Religion", online: https://www.maz-online.de/Nachrichten/Politik/Zerstoerte-Kulturdenkmaeler-im-Namen-der-Religion

Roerich, Helena. "Brief vom 26.05.1934", in Ders. *Briefe von Helena Roerich, Band 1, 1929 - 1935*. Web. <http://emrism.agni-age.net/german/vol1/p4.htm>

Roerich, Nicholas. *Fiery Stronghold*. Boston: The Stratford Company Publishers, 1933.

THE IMPACT OF LUTHER'S REFORMATION AND THE FUTURE OF CHRISTIANITY

PETER GAITSCH (Graz)

Max Schelers Reformation der Religionsphilosophie

Max Scheler's Reformation of Philosophy of Religion
Abstract

The following contribution aims to show the relevance of Max Scheler's reflections on the relation of Christianity and modernity for the present situation. It interprets Scheler's philosophy of religion in terms of a principle of reformation that can be implicitly found in Scheler's critical assessment of the historical impact of Lutheran Protestantism. Scheler's principle of reformation provides four criteria: (i) autonomy of the religious sphere, (ii) dialectics of life and spirit, (iii) community beyond religious denominations, and (iv) metaphysical determination of the divine. On that basis, we will see that Scheler's "catholic" phenomenology of religion from 1921 only partly meets his own criteria, whereas his "post-catholic" metaphysics of panentheism, developed after 1922, is more suitable to meet these criteria. Two factors are crucial: First, the divine is characterized by a fundamental metaphysical tension between spirit and vital impulsion, which leads to transferring the responsibility of balancing this tension to the history of mankind. Second, the community that corresponds to this metaphysical conception is not delimited by religious denomination but is integrated by solidarity among all human and living beings instead.

Keywords: Martin Luther, Max Scheler, metaphysics, panentheism, reformation

Einleitung

Auf grundsätzlicher Ebene hängt die Zukunft des Christentums in Europa maßgeblich davon ab, ob Religion und Moderne auf überzeugende Weise miteinander vereinbar sind. An diesem Problem, das sich für jede Zeit neu stellt, kontinuierlich laboriert zu haben, ist ein bedeutendes Erbe der von Martin Luther angestoßenen Reformationsbewegungen.

Diese Sichtweise versteht sich nicht von selbst. Im Vorfeld des 500jährigen Reformationsjubiläums veröffentlichte der Philosoph und Medienwissenschaftler Norbert Bolz ein Plädoyer *Zurück zu Luther* (Bolz 2016), das sich gerade in der Entgegensetzung von Religion und Moderne gefällt – im konkreten Fall in der Entgegensetzung von der Gnade durch Glauben und dem "gescheiterten" humanitären Selbstbehauptungswillen der "gnadenlosen Neuzeit". Der "Mut zum Sprung in den Glauben" sei der einzige Weg eines "Glaubens für Erwachsene" (Bolz 2016, 122). Dies ist die erstaunlich antimodernistische und fideistische Schlussfolgerung eines Autors, der zugleich immer wieder bekennt religiös unmusikalisch zu sein.

Um der maßlosen existenziellen Paradoxie zu entgehen, scheint es daher eher angebracht, dem protestantischen Theologen Jörg Lauster zu folgen, der in einem klugen Buch zum selben Anlass in einem souveränen historischen und systematischen Überblick zeigt, wie "Reformation als Prinzip" zu verstehen ist, wie es im Untertitel heißt (Lauster 2017). Denn mit der Idee des *Prinzips Reformation* ist der Gedanke verbunden, dass sich die Vermittlung zwischen Christentum und Moderne immer wieder neu als Problem stellt. Lauster knüpft hier vor allem an die liberale Tradition des Kulturprotestantismus des 19. Jahrhunderts an (die mit Paul Tillich ins 20. Jahrhundert verlängert wird), die sich durch ihre Offenheit dafür auszeichnet, dass der göttliche Geist auch in modernen Kulturformen wie Kunst, Musik und Literatur abseits konfessioneller Bekenntnisse wehen kann: "Der liberale Kulturprotestantismus sieht sich als Fortführung des Reformatorischen unter den Bedingungen der Moderne." (Lauster 2017, 7) Der Kulturprotestantismus begründet das *Prinzip Reformation* dadurch, dass die Gegenwart des Göttlichen als tragendem Grund der Wirklichkeit unerschöpflich ist und dass daher die religiösen Ausdrucksgestalten immer überholungsbedürftig sind und in ihrem Selbstverständnis von einer grundsätzlichen Offenheit und Freiheit gekennzeichnet sein müssen (Lauster 2017, 40f., 48, 58f.):

> Das ist das Programm des Kulturprotestantismus. Die Reformation ist nicht die einmalige Rückführung auf eine Idealgestalt der Kirche, sondern der Durchbruch eines grundsätzlichen und ewigen Protests gegen alle Verabsolutierungen religiöser Ausdrucksformen." (Lauster 2017, 85)

Zu den "Verwandlungsfolgen des europäischen Christentums in der Moderne" (Lauster 2017, 72) gehört der Umstand, dass individuelle religiöse Intellektualität oder Nachdenklichkeit als ein wichtiger Aspekt moderner christlicher Praxis anzuerkennen ist, anstatt den Blick auf die "vormoderne Identität von Christentum und Kirche" (Lauster 2017, 73) zu verengen. Der so verstandene Kulturprotestantismus ist weder "Wohlfühl- und Wellnessprotestantismus" noch eine übermoralisierende und überpolitisierte Zivilreligion, sondern "denkende Frömmigkeit" und "Religion für freie Geister".

Ein weiterer wichtiger Aspekt, der von Lauster angeführt wird, ist ein versöhnter Blick auf den modernen Verlust der Einheit des Christentums, der für die Ökumene eine positive Perspektive eröffnet:

> Der Sinn der Reformation liegt im Widerstreben gegen eine Vereinheitlichung der Christentümer. Ihre Vielfalt ist begründet in einer Art geschichtstheologischer Arbeitsteilung, in der jeder Erscheinungsform des Christentums die Aufgabe zukommt, die sie prägenden Gewissheiten der göttlichen Präsenz in der Welt an dem Ort zu leben, in den sie hineingestellt wurde. Der ewige Protest erinnert daran, dass das Christentum jeweils dies und doch auch immer noch viel mehr ist. Mit der Aufgabe, das Göttliche in der Welt darzustellen und von seiner Gewissheit zu leben, kommt das Christentum in seiner Geschichte nie zu Ende. Darum gehört die Reformation allen. (Lauster 2017, 135)

In diesem von Lauster sehr schön beschriebenen Geist der Reformation findet der Rückblick auf Max Schelers Religionsphilosophie statt, der im Folgenden unternommen wird. Der hier gemachte Versuch besteht darin, in der Entwicklung von Schelers Gedanken zur Religion und zum Göttlichen ein *Prinzip Reformation* am Werk zu sehen, das den Übergang von Schelers "katholischer" Phase zu seiner "nachkatholischen" Phase als eine bedenkenswerte Vermittlungsgestalt von Christentum und Moderne nachvollziehbar macht. Es ist bekannt, dass Schelers so genannte katholische Phase 1921 in *Vom Ewigen im Menschen* (GW V)[1] ihren Höhepunkt findet. Scheler gilt in dieser Zeit und in den Jahren davor als *der* katholische Intellektuelle *par excellence*. Nach dieser Zeit findet jedoch eine untergründige Wandlung in Schelers Verhältnis zur Religion statt, die im Vorwort zur dritten Auflage (1926) seiner Ethik in folgendem Bekenntnis gipfelt:

> Es ist der Öffentlichkeit nicht unbekannt geblieben, daß der Verfasser in gewissen *obersten* Fragen der Metaphysik und der Philosophie der Religion seinen Standort seit dem Erscheinen der zweiten Auflage dieses Buches nicht nur erheblich weiterentwickelt, sondern auch in einer so wesentlichen Frage wie der Metaphysik des einen und absoluten Seins (das der Verfasser nach wie vor festhält) so tiefgehend *geändert* hat, daß er sich als einen ‚Theisten' (im herkömmlichen Wortsinne) nicht mehr bezeichnen kann. (GW II, 17)

Der hier vorgelegte Beitrag möchte diese Wandlung als eine Reformation der Religionsphilosophie lesbar machen. In seiner selbstkritischen, die Religionsphilosophie erneuernden Denkanstrengung kommt Scheler in dieser Sicht einem *Luther des Denkens* gleich, der uns in seinem authentischen Ringen um den Sinn der Religion in einem modernen Kon-

---

[1] Die Schriften Max Schelers werden im Folgenden wie üblich nach den *Gesammelten Werken* (= GW) unter Angabe des Bandes in römischer Ziffer zitiert.

text immer noch als Vorbild dienen kann, sowohl was seine Haltung bei seinen religionsphilosophischen Überlegungen als auch was die Resultate dieser Überlegungen betrifft. Damit bietet sich die Möglichkeit, fruchtbar an Schelers Religionsphilosophie und Metaphysik anzuknüpfen, anstatt sein Denken von säkularer Seite – im Blick auf sein religionsphilosophisches Hauptwerk – *als katholisch abzustempeln* bzw. – im Blick auf seine späte neue Metaphysik – *katholischerseits abzustempeln*.[2]

Der Beitrag entfaltet sich in drei Teilen. Im ersten Teil wird Schelers Luther-Kritik inspiziert, um darin Kriterien für ein *Prinzip Reformation* im Sinne Schelers zu gewinnen. Im zweiten Teil dienen die gewonnenen Kriterien dazu, Schelers Phänomenologie des religiösen Sinns, die das Hauptstück seiner "katholischen" Religionsphilosophie bildet ("Probleme der Religion" (1921), GW II, 101–354), einer Kritik zu unterziehen. Im dritten Teil wird Schelers nachkatholische panentheistische Metaphysik als Antwort auf den in seiner Religionsphilosophie offen gebliebenen Reformbedarf gedeutet. Wie wir sehen werden, geht es in diesen Überlegungen nicht nur um eine Reform der Metaphysik des Göttlichen – der Abkehr von einem personalistischen Theismus zugunsten eines Panentheismus –, sondern insbesondere auch um die Frage, worauf eine überkonfessionelle nicht-exklusive Gemeinschaft zwischen Menschen zu gründen ist.

1. Schelers Luther-Kritik

Für eine Einschätzung von Schelers Luther-Kritik ist es in einer ersten Annäherung nützlich, den historischen Kontext zu berücksichtigen und sie mit einer anderen zeitgenössischen philosophischen Stellungnahme zu Luther zu kontrastieren.[3] Die wichtigsten verstreuten Bemerkungen Schelers zu Luther stammen aus der Zeit unmittelbar nach dem Ersten Weltkrieg, also aus seiner katholischen Phase. Seine kritische Luther-Rezeption fällt damit in die Zeit einer Luther-Renaissance innerhalb der evangelischen Theologie, die besonders mit dem Luther-Buch von Karl Holl (1921) verknüpft ist und die sich gegen die liberale kulturprotestantische Theologie, für die unter anderem Ernst Troeltsch steht, wendet. Während Luthers Denken von Troeltsch als vormodern und abhängig bleibend von

---

[2] Eine extreme psychologistische, auf biographische Umstände abzielende Formulierung für diese Abstempelung katholischerseits – die wohl ihrerseits psychologistisch aus der Enttäuschung über den "Verrat" des deutschen katholischen Paradephilosophen an der konfessionellen Sache gedeutet werden kann – stammt von Heinrich Fries: "Schelers Philosophie nach 1922 war nichts anderes als eine Konstruktion zur Rechtfertigung seiner Fehler." (Fries 1949, 116)
[3] Zum historischen Kontext der Luther-Rezeption rund um die Zeit des Ersten Weltkriegs sowie zur Luther-Rezeption von Martin Heidegger vgl. Großmann 2005.

scholastischer Metaphysik charakterisiert wird, findet Holl bei Luther eine zukunftsweisende "Gewissensreligion" und "Autonomie höheren Stils" angelegt (Großmann 2005, 17). Schelers Äußerungen zu Luther sind vor diesem Hintergrund weniger als eine konfessionelle Polemik, sondern als eine Stellungnahme zu einem innerprotestantischen Dissens zu verstehen. Wie wir sehen werden, wird Scheler ähnliche Ausdrücke wie Holl verwenden, um den lutherischen Protestantismus zu charakterisieren, er wird diese aber kritisch wenden, sodass Scheler in der Einschätzung Luthers eher an der Seite von Troeltsch steht. Für Scheler ist Luther somit keine philosophisch unmittelbar interessante Figur, sondern er ist interessant allein in seiner großen geistesgeschichtlichen Wirkung, in der für Scheler einige negative Züge hervorstechen.

Im Kontrast dazu ist es aufschlussreich, dass der junge Heidegger zur selben Zeit eine genuin philosophische Beziehung zu Luther unterhält. Er nennt ihn im (nicht vorgetragenen) Vorwort einer 1923 verschriftlichten Freiburger Vorlesung neben Aristoteles, Kierkegaard und Husserl als den vierten wichtigen Impulsgeber für sein Denken, und zwar mit der genau bestimmten Rolle des "Begleiters im Suchen" (Heidegger 1988, 5). Bei Heidegger erhält die theologische Luther-Renaissance der damaligen Zeit somit eine philosophische Wendung. Luthers reformatorisches Denken steht für Heidegger für die Suche nach einer ursprünglichen, metaphysisch unverstellten Religiosität auf dem Wege einer *Destruktion* der metaphysisch-scholastischen Tradition, die einer philosophischen Daseinsanalytik, wie sie Heidegger seit Anfang der 1920er-Jahre vorschwebt und in *Sein und Zeit* 1927 ihren Ausdruck findet, zum Vorbild dient (Großmann 2005, 18–25). Der junge Heidegger versteht sich insofern "als eine Art philosophischer Luther der westlichen Metaphysik (*as a kind of philosophical Luther of western metaphysics*)", wie es John van Buren treffend ausgedrückt hat (van Buren 1994, 171f.).

Betrachten wir nun Schelers kritische Bemerkungen zu Luthers geistesgeschichtlicher Wirkung. An dieser Stelle interessiert nicht primär, ob diese Kritikpunkte historisch immer völlig zutreffend sind – solche Thesen über geistesgeschichtliche Zusammenhänge lassen sich auch kaum abschließend beurteilen –, sondern vielmehr, was sie *ex negativo* zur näheren Bestimmung eines positiven *Prinzips Reformation* beitragen können. Schelers Kritik lässt sich in vier Punkten kristallisieren.[4]

---

[4] Ich stütze mich dabei zum Teil auf die Vorarbeit von Delikostantis 1992, der drei Kritikpunkte formuliert. Bei Delikostantis fehlen der erste der von mir angeführten Kritikpunkte und die Bezugnahme auf Schelers Text "Der Friede unter den Konfessionen", der wichtige Ergänzungen zu Schelers Verständnis des lutherischen Protestantismus enthält.

(i) Die ersten beiden Punkte entsprechen den beiden "deutschen Krankheiten", die Scheler im Blick auf die Geschichte des deutschen Volkes 1919 diagnostiziert ("Von zwei deutschen Krankheiten", GW VI, 204–219). Die erste Krankheit nennt er die "Krankheit der Abwechslung von Protest und maßloser Hingabe" (GW VI, 207). Sowohl maßlose Hingabe als auch Protest sind Zeichen von Schwäche im geistigen Selbstverhältnis eines Individuums oder eines Volkes, da beide Verhaltensweisen auf eine Selbstpreisgabe, eine Abhängigkeit von der Bestimmung des Fremden, hinauslaufen. In der *reaktiven Natur des Protestantismus* sieht Scheler die "deutsche Grundirrung Luthers": Luther entwickelte ein neues Dogma, "das aus dem Protest gegen schwere Schäden der damaligen Kirche entsprang, nicht aber aus einem positiven, neuen, vom Kampf gegen die Hierarchie ganz unabhängig gewachsenen religiösen Bewußtsein" (GW VI, 204f.).[5] In "Der Friede unter den Konfessionen" (GW VI, 227–258) von 1920 – einem Plädoyer für die respektvolle geistige Auseinandersetzung zwischen den Weltanschauungen (unter "Konfession" versteht Scheler nämlich in einem weiten Sinn jede Art von weltanschaulichem Bekenntnis) –, bringt Scheler diesen Punkt auf eine grundsätzliche Einsicht: "Handle in Dingen des Glaubens *nie* bloß *reaktiv*! [...] Reaktion und Protest führt nie zur Wahrheit. Viel konfessioneller Unfriede ist in der Welt ausschließlich entsprungen durch reaktives Denken und Handeln, durch überschießenden Protest und Gegenprotest." (GW VI, 232)

Für das *Prinzip Reformation* bedeutet das vor allem, dass sich die Reformation des religiösen Grundakts aus einer bloß reaktiven Konstellation gegenüber problematischen Formen der religiösen Bezugnahme befreien und eine autonome Gestalt finden muss.

(ii) Die zweite deutsche Krankheit, die Scheler diagnostiziert, ist die *falsche Innerlichkeit*. Auch sie hat eine ihrer Quellen bei Luther:

> In Luther verzichtete der deutsche Geist zuerst und auf dem Boden der *höchsten*, d.h. alle anderen Werte nach sich formierenden Werte auf den Einbau des Innerlichen in die äußere reale Welt – auf die *Harmonie von Äußerem und Innerem*. Hier zuerst bildete sich der Wurzelpunkt für jene rein nach ‚innen' gerichtete Geistigkeit, die, ungeprüft und unkorrigiert durch das Leben der Welt, unbegrenzten Wachstums fähig ist: aber unbegrenzten Wachstums *auf Kosten* jeder Art von *Verwirklichung* des Gottesreiches, ja unter *systematischem* Verzicht auf sie." (GW VI, 212f.)

Scheler ist ein Kritiker der Innerlichkeit, da sie eine Ausrichtung des Geistes bedeutet, in der sich der Mensch nicht mehr mit den äußeren Mächten konfrontiert und stattdessen bei der "weichen, nachgiebigen Wolkenmasse" (GW VI, 209) der eigenen Gedanken

---

[5] Vgl. dazu die etwas polemische terminologische Unterscheidung zwischen "Reformation" als berechtigtem Anliegen und "Protestantismus" als fehlgeleiteter Konsequenz bei Hacker 1966, 150.

und Wertungen verbleibt. In der Innerlichkeit verpflichten die eigenen Gedanken und Wertungen zu nichts, sie ziehen keine Formung der Wirklichkeit nach sich. Aus diesem Grund ist die Innerlichkeit auch nicht inhaltlich festlegbar, sie kann Gutes und Schlechtes, Hohes und Niedriges gleichermaßen umfassen: "In den unsagbaren Tiefen der ‚reinen Innerlichkeit' wird der Geist, werden die Ideen, werden Taten und Gesinnungen, werden Schönheitssinn und Religion – wird selbst Christus in der Tat schlechthin harmlos, verantwortungslos, bedeutungslos" (GW VI, 208f.). Die Verinnerlichung des Geistes führt komplementär zu einer Freisetzung der bildungslosen und geistlosen Macht, sodass beide Seiten ein geheimes Bündnis, ein "unterirdisches Assekuranzsystem" (GW VI, 211) eingehen: "Beide Teile betrachten sich [bei wechselseitiger Missachtung] gegenseitig als ihre Dienstboten." (GW VI, 211). In Bismarck – der seine Realpolitik mit einer unpolitischen Pflege von religiöser und familiärer Innerlichkeit verbindet – erblickt Scheler "das einzige staatsmännische Genie dieses Typus" (GW VI, 216). Die Verbindung von moralischem Quietismus und politischem Machiavellismus sieht Scheler aber auch schon in Luthers Weltverhältnis (GW VI, 212).

Aus der Kritik der Innerlichkeit lässt sich wiederum ein Kriterium für die Fortbestimmung des *Prinzips Reformation* gewinnen: Eine echte Reformation kann nicht in einer Flucht in die innere Emigration bestehen, um gegenüber der Erfahrung der Ohnmacht des Geistes in den äußeren Verhältnissen durch die Autarkie des Geistes eine neuen souveränen Standpunkt zu gewinnen. Stattdessen muss sie den Geist – bei nicht zu vermeidendem Risiko einer Niederlage – mit den Mächten des Lebens aufeinander treffen und sich in eine Dialektik mit ihnen verwickeln lassen. Darin liegt der Unterschied zwischen einer *imaginierten* und einer *wirklichen* Reformation. Mit dieser Kritik der Innerlichkeit sind nicht nur ethische, sondern auch metaphysische Konturen einer wirklichen Reformation vorgezeichnet, wie wir später sehen werden.

(iii) Der dritte Kritikpunkt steht im Kontext von Schelers Theorie der Sympathiegefühle und der Liebesarten und findet sich zugespitzt in den Beiträgen "Das Ressentiment im Aufbau der Moralen" (GW III, 33–147) von 1912 und "Die christliche Liebesidee und die gegenwärtige Welt" (GW V, 357–407) von 1917. Die von Luther propagierte Rechtfertigung allein durch den gnadengewirkten Glauben (*sola fide* und *sola gratia*) verfehlt den fundamentalen sozialen Charakter des christlichen Liebesethos, da es die Nächstenliebe über das individuelle Rechtfertigungsstreben vermittelt und in diesem Sinne auf Selbstliebe gegründet sein lässt (GW III, 111). Die Liebe wird damit nicht mehr als ein mit dem Glauben gleichursprünglicher Bezug zu Gott aufgefasst, sondern zu einem bloßen "Werk" herabgestuft. Dies kommt einer *individualistischen Verkennung der Liebe im menschlichen Gottesverhältnis* gleich: Der individuelle Akt des Glaubens ("einsam vor Gott") fundiert den sozialen Akt des Liebens. Mit diesem "religiösen *exklusiven* Individualismus" (GW V, 368) verliert der Tertullian zugeschriebene Satz "unus christianus, nullus christianus", der das Prinzip der Heilssolidarität ausdrückt, seine Geltung.

Worauf Scheler hier positiv abzielt, wird besonders in "Der Friede unter den Konfessionen" (1920), in der er diese Kritik wiederaufgreift, deutlich. Die vom rechten Glauben unabhängige[6] Liebe eröffnet die Idee der *universellen Liebesgemeinschaft*, die von den Differenzen zwischen den weltanschaulichen Bekenntnissen nicht berührt wird: "Wer den Andersgläubigen oder Ungläubigen liebt, baut von selbst am Haus des einen Glaubens der wahren Kirche." (GW VI, 231) Somit hängt weder das rechte Lieben noch das rechte Geliebt-werden vom rechten Glauben ab. Scheler verbindet diese Einsicht mit der Lehre vom mystischen Leib der Kirche, in der sich die Idee "*einer* großen irdischen Schicksalsgemeinschaft" (GW VI, 230) bekundet, die auch alle Andersgläubigen und Ungläubigen mit umfasst. An der Selbständigkeit der Liebe gegenüber dem Glauben hängt also für Scheler das rechte Kirchenverständnis. Die Idee der *einen* Kirche Gottes, die das "solidarische Gesamtheil der Menschheit" (GW VI, 244f.) zu verwalten hat und daher universalistisch und nicht-exklusivistisch eingerichtet sein muss, ist gleichsam eine naturrechtliche Bestimmung von Kirchlichkeit. Deshalb ist ein zentraler Punkt in Schelers historischer Kritik, dass der lutherische Protestantismus zu sehr "volksfremde gelehrte Pastorenkirche", zu wenig "wahre Volkskirche" ist (GW VI, 247).

Für das *Prinzip Reformation* ist daraus die Lehre zu ziehen, dass eine Reformation des religiösen Grundakts diesen nicht an ein exklusives gläubiges Bekenntnis hängen darf, sondern allein an Grundvollzüge menschlichen Daseins (wie das Lieben). Eine Reformation des Religiösen muss sich mit einer offenen überkonfessionellen Vergemeinschaftungsform verbinden, um ihren universalistischen Anspruch einzulösen. Dazu gehört auch, dass eine Reformation, die nur in einer Sekte von Intellektuellen oder Metaphysikern verstanden und realisiert werden könnte, keine Reformierung, sondern eine Ersetzung des Religiösen wäre.

(iv) Der vierte Kritikpunkt führt den dritten Kritikpunkt auf eine noch grundsätzlichere Ebene und betrifft die "Umgestaltung des Wahrheits- und Glaubensbegriffs" (GW I, 37) bei Luther, die Scheler bereits in seiner Dissertation (1899) behandelt hat (Delikostantis 1992, 293f.). Im religionsphilosophischen Haupttext "Probleme der Religion" von 1921 (GW V, 101–354) liest sich diese Kritik an Luthers *quasi-cartesianischem reflexiven Glaubensverständnis* folgendermaßen:

---

[6] Delikostantis missversteht meines Erachtens diesen Kritikpunkt, da er meint, dass Scheler sich gegen die "Trennung" von Glaube und Liebe bei Luther wende (Delikostantis 1992, 299). Zur Entgegnung des vermeintlichen Einwands führt Delikostantis daher Stellen bei Luther an, die klar machen, dass die Liebe aus dem Glauben *folgen* müsse. Scheler geht es jedoch vielmehr darum, dass Luther die *Unabhängigkeit* der Liebe vom Glauben verkennt.

Schon wenn man – mit Luther – die religiöse Glaubens- und Heils*gewißheit* vor die religiöse Glaubens- und Heils*wahrheit* setzt [Fußnote von Scheler im Text: "Luther tat für die Religion hier nur dasselbe, was Descartes für die Philosophie getan"], beginnt ein Gedankenprozeß, der darauf abzielt, das Glauben schließlich zu seinem eigenen Gegenstand zu machen. Es ist offensichtlich ein Zirkel, z.B. die Heils*wahrheit* des Opfertodes Christi für der ganzen Menschheit Sündenlast auf den individuellen gläubigen Annahmeakt des Wortes Gottes im Evangelium zu stellen, um dann die persönliche Heilsgewißheit, Christus sei ‚für mich' gestorben, wieder an den festen Glauben allein, an die selbst schon geglaubte Heils*wahrheit* zu binden. Das ist Glauben an den Glauben – eine Reflexion, die beliebig fortgesetzt werden kann. Das Glauben-glauben ist so wenig Glaube wie die Velleität des Wollen-wollens eines Inhalts Wollen dieses Inhalts ist. (GW V, 241)[7]

Hier ist es wichtig, den genauen Sinn von Schelers Kritik zu erfassen. Es handelt sich nicht um eine pauschale Subjektivismus-Kritik, und es geht auch nicht darum, dass die Selbstgewissheit des Cogito unabhängig von der Gewissheit Gott gedacht würde (was im Übrigen schon bei Descartes kaum zutrifft). Worauf Scheler stattdessen den Finger legt, ist der Umstand, dass Luther die *Intentionalität* des religiösen Akts nicht adäquat fasst: Das *sola fide* führt ihn zum Missverständnis, dass das im Glauben Eröffnete (die Heilswahrheit) allein im Akt des Glaubens existiert, woraus folgte, dass eine transzendente Fundierung ("Wahrheit") des religiösen Akts auf seine immanente Fundierung ("Gewissheit") zurückgeführt werden kann. Der Bezug auf Gott wäre damit befestigt in der Selbstbezüglichkeit des Glaubens. Es ist aber darauf hinzuweisen, dass das *sola fide* – die Zugänglichkeit allein durch den Glauben – nicht zwangsweise an ein solches reflexiv-immanentistisches Glaubensverständnis gebunden ist, da die Möglichkeit bleibt, dass das, was allein im Glauben zugänglich ist, als etwas verstanden wird, was in seiner Wahrheit nicht vom Vollzug des Glaubens abhängt. Hier liegt die Bedeutung von Schelers *Noematik* des religiösen Akts, wie wir gleich sehen werden. Sie stellt Schelers eigene Lösung des Problems dar, in das Luthers Glaubensverständnis gerät. Darüber hinaus lehnt Scheler aber auch das *sola fide* als solches ab, wie wir oben unter (iii) bereits gesehen haben: insofern er nämlich das Gottesverhältnis nicht mit dem Glaubensbezug gleichsetzt, sondern auch andere Bezüge, wie die Liebe, als dem Glauben gleichursprünglich ansieht.[8]

---

[7] Diesem Kritikpunkt Schelers entspricht die Kritik an Luthers "reflexivem" Glaubensverständnis, die von Paul Hacker in dem katholisch einflussreichen Buch *Das Ich im Glauben bei Martin Luther* (1966) ausgeführt wurde (Delikostantis 1992, 301–304). Das Buch wurde 2002 mit einem Vorwort von Joseph Ratzinger neu aufgelegt.

[8] Es ist in dieser Hinsicht bedeutsam, dass Scheler in "Probleme der Religion" (1921) nur noch in untergeordneter Rolle vom Glaubensakt, sondern meist unspezifischer vom *religiösen Akt* spricht:

Für das *Prinzip Reformation* bedeutet die Kritik an Luthers Quasi-Cartesianismus generell, dass sich eine Reformation des religiösen Grundakts nicht auf eine Epistemologisierung des Religiösen zurückziehen kann, sondern an einer metaphysischen Dimension – der Bestimmung dessen, was das Göttliche ist – festhalten muss.

Auf dieser Basis wollen wir uns nun Schelers Religionsphilosophie in seiner katholischen Phase ansehen und dabei beurteilen, wie weit in ihr das *Prinzip Reformation* schon wirksam ist, das sich durch Schelers kritische Auseinandersetzung mit Luther in vier Kriterien konkretisiert hat: (i) Autonomie des Religiösen, (ii) Dialektik von Geist und Leben, (iii) überkonfessionelle Vergemeinschaftung, (iv) metaphysische Bestimmung des Göttlichen.

2. Schelers katholische Periode: Phänomenologie des religiösen Sinns

Wenn abkürzend von "katholischer Religionsphilosophie" die Rede ist, um Schelers Religionsphilosophie der katholischen Phase – mit dem Haupttext "Probleme der Religion" von 1921 – zu bezeichnen, ist zunächst klarzustellen, dass Schelers Anspruch explizit "überkonfessioneller" Art ist (GW V, 11). Es geht ihm nach der katastrophischen Erfahrung des Ersten Weltkriegs um eine Religionsphilosophie, die einer überkonfessionellen, die Weltanschauungen einigenden *religiösen Erneuerung* dient (GW V, 103), ohne jedoch damit eine "neue Religion" begründen zu wollen (GW V, 329). Mit einem Wort, der Anspruch ist reformatorischer Art. Um dies zu bewerkstelligen, sucht Scheler für die Religionsphilosophie einen Weg "jenseits von Scholastik und Moderne" (Zaborowski 2003, 221; Schaeffler 1980, 166) zu bahnen. Sein Programm ist das eines mit *phänomenologischen* Mitteln erneuerten *Augustinismus*, der sich sowohl von einer (neu-)thomistischen Verstandesmetaphysik als auch von einer kantisch inspirierten modernen Subjektivierung des religiösen Akts abgrenzt (GW V, 8 u. 11). Das augustinische Grundmoment liegt darin, dass Scheler eine *unmittelbare Rezeptivität* des Menschen für das Göttliche, einen "religiösen Sinn" (GW V, 278), in Anspruch nimmt, der es erlaubt, von einer *natürlichen Religion* (oder "Mystik", GW V, 21) des Menschen zu sprechen, die sowohl von offenbarungspositi-

---

Der religiöse Akt ist ein "Grundakt" des menschlichen Geistes (GW V, 275). Alles Glauben kommt erst als Kompensation eines Schauens ins Spiel, auf das es als seine evidente Erfüllung verweist (GW V, 288 u. 292). Im wichtigen Vorentwurf "Absolutsphäre und Realsetzung der Gottesidee" (1915/16), der erst postum veröffentlicht wurde (GW X, 179–253), steht der Glaubensakt noch im Zentrum der Analyse. Meine Hypothese ist, dass sich Scheler in seinen religionsphänomenologischen Analysen erst allmählich vom *sola fide* lösen konnte. Diese Ablösung ist wichtig, da nur auf ihrer Grundlage Schelers Religionsphänomenologie "postsäkular" – d.h. in einer Zeit der *epochalen Schwäche* des Glaubens – fruchtbar gemacht werden kann (Gaitsch 2018).

vistischer Religion als auch von metaphysischer – d.h. durch spontane, schlussfolgernde Verstandestätigkeit zustande kommender – Gotteserkenntnis zu unterscheiden ist. Die essentiellen Gehalte dieses religiösen Sinns des Menschen sucht Scheler mittels einer phänomenologischen Korrelationsanalyse ("Eidologie" oder "Eidetik") – der Analyse des Gehalts des religiösen Gegenstandes (Noema) ausgehend von seiner Gegebenheit im religiösen Akt (Noesis) – zu bestimmen.

Dieser Hinweis auf Schelers sehr grundsätzlich orientierte Vorgehensweise sollte bereits zur Genüge zeigen, dass seine Religionsphilosophie nicht auf eine bloße Anwendung seiner in der Phänomenologie des intentionalen Wertfühlens gewonnenen Erkenntnisse auf das Gebiet der Religionsphilosophie abzielt. Seine Religionsphänomenologie beschränkt sich somit nicht auf eine Phänomenologie der Werterfahrung des Heiligen.[9] Die Erfahrung des Heiligen als eines im höchsten Sinne Wertvollen geht zwar als wichtiger Teilaspekt in sie ein, aber es ist wichtig zu sehen, dass Schelers Religionsphänomenologie zugleich auch in einem weiten Sinn metaphysische[10] Bestimmungen der Wirklichkeit des Göttlichen zu geben beansprucht. Denn nach Scheler sind es insgesamt *drei* "formale" Attribute, die dem Göttlichen in noematischer Analyse zugeschrieben werden müssen: (i) Es existiert von sich her, also unbedingt (*ens a se*); (ii) es ist "allwirksam", also allmächtig; (iii) und es ist in einem höchsten Sinne wertvoll, also heilig (*summum bonum*). Diese drei Merkmale sind "die *einzigen*, die das Gegenstandsgebiet einer religiösen Bewußtseinsweise unbedingt konstituieren und umgrenzen" (GW V, 169). Das heißt, das Göttliche erscheint nicht nur als das Heilige, sondern zugleich auch als die absolute und alle Macht in sich vereinende Wirklichkeit. Im *ens a se* sieht Scheler die "Konformität" der verschiedenen Bezüge auf Gott verankert, denn in dieser formalen Grundbestimmung des Göttlichen kommen das verstandesmetaphysische *Wissen* auf der Grundlage eines Schlusses auf einen "Weltgrund", die mystische *Erfahrung* des Göttlichen sowie der *Glaube* an einen sich in positiver Offenbarung kundgebenden personalen Gott als ihrem gemeinsamen "realidentischen" Quellpunkt überein (GW V, 25 u. 130).

---

[9] In diese Richtung weist u.a. die Deutung von Richard Schaeffler (Schaeffler 1980, 168f.; Schaeffler 2017, 30f.). Scheler selbst sagt hingegen ausdrücklich, dass seine Wesensphänomenologie des Göttlichen keine bloße "religiöse Erkenntnistheorie und Wertungslehre" ist (GW V, 126 u. 140).

[10] Um Missverständnisse zu vermeiden, ist es wichtig, im Kontext von Scheler zwischen zwei Gebrauchsweisen von "Metaphysik"/"metaphysisch" zu unterscheiden: (i) "Metaphysik" *im weiten Sinn* meint die Bestimmung der Wirklichkeit des Göttlichen, *unangesehen* dessen, ob es sich um eine logische (spontane und schlussfolgernde) oder um eine ästhetische (rezeptive, durch evidente Gebung in der Anschauung erfolgende) Erkenntnis handelt. (ii) "Metaphysik" *im engen Sinn* meint allein die *logische* Bestimmung der Wirklichkeit des Göttlichen.

An dieser Stelle ist allerdings eine weitere zentrale Unterscheidung einzuführen, die in Schelers Religionsphilosophie zu einer Komplikation führt, die vor Zweideutigkeiten nicht immer gefeit ist: die Unterscheidung zwischen *natürlicher* Offenbarung und *positiver* Offenbarung Gottes (GW V, 143).[11] Denn in der Tat besteht die Grundthese von Schelers Phänomenologie des religiösen Sinns darin, dass die mystische Erfahrung als ein Angegangen-sein durch eine natürliche Offenbarung des Göttlichen zu verstehen ist, die vom Glauben an eine partikular ergangene Offenbarung an einzelne Menschen bzw. an die göttliche Inspiration einer heiligen Schrift zu unterscheiden ist. Das Grundwort "natürliche Offenbarung" soll dabei einfach die wesentliche Eigenschaft bezeichnen, die die eigentümliche *Gegebenheitsweise* des Göttlichen, die in der phänomenologische Korrelationsanalyse der mystischen Erfahrung hervortritt, charakterisiert: Das Göttliche erscheint als "Urgegebenes" (GW V, 252), als sich selbst Mitteilendes (GW V, 143), als dasjenige, das die "Absolutsphäre" überhaupt allererst eröffnet, denn es ist "die wirksame Ursache des Vollzugs dieser Aktbewegung selbst" (GW V, 277). In noetischer Entsprechung ist daher der religiöse Akt essentiell dadurch charakterisiert, dass er sich als *responsiver* Akt erfährt (GW V, 248).

Um zu zeigen, dass das Göttliche eine eigene Gegenstandssphäre bildet, die sich in der Korrelation mit einem religiösen Akt eröffnet, führt Scheler einen Vergleich mit dem Farbensehen an. So wie sich die Welt der Farben nur für ein farbwahrnehmendes Subjekt eröffnet, so korreliert auch das Göttliche mit einer spezifischen Aktklasse. So wie Farben mit einem Wahrnehmungsvermögen des Sinnlichen korrelieren, so korreliert das Göttliche mit einem Wahrnehmungsvermögen des Übersinnlichen (GW V, 286), d.h. mit einem Vermögen, im Sinnlichen der Natur das sich darin darstellende Göttliche "durchscheinen" zu sehen (GW V, 160). Scheler versteht dieses Durchscheinen als eine "symbolische Relation" (GW V, 161), die jedoch nicht als das Resultat eines Schlussverfahrens des Verstandes aufgefasst werden darf. Diese Art von symbolischer Relation gehört unmittelbar zur mystischen Erfahrung. Für Schelers Verständnis des phänomenologischen Korrelationismus ist es nun aber wichtig, dass eine Korrelation nicht notwendig die Daseinsabhängigkeit des Gegebenen vom Akt impliziert (GW V, 277). Im Falle des responsiven religiösen Akts ist es nämlich gerade umgekehrt so, dass sich der Akt als daseinsabhängig von der Gebung des Gegenstandes erfährt. Diese invertierte Abhängigkeit ist das Spezifikum jedes echten Bezugs auf das Absolute, das auch im "Grundsatz aller religiösen Erkenntnis" zum Aus-

---

[11] Die hier angedeutete Zweideutigkeit besteht in Schelers Antwort auf die Frage, ob nicht nur die positive, sondern auch bereits die natürliche Offenbarung auf einem personalen Vollzug beruht und daher die metaphysische Unterstellung der Personalität des Göttlichen impliziert. Auf diesen Punkt werde ich unten in meiner Diskussion von Schelers Unterscheidung verschiedener "Stufen" der Offenbarung zurückkommen.

druck kommt: "Alles Wissen über Gott ist Wissen *durch* Gott." (GW V, 245) Jede originär religiöse Erkenntnis geht folglich auf (natürliche respektive positive) Offenbarung zurück.

Nach diesem Einblick in Schelers Grundidee zur Konzeption einer Religionsphilosophie sei nun erörtert, inwieweit seine Konzeption den oben ermittelten reformatorischen Kriterien entspricht.

(i) Die *Autonomie des Religiösen* sieht Scheler dadurch gesichert, dass der religiöse Akt noematisch gesehen sich auf einen eigenen, von allen weltlichen Gegenstandssphären verschiedenen Gegenstand (*das Absolute*) richtet, der noetisch gesehen mit einer eigenen Gegebenheitsweise (*Offenbarung*) korreliert. Daraus ergibt sich ein negatives Kriterium für religiöse Erkenntnis: Alle vermeintlichen religiösen Gehalte, die sich – in einer funktionalistisch-genealogischen Analyse – weltlich relativieren und auf eine Setzung des religiösen Subjekts zurückführen lassen, sind keine autonomen religiösen Gehalte (GW V, 352). Sich auf Offenbarung zu berufen bedeutet also nicht, dass dieser Begriff inhaltlich beliebig und selbstimmunisierend gefüllt werden darf. Im Gegenteil ist es so, dass viele Gehalte, die von Menschen im praktisch-alltäglichen Vollzug in die Absolutsphäre versetzt werden, bei näherem Hinsehen der Erfahrungslogik dieser Sphäre gerade nicht gerecht werden – dann handelt es sich um "Götzen" (GW V, 261), die dadurch ausgezeichnet sind, dass sie auf weltliche Bedürfnisse zurückgeführt werden können. Die Autonomie der Mystik sowohl gegenüber der Metaphysik (im engen Sinne) als auch gegenüber der positiven Offenbarungsreligion beruht auf der spezifischen Erfahrungslogik der natürlichen Offenbarung. Scheler geht es hier um etwas Grundsätzliches im Selbstverständnis des Christen: nicht um einen Protest gegen bestimmte kirchliche Zustände oder eine Abänderung dogmatischer Glaubensinhalte, sondern um eine Reformation des Verhältnisses von Erfahrung, Glaube und Wissen. Der religiöse Bereich konstituiert sich primär nicht durch Glaube oder Wissen, sondern durch eine Erfahrung eigener Art mit der Wirklichkeit, die Erfahrung des Durchscheinens des Absoluten, seiner Selbstmitteilung. In dieser Hinsicht geht die meist polemisch geführte Debatte zwischen einer szientistischen Religionskritik, die das Religiöse auf einem Wissensdefizit gegründet sieht, und einer fideistischen Apologie, die die Eigenlogik des Glaubens betont, ins Leere, da beide nicht mit der Möglichkeit rechnen, dass es eine eigene, mystische Erfahrungsart gibt, die dem Religiösen zu eigen ist. Dennoch bleibt zumindest ein Punkt bei Scheler offen: Die Abgrenzung der Mystik von der Metaphysik bleibt vage, insofern sich die skeptische Rückfrage stellt, ob eine symbolische Relation wirklich – ohne verstandesmetaphysischer Schlussfolgerung als vermittelnder Instanz – in der unmittelbaren Erfahrung gegeben sein kann. Scheler neigt dazu, die Einsicht in metaphysisch "ausgedacht" wirkende höherstufige Bewandtniszusammenhänge einer unmittelbaren rezeptiven Erfahrung zuzuschreiben, ohne aber diese Möglichkeit näher zu begründen. Wo also genau die Grenze zwischen phänomenologisch analysierbarer Erfahrung und metaphysischer Spekulation verläuft, ist ein Thema, das in der nachkatholischen Periode nach einer weiteren Klärung verlangt.

(ii) Anders, als man *prima facie* meinen könnte, ist ein Zugang zur Religion über eine Wesensbetrachtung des religiösen Sinns nicht mit einer Tendenz zur Verinnerlichung verbunden. Sie lässt hingegen in mindestens zwei Punkten die Anerkennung einer *Dialektik von Geist und Leben* erkennen. Zum Ersten betont Scheler, dass Einsichten in ewige Wesenszusammenhänge kooperativer und geschichtlicher Natur sind, das heißt von einer bestimmten vitalen Perspektive geprägt sind, die einen Teilaspekt des Göttlichen eröffnet, indem sie zugleich einen anderen verschließt. Wachsende Einsicht in das Wesen des Göttlichen kann es daher nicht anders als durch ein kooperatives Unternehmen der Menschheit geben (GW V, 203), und zwar sowohl in synchron-interkultureller als auch in diachron-geschichtlicher Hinsicht (GW V, 206). Allein in diesem "universellen Miteinandererkennen" (GW V, 336) können die verschiedenartigen Erfahrungen des göttlichen Wesens sich ausdifferenzieren und einander ergänzen. Im weltgeschichtlichen Maßstab denkt sich Scheler dabei eine Arbeitsteilung der Menschheit: Eine Zeit der Schöpfung religiöser Erkenntnisse wird von einer Zeit der Bewahrung und Konsolidierung religiöser Erkenntnisse abgelöst (GW V, 354). Dem entspricht, dass es im Bereich der Gotteserkenntnis keinen Fortschrittsprozess, sondern nur ein Stiften und Wachsen der Erkenntnis gibt. Zum Zweiten diagnostiziert Scheler in der Geschichte der Welt eine Verfallstendenz. Ein "Theismus ohne Fall" ist ebenso ein "Nonsens" wie ein "Theismus ohne Offenbarung" (GW V, 345). Die Welt ist konstitutiv erlösungsbedürftig (GW V, 232), das heißt sie ist "nicht darauf angelegt, durch ihre eigenen Kräfte sich im Sinne steter Werterhöhung zu entwickeln" (GW V, 240). Die "Vergeistigung" des Lebens ist demnach nicht mit der Formung eines inerten Stoffes gleichzusetzen, sondern ist als Gegenbewegung gegen das Verfallen zu verstehen. Die Heiligung des Lebens ist dem Leben gegen seine eigene Tendenz abzuringen. Wir werden bald sehen, dass an diesem Punkt bei Scheler ein Klärungsprozess einsetzt, der in der späteren Phase dazu führt, die Machtverhältnisse zwischen den beiden beteiligten Elementen radikal anders einzuschätzen: Steht in der katholischen Phase hinter der Vergeistigung des Lebens noch die Allmacht Gottes, wird später für Scheler zunehmend klar, dass man dem Wesen des Geistes und der geschichtlichen Dialektik von Geist und Leben nur gerecht werden kann, wenn man die Vergeistigung des Lebens nicht mehr als asymmetrische kausale Relation, als Wirkung des allmächtigen Geistes auf das Leben, konzipiert. Die von Scheler vorgeschlagene Alternative dazu wird im dritten Teil erörtert.

(iii) Scheler lässt keinen Zweifel daran, dass eine universale Vergemeinschaftung, wie er sie hier anvisiert, ein *sacrificium intellectus* in einem genau definierten Sinn impliziert. Dieses *sacrificium* ist nicht irrational, sondern beruht auf der "*vernunftgemäßen* Überzeugung, daß nur durch ein *Miteinander* der religiös-kirchlichen Gemeinschaft (auf Grund des Primates der Wechselliebe all ihrer Kinder in Gott vor der rationalen Erkenntnis Gottes), und daß nur durch freie Anerkennung der kirchlichen Stiftung als einer solidarischen Heilsanstalt eine Erkenntnis göttlicher Dinge *überhaupt* zu gewinnen ist" (GW V, 344). Um ihren universalistischen Anspruch zu erfüllen, kann die Kirche nicht auf der Grundlage einer je individuellen freien Erkenntnis, sondern nur auf der Grundlage solidarischer Liebe vergemeinschaftet sein. Scheler führt dieses Primat der Liebe vor der Erkenntnis auf das Primat des göttlichen Attributs der Allgüte zurück und will auf diese Weise nicht nur die Einzigkeit der Kirche, in der die sich die "Intention solidarischer und gegenseitiger Heilsverantwortlichkeit und Heilsmitverantwortlichkeit" (GW V, 342) erfüllt, sondern auch die absolute Autorität der Kirche begründen (GW V, 340f.). Die vermeintliche Wesenseinsicht in die mystische Kirche ist also bei Scheler nach der Realverfassung der zeitgenössischen katholischen Kirche modelliert, wie deutlich hervorgeht:

> Die *Unfehlbarkeit* einer allumfassenden ‚Kirche' qua Kirche in Heilsdingen ist also eine Folge davon, daß nicht primär eine All*weisheit*, nicht primär eine All*macht*, nicht primär eine gerechte Ordnung, sondern eine *personhafte Allliebe* zu allen Menschen im Zentrum der Dinge und im Regiment der Welt gedacht ist und gedacht werden muß. [...] Einheit und Einzigkeit, Allgütigkeit und absolute Autorität der Kirche (schon als Wesens*idee* von Kirche) sind also wesensgesetzliche Merkmale der Idee 'Kirche', als der Kirche *eines* persönlichen allgütigen Gottes. (GW V, 341)

Hier besteht ein doppeltes Problem: Das *sacrificium intellectus*, wie es Scheler konzipiert, ist nicht allein die Freigabe der Liebesgemeinschaft, sondern zugleich die Restitution des *Glaubens* als gemeinschaftskonstituierend, denn an Christus als fleischgewordene Wahrheit kann nur geglaubt werden (GW V, 342). Hinzu kommt, dass diese Grundhaltung des Glaubens auf die Kirche übertragen und so die Unfehlbarkeit kirchlicher Autorität begründet werden soll: "Wer nicht *absolut* glaubt, der glaubt auch nicht an das *absolute* Sein. Wer nicht an die Idee der allumfassenden Heilsanstalt und ihren dauernden Wahrheitsbesitz glaubt, der glaubt auch nicht ernsthaft an die *Allgüte Gottes*." (GW V, 341) Die Erfahrung natürlicher Offenbarung hat sich im Zuge des Versuchs, sie mit einer universalen heilssolidarischen Gemeinschaftsform zu verknüpfen, somit zu einem absoluten Autoritätsglauben verkehrt. Statt der vom *Prinzip Reformation* geforderten überkonfessionellen Gemeinschaft, die den Intellekt gegenüber den Forderungen der Liebe zurückstellt, gelangen wir zu einer extremen Form von konfessioneller hierarchischer Gemeinschaft, die den Besitz der Heilswahrheit an ein kirchliches Amt bindet. Scheler wird in diesem Punkt also seinem eigenen Maßstab eklatant nicht gerecht. Es bleibt abzuwarten, wie er sich die Vergemeinschaftung in der nachkatholischen Periode vorstellt.

(iv) Wie bereits im vorherigen Punkt angeklungen ist, sieht sich Scheler in seiner Religionsphilosophie zu einer theistischen Position geführt, die die Zuschreibung der klassischen Attribute an das Göttliche bejaht: *Allgüte* (mit der Implikation von *Personalität*), *Allmacht* und *Allwissenheit* (mit der Implikation von *Geistigkeit*). Theistische Attribute wie Allgüte und Allwissenheit bezeichnet Scheler als "überformale" bzw. "materiale" (sekundäre) Attribute, da sie im Gegensatz zu den oben genannten formalen (primären) Attributen – zu denen auch die Allmacht in ihrer archaischen Gestalt der "Allwirksamkeit" zählt – *nicht konstitutiv* für den religiösen Gegenstandsbereich sind, sondern bereits eine bestimmte Erfahrung mit der Welt voraussetzen und von da her eine Fortbestimmung des Göttlichen in Form einer analogischen Übertragung darstellen (GW V, 172). Das heißt konkret, um das Göttliche als geistiges und personales Wesen erfahren zu können, muss zuvor eine Erfahrung mit der eigenen Geistigkeit und Personalität in der (zwischen-)menschlichen Sphäre ausgebildet worden sein.

An diesem Punkt ist bei Scheler eine oben bereits angedeutete Zweideutigkeit, was die personalen Implikationen der natürlichen Offenbarung betrifft, zu bemerken: Einerseits sagt Scheler zu Beginn des Abschnitts zur Eidetik des Göttlichen ganz klar, dass sich die Personalität des Göttlichen nur in Form der an eine andere Person adressierten *positiven* Offenbarung zeigen kann (GW V, 157). Andererseits unterscheidet er aber bereits innerhalb der *natürlichen* Offenbarung zwischen verschiedenen Stufen der Offenbarung (GW V, 351), näherhin zwischen einem "Offenbarwerden" des Göttlichen in der Wirklichkeit überhaupt und seinem "Sichoffenbaren" in der geistig-personalen Wirklichkeit, was ihn zu folgender Aussage führt: "Die [menschliche? *Anm. P.G.*] ‚Person' ist also selbst natürliche Offenbarung Gottes und die höchste natürliche Offenbarung." (GW V, 190, Fußnote). Auch wenn hier wohl die menschliche und nicht sogleich die göttliche Person gemeint ist, bedeutet das doch, dass auf dieser Grundlage das Attribut der Personalität auf das Göttliche analogisch übertragen werden kann. Somit kann die göttliche Personalität also bereits im Rahmen der natürlichen Offenbarung erfahren werden. Ferner ist damit innerhalb der natürlichen Offenbarung die Basis geschaffen, die einen Übergang zur positiven Offenbarung – der Selbstmitteilung einer geistigen Person, die sich an andere Personen wendet – legitimiert. Zur Klärung dieser Zweideutigkeit, die bereits zeitgenössische Leser verwirrt hat, unterscheidet Scheler in der "Vorrede zur zweiten Auflage" von 1922 zwischen Erfahrung der *Personalität* Gottes als seiner "Daseinsform" und Erfahrung der *Person* Gottes (GW V, 20f.) und kommt zu folgender Aussage: Der natürlichen Offenbarung ist lediglich die Personalität erschlossen, der Umstand also, *dass* es sich beim Göttlichen um etwas Personales handelt, nicht aber ihr personaler Vollzug selbst, da dieser bei einer rein geistigen (nichtleiblichen) Person nur in einer positiven Offenbarung zugänglich werden kann: "Eine Person wird erkannt nur, indem sie sich erkennen läßt, indem sie sich kundgibt." (GW V, 331) Sein darauf beruhender "Beweis der Unbeweisbarkeit Gottes als Person" (GW V, 331) ist daher nur in einem stark eingeschränkten Sinn zu verstehen: Gott kann als Person nicht bewiesen werden, da metaphysische Verstandeserkenntnis keinen Zugang zu positiver Offenbarung hat. Zudem braucht er aber auch gar nicht bewiesen werden, da seine Personalität bereits in natürlicher Offenbarung gegeben ist.

Wir sehen somit, dass Scheler in seiner katholischen Periode eine metaphysische Bestimmung des Göttlichen gibt, die dem klassischen Theismus entspricht, obgleich er in seiner Begründung von der scholastischen Metaphysik radikal abweicht, da die göttlichen Attribute von ihm nicht als Produkte einer rationalen Schlussfolgerung, sondern als rezeptive Erfahrungsgehalte des religiösen Sinns angesehen werden. Nach seiner Auffassung sind alle metaphysischen Gottesbeweise, die mit einem Kausalschluss operieren, zirkulär, da sie diese Erfahrungsgehalte bereits in Anspruch nehmen müssen (GW V, 268). Die *Reformation*, die Scheler zu diesem Zeitpunkt im Auge hat, betrifft also allein die Begründungsebene, nicht die Inhaltsebene. In der nun zu behandelnden nachkatholischen Periode werden wir jedoch auf Motive stoßen, die Scheler zu einer radikalisierten Reformation führen, die auch den Gehalt der metaphysischen Attribute tangiert: Das Göttliche als reinen Geist zu denken, schließt sowohl (ursprüngliche) Personalität als auch jede Form von Mächtigkeit (geschweige denn Allmacht) aus dem Wesen des Göttlichen aus, so die Hauptthese Schelers.

3. Schelers nachkatholische Periode: Panentheismus

Ebenso wie Schelers katholische Religionsphilosophie oft auf den Standpunkt seiner Wertphänomenologie reduziert wird, wird Schelers Religionsphilosophie insgesamt oft auf den Stand von 1921 reduziert. Dies hängt nicht nur damit zusammen, dass Scheler seinen späteren Standpunkt nicht mehr systematisch ausführen konnte, sondern vor allem damit, dass er seine nachkatholische Religionsphilosophie nicht mehr *als Religionsphilosophie* im früheren Sinn verstanden hat, da er die Trennung von phänomenologisch begründeter Religionsphilosophie und logisch verfahrender Metaphysik nicht mehr in dieser Form aufrechterhält. Wenn dies berücksichtigt wird, dann zeichnet sich im Spätwerk Schelers jedoch eine *metaphysische* Religionsphilosophie ab, die eine Reformation der christlich-theistischen Metaphysik darstellt. Die intensive reformatorische – destruktive wie konstruktive – Auseinandersetzung mit der christlich-theistischen Metaphysik, die sich in Schelers Spätwerk kristallisiert, erscheint umso bedenkenswerter, wenn man bemerkt, dass die heutige Diskussion innerhalb der analytisch orientierten Religionsphilosophie unter einem starken Phantasiemangel an Optionen leidet, was die sinnvoll möglichen Positionen im metaphysischen Feld anlangt. Die Diskussionen begnügen sich oft mit dem Entweder/oder von Naturalismus und Theismus.[12] In Schelers späten Schriften können wir hingegen eine originelle *panentheistische* Position entwickelt sehen, die aus den Aporien sowohl des reduktionistischen Naturalismus (Verkennen der in der Intelligibilität implizierten Geistpotenz der Natur)[13] als auch des Theismus (Scheitern aller Theodizee) herausführt.[14]

Die *Re-Metaphysisierung* der Religionsphilosophie nach 1922 lässt sich daran erkennen, dass Scheler das metaphysische Wissen – das "Wissen um der Gottheit, des Ens a se willen" – nun als "*Erlösungs- oder Heilswissen*" (GW IX, 114) versteht, wie er in "Die Formen des Wissens und die Bildung" (1925) ausführt. Hier sind drei Neuerungen gegenüber der früheren Position bemerkenswert: Das Religiöse wird jetzt soteriologisch zugespitzt, während zuvor die mystische Erfahrung der Gegenwart des Göttlichen im Zentrum stand. Die Erlösung wird dabei nicht mehr als etwas verstanden, was vom Göttlichen her geschieht (natürliche respektive positive Offenbarung), sondern als ein Wissen, das ich mir als Mensch durch eigene Anstrengung aneignen kann. Es handelt sich um eine "Selbstdeifizierung", um eine Erlösung ohne Erlöser und ohne Gnadengaben: "nicht Warten auf einen Erlöser von außen, nicht Empfang kapitalisierter Erlösungsgnaden durch eine Kirche, die ihren Stifter dinglich vergottet" (GW IX, 101). Schließlich kehrt sich sogar die Erlösungsbedürftigkeit um: Es ist nicht mehr der Mensch, der der Erlösung bedarf, sondern vielmehr das Göttliche, das der "Erlösung von einer in ihm gelegenen ,Spannung' und ,Urgegensätzlichkeit'" (GW IX, 114) durch den Menschen bedarf. Diese Spannung ist gleich näher zu erläutern. Hier ist nur festzuhalten, dass das metaphysische Erlösungswissen, das Scheler im Auge hat, den vormaligen Grundsatz religiöser Erkenntnis ("alles Wissen von [sc. über] Gott ist Wissen durch Gott"), der die Sphäre natürlicher respektive positiver Offenbarung eröffnete, ersetzt. Stattdessen heißt es jetzt: "[...] alles Wissen ist in letzter Linie *von* der

---

[12] Vgl. exemplarisch die Begründung des Theismus bei Holm Tetens, die auf der Grundlage dieses Schemas operiert (Tetens 2015).
[13] Dazu die Argumentation von Nagel 2013, 30–54.
[14] Die Kennzeichnung von Schelers Position als "Panentheismus" findet sich unter anderem auch bei Henckmann 1998, 226, Cusinato 2012, 83, und Zaborowski 2003, 231. Diese Kennzeichnung ist freilich nicht unproblematisch, da Schelers Position von heute diskutierten Varianten des Panentheismus, die meist nur vorsichtige Korrekturen an der theistischen Grundposition darstellen, deutlich abweicht und er sich außerdem selbst von in der zeitgenössischen Diskussion vertretenen Panentheismus-Vorstellungen abgrenzt. Der hier gebrauchte Terminus "Panentheismus" ist daher nur als grobe klassifikatorische Einordnung zu verstehen.

[sc. über die] Gottheit – und *für* die Gottheit." (GW IX, 119) Was vormals als *durch* Gott geschehend erfahren wurde, wird jetzt als *für* Gott geschehend erfahren. Von "natürlicher Offenbarung" ist daher nicht mehr die Rede. Dennoch sollte man sehen, dass die beiden Aspekte nicht unvereinbar sind, da sie auf verschiedenen Ebenen angesiedelt sind, sodass es sich lediglich um eine Akzentverschiebung handelt: Das metaphysische Wissen für Gott ist zugleich ein Wissen durch Gott, insofern es wiederum Gott ist, der *sich* im Menschen weiß. Scheler beruft sich hier auf einen "alten Gedanken", den man unter anderem bei Spinoza und Hegel finden kann, wie er in *Die Stellung des Menschen im Kosmos* (1928) bemerkt: "Das Urseiende wird sich im Menschen seiner selbst inne in demselben Akte, in dem der Mensch sich in ihm gegründet schaut." (GW IX, 70) Das bedeutet aber, dass die Idee der natürlichen Offenbarung im metaphysischen Erlösungswissen nicht völlig untergeht: Gott bleibt das vollziehende Subjekt der Erkenntnis. Was sich aber ändert, ist, dass Gott nicht mehr als ein Gegenüber, das nach einer Antwort verlangt, verstanden wird. Gott ist nicht gegenstandsfähig und daher "nur reine vollziehbare *Aktualität*" (GW IX, 83), wie Scheler in "Philosophische Weltanschauung" (1928) betont. Der einzige Zugang zu Gott ist daher nicht "vergegenständlichende Betrachtung, sondern persönlicher aktiver *Einsatz* für Gott und für das Werden seiner Selbstverwirklichung [...]" (GW IX, 83).

Auf dieser Basis grenzt Scheler das metaphysische Heilswissen als der im persönlichen Einsatz gewonnenen Teilhabe am Absoluten von der Religion als dem "*Drang nach Bergung*" (GW IX, 69) ab. Die höchste Form dieses Drangs nach Bergung ist die Gotteskindschaft, das die Ideen des Bundes, der Unterwerfung und der Knechtschaft übersteigt. Doch hier gilt: "Alle Ideen solcher Art müssen wir für unsere philosophische Betrachtung des Verhältnisses des Menschen zum obersten Grunde zurückweisen" (GW IX, 70). Die damit einhergehende Distanzierung von der Religion verrät durchaus einen nietzscheanischen Gestus – Troeltschs Bezeichnung Schelers als dem "katholischen Nietzsche" (Troeltsch 1922, 609) passt insofern besonders gut auf den Scheler der Spätphase: "Metaphysik [ist] [im Gegensatz zur Religion, Anm. P.G.] keine Versicherungsanstalt für schwache, stützungsbedürftige Menschen" (GW IX, 71).

Eine wichtige Konsequenz des neuen *Grundsatzes metaphysischer Erkenntnis*, wie man ihn in Anlehnung an den vormaligen "Grundsatz religiöser Erkenntnis" nennen kann, ist, dass die Verantwortlichkeit sich völlig umkehrt, weshalb das Theodizee-Problem gegenstandslos wird. Denn nicht mehr Gott ist verantwortlich für das Schicksal des Menschen, sondern der Mensch ist verantwortlich für das Schicksal Gottes. Scheler nimmt damit eine metaphysische Position ein, wie sie dem panentheistischen Narrativ von Gottes "Abenteuer der Sterblichkeit" (Jonas 1994, 391) entspricht, das Hans Jonas unabhängig von

Scheler in den 1960er-Jahren vorschlägt und das er später auch als Antwort auf das Theodizee-Problem in Stellung bringt (Jonas 1992):

> [...] damit Welt sei, und für sich selbst sei, entsagte Gott seinem eigenen Sein; er entkleidete sich seiner Gottheit, um sie zurückzuempfangen aus der Odyssee der Zeit [...] Nachdem er sich ganz in die werdende Welt hineingab, hat Gott nichts mehr zu geben: jetzt ist es am Menschen, ihm zu geben [...] In unseren unsicheren Händen halten wir buchstäblich die Zukunft des göttlichen Abenteuers auf Erden. (Jonas 1994, 390, 395, 396)

Mit anderen Worten: "Schöpfung" ist nicht *creatio ex nihilo*, sondern – gemäß dem kabbalistischen *Zimzum* – *Selbstkontraktion* Gottes oder auch – gemäß der schöpfungstheologisch generalisierten christologischen *kenosis*-Lehre, die auf einer Stelle bei Paulus (Phil 2,7) aufbaut – *Selbstentleerung* Gottes. Diese Auffassung hat wiederum gnadentheologisch zur Folge, dass "Gnade" nicht als Intervention göttlicher Allmacht zu verstehen ist:

> Mit dem Erscheinen des Menschen erwachte die Transzendenz zu sich selbst und begleitet hinfort sein Tun mit angehaltenem Atem, hoffend und werbend, mit Freude und mit Trauer, mit Befriedigung und Enttäuschung – und, wie ich glauben möchte, sich ihm fühlbar machend, ohne doch in die Dynamik des weltlichen Schauplatzes einzugreifen (Jonas 1994, 393).

Wir werden allerdings gleich sehen, dass Scheler eine metaphysisch-konzeptuelle Erklärung für dieses Gott-Welt-Verhältnis zu bieten hat, die über Jonas' narrativ eingekleideten Panentheismus hinausgeht.[15]

Aufgrund der Re-Metaphysisierung der Religionsphilosophie erscheint es nun sinnvoll, in der folgenden Darstellung mit Schelers radikalisierter panentheistischer Reform der metaphysischen Bestimmung des Göttlichen zu beginnen, bevor der Reihe nach die drei anderen Kriterien des *Prinzips Reformation* herangezogen werden.

---

[15] Auch Hans Jonas hat in seiner späten Schrift *Materie, Geist und Schöpfung. Kosmologischer Befund und kosmogonische Vermutung* (1988) eine metaphysische Erklärung versucht, die – wiederum ohne explizite Anknüpfung an Scheler – in eine ähnliche Richtung wie Scheler weist. Denn so wie Scheler nimmt auch Jonas zur metaphysischen Erklärung des "Weltstoffes", zu dem nicht nur die unbelebte Materie, sondern auch das Lebendige und das Geistige zählen, eine *Differenz im Göttlichen* an: eine Differenz zwischen "kosmogonischem Eros" (Jonas 1988, 49; ein Begriff von Ludwig Klages) einerseits und "Geist" andererseits. Während aber Jonas diese Differenz durch die theistische Annahme eines immer schon "wachen", immer schon bei sich seienden Geistes und einer Schöpfungsabsicht dieses Geistes harmonisiert denkt (Jonas 1988, 39f. u. 57), stellt Scheler den Sinn einer solchen Annahme gerade in Frage und versteht diese Differenz stattdessen als ein Spannungsverhältnis, dessen Austrag den Weltprozess und den Sinn der Geschichte verständlich macht.

(iv) Scheler unterscheidet wie Spinoza zwei Grundattribute des Göttlichen, aber diese bestimmt er nicht als *Denken* und *Ausdehnung*, sondern als *Geist* und *Drang* (GW IX, 81). Die Abweichung von Spinoza ist doppelter Art: "Geist" ist nicht auf Denken zu reduzieren, da er auch Anschauung und bestimmte volitive und emotionale Akte wie Lieben umfasst (GW IX, 32), und "Drang" ist die Bezeichnung für das "*psychische* Urphänomen des Lebens" (GW IX, 13), trägt also der biologischen Dimension der Wirklichkeit Rechnung, die in Spinozas cartesisch geprägter Materie-Geist-Dualität ortlos bleibt. Diese inhaltliche Neubestimmung der göttlichen Attribute beruht methodisch auf einer "transzendentalen Schlußweise" (GW IX, 82), die von der Auslegung der Phänomene des Lebendigen und des Menschlichen im Rahmen des Kosmos ausgeht. Es ist insbesondere der Mensch mit seiner doppelten Erfahrung des Dranges und des Geistes, der als alle Dimensionen der Wirklichkeit in sich enthaltender "Mikrokosmos" und "Mikrotheos" (GW IX, 83) per "Rückverlängerung" (GW IX, 82) einen Zugang zum Göttlichen eröffnet. Das Göttliche ist also nicht einer natürlichen Offenbarung gegeben, sondern muss vermittelt über die philosophische Anthropologie, über die Auslegung der doppelten Erfahrung des Dranges – den der Menschen mit allen Lebewesen teilt – und des Geistes – der das über-lebendige Proprium des Menschen ausmacht –, spekulativ erschlossen werden. Diese Metaphysik ist somit "nicht mehr Kosmologie und Gegenstandsmetaphysik, sondern *Metanthropologie* und *Akt*metaphysik" (GW IX, 83). Damit verschiebt sich die Stellung der Phänomenologie im Begründungszusammenhang: Das Göttliche ist nicht mehr direkt das Thema einer phänomenologischen Analyse, sondern kann nur indirekt auf der Grundlage einer phänomenologischen Analyse des Lebendigen und des Menschlichen erschlossen werden.

Die Reform Schelers gegenüber dem Theismus besteht darin, erstens mit dem "gotthaften Drange" (GW IX, 83) eine in Gott herrschende weltschaffende "dämonische" Macht anzunehmen und zweitens den Geist, der die eigentliche Göttlichkeit Gottes darstellt, von seinen "theistischen Voraussetzungen" (GW IX, 70), nämlich den Attributen der Allmacht und der Personalität, zu lösen. Mit seiner neuen Theorie des Geistes wendet er sich sowohl gegen klassische Theorien des Geistes, die Geist stets mit Macht assoziieren (wozu der klassische Theismus zählt), als auch gegen negative Theorien des Geistes, die Geistiges auf Phänomene des Lebendigen und des Psychischen reduzieren wollen. In Schelers Sicht bildet der Geist eine eigene autonome Sphäre der Welt, die in Form von Wesenserkenntnissen erforscht werden kann, sie hat jedoch "keine ursprüngliche Eigenenergie" (GW IX, 46). Mächtig ist nicht das Höchste, wie die klassische Theorie des Geistes es will, sondern "mächtig ist ursprünglich das Niedrige [sc. der Drang], ohnmächtig das Höchste [sc. der Geist]" (GW IX, 52). Gott als Geist, d.h. der göttliche Gott, ist daher ursprünglich nicht allmächtig, sondern ohnmächtig. Zudem ist dieser ursprüngliche Geist auch nicht personal, sondern "übersingulär": Eine (menschliche) Person ist als "Gefüge von geistigen Akten" (GW IX, 83) jeweils ein "Teilzentrum" (GW IX, 70) des göttlichen Geistes in Form einer individuellen *Sammlung* oder *Konzentration* des göttlichen Geistes (GW IX, 83). Der göttliche Geist hat für sich genommen kein eigenes Zentrum, oder anders gesagt: Es gibt keine personale Konzentration des göttlichen Geistes unabhängig vom Menschen als dem *lebendigen* Geistwesen. Die Anerkennung eines göttlichen Dranges führt schließlich zu einem neuen Verständnis von Schöpfung: Schöpfung beruht nicht auf geistigem Machtspruch (*fiat*), sondern auf dem Geschehen-lassen der Weltwerdung durch "Enthemmung" (*non non fiat*) des weltschaffenden Dranges (GW IX, 55).

Schelers Schlüsselkonzept für das Mensch-Gott-Verhältnis ist das der *ideae cum rebus* (GW XI, 91): Die geistige Wirklichkeit existiert nicht "ante re" allein durch den göttlichen Geist und auch nicht "post rem" allein durch den menschlichen Geist, sondern "cum re", d.h. durch unseren Geist "mitgeschaffen mit der Gottheit als Geist" (GW XI, 250). Der Mensch ist ausgezeichnet durch die "Doppelteilhabe" (GW XI, 90) am göttlichen Geist sowie am göttlichen Triebleben. Hinsichtlich des Geistes ist menschliche geistige Tätigkeit somit ein "*Mit*hervorbringen, ein Miterzeugen des ewigen Logos und der ewigen Liebe und dem ewigen Willen zugeordneten Wesenheiten, Ideen, Werte und Ziele aus dem Zentrum und *Ursprung* der Dinge selbst heraus" (GW IX, 40). Der geschichtliche Sinn des Weltprozesses besteht dann in einem "Wachstum" geistiger Wesenserkenntnis sowie in einer steigenden *Durchdringung* von Idealität schauendem Geist und Realität setzendem Drang, also in einer *Vergeistigung des Lebensdrangs* beziehungsweise einer *Verlebendigung des Geistes* (GW IX, 55f.). Die Verwirklichung dieses geschichtlichen Sinns des Kosmos liegt ganz in der Hand des Menschen, da er das einzige existierende lebendige Geistwesen ist, das für diese Durchdringung in Gestalt der Heranbildung das "Allmenschen" (GW IX, 150) sorgen kann. Scheler sieht diese Zeit in Gestalt eines "Weltalters des Ausgleichs" (GW IX, 145) im Kommen, wie er in "Der Mensch im Weltalter des Ausgleichs" (1927) ausführt. Dieser geschichtliche Prozess der kosmologischen Durchdringung der beiden Attribute der Wirklichkeit im Menschen ist das *Werden* Gottes (GW IX, 70), d.h. das *Mächtig-werden* des vormals ohnmächtigen Geistes, indem er das durch den Drang realisierte Weltgeschehen zunehmend bestimmt.

(i) Die panentheistische Reform der metaphysischen Bestimmung des Göttlichen hat zur Folge, dass das Religiöse nicht mehr durch eine eigene Gegebenheitsweise ("Offenbarung") ausgezeichnet ist. Das Religiöse verliert somit gegenüber der Metaphysik seine *phänomenologische Autonomie*, die Trennung von mystischer Erfahrung und metaphysischer Spekulation wird aufgelöst: "Religion ist die Metaphysik der Massen, Metaphysik die Religion der Denker " (GW IX, 169), wie Scheler im Anschluss an Spinoza sagt. Religion und Metaphysik bleiben aber insofern autonom, als sie gegenüber allen weltlichen daseinsrelativen Gegenständen weiterhin eine eigene Gegenstandssphäre – das Absolute der "Absolutsphäre" – zum Thema haben. Aber die Bestimmung des Absoluten geschieht nicht durch natürliche Offenbarung in mystischer Erfahrung, sondern durch eine philosophisch begründete (und insofern elitäre) Weltanschauung, gemäß der es jedem Individuum obliegt, "selbständig über das Absolute zu philosophieren" (GW IX, 76). Die "Religion der Denker" beruht also nicht auf religiöser oder mystischer Erfahrung, sondern auf individuellem Nachdenken über den Kosmos, und zwar insbesondere über die Phänomene des Lebens und des Geistes, wie sie gebündelt in menschlicher Selbsterfahrung auftreten. Diese Phänomene ermöglichen einen transzendentalen Schluss auf die beiden elementaren Attribute des Göttlichen, von denen aus wiederum der geschichtliche Sinn des Weltprozesses erschließbar ist.

(ii) Die Metaphysik von Geist und Drang hat eine echte geschichtliche Dialektik von Geist und Leben zur Konsequenz, in der es zu einer wechselseitigen Bestimmung und gegenseitigen Durchdringung der beiden Attribute kommt. Die Bestimmung des Dranges durch den Geist denkt Scheler jedoch nicht als direkten kausalen Einfluss, sondern als einen Vorgang der kosmischen *Sublimierung* (GW IX, 53), der durch "Lenkung" und "Leitung" des Dranges durch den Geist zustande kommt (GW IX, 49 u. 54). Diese Möglichkeit beruht darauf, dass der Drang eine "bilderschaffende ‚Drangphantasie'" (GW IX, 52) enthält, die durch Vorstellungsregulation (Hemmen/Enthemmen) und Vorhaltung von Ideen bestimmbar ist. Die Sublimierung ist allerdings kein notwendiger Vorgang, der von selbst eintritt, sondern liegt in der Verantwortung des Menschen. Ein vorläufiges Scheitern liegt nicht nur dann vor, wenn sich der Drang nicht sublimieren lässt, sondern auch dann, wenn es zu einer übersteigerten oder einseitigen Sublimierung in Form einer von den Triebkräften des Lebens abgekoppelten Intellektualisierung kommt. Den letzteren Fall diagnostiziert Scheler für sein eigenes rationalistisches Zeitalter. Hier sieht er das Erfordernis einer *Re-Sublimierung* (einer Neugestaltung der Sublimierung oder gar Ent-Sublimierung), um der Verwirklichung des Weltalters des Ausgleichs näher zu kommen. Unter "Re-Sublimierung" versteht Scheler den "Vorgang einer – selbst geistgewollten – Begrenzung des Maßes der Kraftzufuhr der vom Organismus aufgenommenen Energie zum Gehirn, beziehungsweise zur Intelligenz, in die alle rein geistige, d.h. ideenfassende Tätigkeit eingebettet scheint" (GW IX, 155). Die gegenseitige Durchdringung von Geist und Leben ist also kein linearer Prozess, sondern ein offenes Projekt, das vom Menschen gesellschaftspolitisch zu verantworten ist.

(iii) Was schließlich die Vergemeinschaftungsform betrifft, könnte es so scheinen, dass Scheler vom einen Extrem der konfessionsgebundenen hierarchischen kirchlichen Gemeinschaft, die er in seiner katholischen Periode verteidigt hat, zum anderen Extrem einer elitären metaphysischen Weltanschauung, die nur von einer Sekte von Denkern vertreten werden kann, gelangt ist. Die überkonfessionelle nicht-exklusive Gemeinschaft, die im *Prinzip Reformation* anvisiert ist, scheint somit wiederum verfehlt. Zwar ist die Gemeinschaft, die Schelers panentheistischer Metaphysik entspricht, nicht mehr von einem religiösen Bekenntnis abhängig, doch mit der Restitution der Metaphysik (im engeren Sinne) scheint eine elitäre Erkenntnisgemeinschaft mitgegeben zu sein. In diesem Sinne wurde Schelers Position auch schon als *gnostischer* Panentheismus bezeichnet (Simonotti 2008, 14). Tatsächlich ist es so, dass Scheler nun mit einem positiven Sinn von Elite sympathisiert, die sich als geistige Avantgarde im Dienste des kommenden Weltalters des Ausgleichs verstehen soll: "*Meine* Überzeugung geht dahin, daß die Elite als Gruppe, die den kommenden Ausgleich in die rechten Wege leiten muß, sich als solche *keiner* positiven Kirche wird verschreiben dürfen." (GW IX, 170) Doch dieser Elitismus darf nicht als Erneuerung einer Klassenideologie missverstanden werden, denn ein weiter bestehend bleibender Kritikpunkt am personalistischen Theismus war es gerade, dass es sich bei ihm unausweichlich um eine "Oberklassenideologie" (GW IX, 167) handelt, die dadurch gekennzeichnet ist, dass das Geistige als etwas ursprünglich Machtvolles erfahren wird. Genau dieser Ideologie darf die neue geistige Elite auch in ihrem Selbstverständnis nicht mehr aufsitzen. Das Grundwort von Schelers Panentheismus lautet daher nicht *Erkenntnis von Gott*, sondern *Einsatz für Gott*. Da der göttliche Geist niemals Gegenstand einer Betrachtung werden kann, sondern immer nur als Aktualität im *Mitvollzug* und in der *Miterzeugung* des göttlichen Aktes gegeben sein kann, ist der praktische Einsatz für den werdenden Gott der einzige Zugang zu Gott (GW IX, 83). Das Licht Gottes wird nicht als Gegenstand, sondern im *cum* des eigenen Aktvollzugs erfahren – in diesem Sinne bleibt die augustinische Formel *in lumine Dei*, auf die er sich bereits in der katholischen Phase berief (GW V, 278), auch für Schelers panentheistische Metaphysik gültig (GW IX, 83). Scheler hält daher ausdrücklich fest, dass der persönliche Einsatz dem Sich-in-Gott-Wissen vorausliegt: Es gibt keine theoretischen Gewissheiten, die dem Selbsteinsatz vorhergehen (GW IX, 71). So wird man sagen dürfen, dass die universale Liebesgemeinschaft vollends genügt, um die überkonfessionelle Gemeinschaft entsprechend der von Scheler umrissenen panentheistischen Metaphysik zu verwirklichen. In diesem Sinne ist in "Der Mensch im Weltalter des Ausgleichs" zu lesen:

> Der Mensch muß wieder neu lernen, die große unsichtbare *Solidarität aller Lebewesen* untereinander im Alleben, aller Geister aber im ewigen Geiste, zugleich die *Solidarität des Weltprozesses mit dem Werdeschicksal ihres obersten Grundes* und dessen Solidarität mit dem Weltprozeß zu erfassen. Und er muß diese Weltverbundenheit nicht wie eine bloße Lehre aufnehmen, sondern sie lebendig erfassen und sie äußerlich und innerlich üben und betätigen. Gott ist so wenig in seinem Wesensgrunde der

'Herr' der Welt, wie der Mensch der ‚Herr und König' der Schöpfung. Sondern beide sind vor allem Genossen ihres Schicksals, leidend und überwindend – einst vielleicht siegend. (GW IX, 162)

Schluss

Wir haben gesehen, dass man das *Prinzip Reformation* als Antrieb hinter Schelers Entwicklung von einem konfessionsgebundenen personalistischen Theismus zu einem das Verantwortungsverhältnis zwischen Gott und Mensch radikal umkehrenden Panentheismus verstehen kann. Entscheidend war dabei nicht nur eine Reform der Metaphysik des Göttlichen, sondern auch der Versuch, eine überkonfessionelle nicht-exklusive Gemeinschaft zwischen Menschen bzw. zwischen allen Lebewesen zu begründen. Dieses Problem bleibt auch heute angesichts des Wiedererwachens der Nationalismen in Europa brisant.

In seiner katholischen Periode sah Scheler im übernationalen Geist des Papsttums eine unverzichtbare europapolitische Rolle verkörpert. Er formulierte vor hundert Jahren, in der Zeit des Ersten Weltkriegs:

> Europa – wer immer sein Bewohner sei – hüte den heiligen Rest übernationaler spiritueller Autorität, den es – daran so unsäglich arm geworden – heute noch besitzt! Es behüte ihn wie seinen Augapfel! Denn im Bestande dieser Autorität, in ihrer vollen Freiheit und Selbständigkeit, in der freien Fern- und Weltsicht dieses geheiligten Auges, hat die Geschichte, hat dieser Krieg mit blutigen, weithin leuchtenden Flammenzeichen auch einen letzten Hort der eigenen Freiheit und Selbständigkeit des europäischen Geistes der Welt sichtbar und deutlich werden lassen. (GW IV, 472)

Im Papsttum die symbolische Verkörperung eines konkreten Universalismus zu sehen, ist auch heute nicht abwegig, wie ein Vergleich mit dem Soziologen Zygmunt Baumann zeigt. Denn es ist kein Zufall, dass Baumann in seinem letzten Werk Papst Franziskus als die einzige globale Autorität identifiziert, die auf der Höhe unseres europäischen und globalen gesellschaftspolitischen Problems agiert, nämlich der Frage, wie wir lernen können durch eine "Kultur des Dialogs" Identitäten zu entwickeln, die nicht auf der Logik konfessioneller oder ethnischer Abgrenzung beruhen (Baumann 2017, 199–203). Als soziologisch geschultem Philosophen waren derartige Beobachtungen und Überlegungen auch Scheler nicht fremd und bildeten ein wichtiges Motiv für seine katholische Option. Dennoch konnte er es angesichts des Erfordernisses einer überkonfessionellen Vergemeinschaftungsform nicht dabei bewenden lassen. Seine letztes Wort in dieser Frage lautete: Die sterblichen Erdbewohner bilden eine metaphysisch vereinte Solidar-, Schicksals- und Verantwortungsgemeinschaft. Diese Antwort dürfte in einer Zeit des wachen ökologischen Krisenbewusstseins eine neue Relevanz gewinnen. Schelers Spätphilosophie lässt sich in diesem Kontext als unverzichtbare *metaphysische Grundlegung* einer ökologischen Verantwortungsethik im Stile von Hans Jonas verstehen.

Dr. Peter Gaitsch, Karl-Franzens-Universität Graz,
Philosophische Fakultät, peter.gautsch[at]uni-graz.at

Literaturangaben

Baumann, Zygmunt. *Retrotopia*. Aus dem Englischen von Frank Jakubzik. Berlin: Suhrkamp, 2017.

Bolz, Norbert. *Zurück zu Luther*. Paderborn: Wilhelm Fink, 2016.

Cusinato, Guido. *Person und Selbsttranszendenz. Ekstase und Epoché des Ego als Individuationsprozesse bei Schelling und Scheler*. Würzburg: Königshausen & Neumann, 2012.

Delikostantis, Konstantinos. "Luther und der Europäische Subjektivismus. Gedanken zu Max Schelers Lutherkritik" in Heiner Bielefeldt/Winfried Brugger/Klaus Dicke (Hg.). *Würde und Recht des Menschen*. Festschrift für Johannes Schwartländer zum 70. Geburtstag. Würzburg: Königshausen & Neumann, 1992. 289–307.

Fries, Heinrich. *Die katholische Religionsphilosophie der Gegenwart. Der Einfluß Max Schelers auf ihre Formen und Gestalten. Eine problemgeschichtliche Studie*. Heidelberg: Kerle, 1949.

Gaitsch, Peter. "Vom Bedürfnis zu glauben zum religiösen Grundakt. Eine ‚schwache' Wesensanalyse des postsäkularen religiösen Bewusstseins." *Cahiers d'études germaniques* 74 (2018): 23–34.

Großmann, Andreas. "Reformatorische Impulse. Heidegger und Luther." in Andreas Großmann. *Heidegger-Lektüren. Über Kunst, Religion und Politik*. Würzburg: Königshausen & Neumann, 2005. 11–26.

Hacker, Paul. *Das Ich im Glauben bei Martin Luther*. Graz: Styria, 1966.

Heidegger, Martin. *Ontologie (Hermeneutik der Faktizität)*. Hrsg. v. Käte Bröcker-Oltmanns. Frankfurt/Main: Klostermann, 1988 (= GA 63).

Henckmann, Wolfhart. *Max Scheler*. München: Beck, 1998.

Holl, Karl. *Gesammelte Aufsätze zur Kirchengeschichte*. Bd. 1: *Luther*. Tübingen: Mohr, 1921.

Jonas, Hans. *Materie, Geist und Schöpfung. Kosmologischer Befund und kosmogonische Vermutung*. Frankfurt am Main: Suhrkamp, 1988.

Jonas, Hans. "Der Gottesbegriff nach Auschwitz. Eine jüdische Stimme." In Hans Jonas. *Philosophische Untersuchungen und metaphysische Vermutungen*. Frankfurt am Main: Suhrkamp, 1992. 190–208.

Jonas, Hans. "Unsterblichkeit und heutige Existenz." [engl. Erstveröffentlichung 1962] in Hans Jonas *Das Prinzip Leben. Ansätze zu einer philosophischen Biologie*. Frankfurt am Main: Insel, 1994. 373–397.

Lauster, Jörg. *Der ewige Protest. Reformation als Prinzip*. München: Claudius, 2017.

Nagel, Thomas. *Geist und Kosmos. Warum die materialistische neodarwinistische Konzeption der Natur so gut wie sicher falsch ist*. Berlin: Suhrkamp, 2013.

Schaeffler, Richard. *Die Wechselbeziehungen zwischen Philosophie und katholischer Theologie*. Darmstadt: Wissenschaftliche Buchgesellschaft, 1980.

Schaeffler, Richard. *Phänomenologie der Religion. Grundzüge ihrer Fragestellungen*. Freiburg/München: Verlag Karl Alber, 2017.

Scheler, Max. *Frühe Schriften*. Hrsg. v. Manfred S. Frings. Bern/München: Francke, 1971 (= GW I).

Scheler, Max. *Der Formalismus in der Ethik und die materiale Wertethik* (1913/16; 1927³). Hrsg. v. Maria Scheler. Bern/München: Francke, 1954 (= GW II).

Scheler, Max. *Vom Umsturz der Werte. Abhandlungen und Aufsätze*. Hrsg. v. Maria Scheler. Bern/München: Francke, 1955 (= GW III).

Scheler, Max. *Politisch-pädagogische Schriften*. Hrsg. v. Manfred S. Frings. Bern/München: Francke, 1982 (= GW IV).

Scheler, Max. *Vom Ewigen im Menschen*. Hrsg. v. Maria Scheler. 5. Auflage Bern/München: Francke, 1968 (= GW V).

Scheler, Max. *Schriften zur Soziologie und Weltanschauungslehre*. Hrsg. v. Maria Scheler. Bern/München: Francke, 1963 (= GW VI).

Scheler, Max. *Späte Schriften*. Hrsg. v. Manfred S. Frings. Berlin/München: Francke, 1979 (= GW IX).

Scheler, Max. *Schriften aus dem Nachlaß*. Bd. 1: *Zur Ethik und Erkenntnislehre*. Hrsg. v. Maria Scheler. Bern/München: Francke, 1957 (= GW X).

Scheler, Max. *Schriften aus dem Nachlaß*. Bd. 2: *Erkenntnislehre und Metaphysik*. Hrsg. v. Manfred S. Frings. Berlin/München: Francke, 1979 (= GW XI).

Simonotti, Edoardo. *Max Schelers Philosophie interkulturell gelesen*. Nordhausen: Traugott Bautz, 2008.

Tetens, Holm. *Gott denken. Ein Versuch über rationale Theologie*. Stuttgart: Reclam, 2015.

Troeltsch, Ernst. *Der Historismus und seine Probleme. Gesammelte Schriften*. Bd. 3. Tübingen: Mohr, 1922.

Van Buren, John. "Martin Heidegger, Martin Luther." In Theodore Kisiel/John van Buren (Hg.). *Reading Heidegger from the Start. Essays in His Earliest Thought*. Albany: State University of New York Press, 1994. 159–174.

Zaborowski, Holger. "Jenseits von Scholastik und Moderne. Anmerkungen zu Max Schelers Phänomenologie der Religion." *Jahrbuch für Religionsphilosophie* 2 (2003): 221–254.

SUSANNE HEINE (Wien)

"Die Sprache ist eine große und göttliche Gabe" (Martin Luther) Reformation und Sprachkultur[1]

Abstract
"Language is a great and divine gift" (Martin Luther)
Reformation and Language Culture

By analizing Luther's anthropology, the author argues that it is based on the human capability of speaking. As a speaking person, the human being is not outside the world but involved in the world by communication. For Luther being human means – thanks to the capability of speaking – being in a personal relationship. The author argues that this relationship to others is founded in the relationship to God. Although speaking is a gift of God, it can be abused whenever someone stirs up people to degrade others, as populists do. Luther had been reproached to be a populist because of his closeness to simple people, but this was only due to his intention that everyone should understand his translation of the bible. Instead of stoking fears, as populists do, Luther helped people to overcome their fears, by telling them in their own language – due to his German translation – that God loves them.

Keywords: Martin Luther, God, love, language, translation, populism

1. Die Natur, der die Worte fehlen

Das "Wort" und damit die Sprache sind schon längere Zeit in Misskredit geraten, und die Bedeutung sowohl *von beweisbaren Tatsachen, als auch von reiner Erfahrung und Innerlichkeit ist heute aktueller denn je.* Im Mittelpunkt dieser Entwicklungen steht die Natur. Einerseits als Naturwissenschaft, welche die Natur zum Objekt der Forschung macht und auch die empirischen Tatsachenwissenschaften zum Erfolg geführt hat; andererseits die

---

[1] Dieser Beitrag geht auf einen Vortrag zurück, den die Verfasserin am 1. Dezember 2016 an der Universität Graz gehalten hat. Für die schriftliche Fassung wurden die Kapitel 7 und 8 zwecks Aktualisierung ergänzt.

Natur in einem naturphilosophischen Sinne als eigenständig wirkende Kraft und Energie, die alles hervorbringt und zur Vollendung treibt, und auch die menschliche Selbstentfaltung bewirkt. So oder so, der Natur fehlen die Worte.

Ein Beispiel ist der Dichter Robert Musil (1880–1942), den die empirische Rationalität geradezu verzweifelt umgetrieben hat. Selbst ausgebildeter Ingenieur, der dann in Berlin empirische Psychologie studiert hatte, beklagt er, dass die Tatsachen alles überwuchern, "unter Ausschluss der Persönlichkeit" (Musil 1978b, 1092). In seinen Essays schreibt er: Die "Tatsachenfülle wuchs zur Überfülle [...]: Ergebnis ein Alpdruck, ein stündlich wachsender Berg von Tatsachen, Gewinn an Wissen, Verlust an Leben" (E 1083). Er schreibt an gegen das Kausalitätsprinzip, das Empirisches aus Empirischem erklärt und Tatsachen aus Tatsachen herleitet (ebenda 990 u. 1048) und geht auf die Suche nach etwas "Anderem", nach dem, was er den "anderen Zustand" nennt. Diesen Zustand charakterisiert Musil als eine stumme "außerbegriffliche [und d.h. nicht-sprachliche] Korrespondenz des Menschen mit der Welt" (ebenda 1141). In seinem Roman "Der Mann ohne Eigenschaften" heißt es über diesen ersehnten Zustand: "Man vergisst manchmal das Sehen und Hören, und das Sprechen vergeht einem ganz. Und doch fühlt man gerade in solchen Minuten, dass man für einen Augenblick zu sich gekommen ist" (Musil 1978a, 751).

Die erwähnte Art der Naturphilosophie, die eine ebenso lange Geschichte hat wie die Tatsachenwissenschaften, spielt gegenwärtig auch in der Theologie eine Rolle. 1997 erschien eine empirische Studie des Praktischen Theologen Klaus-Peter Jörns, der herausfinden wollte, "was die Menschen wirklich glauben" (Jörns 1997). Dass ein Großteil der Befragten die Vorstellung eines persönlichen Gottes, der spricht, und zu dem man sprechen kann, verabschiedet hatte, war für ihn nicht überraschend, wohl aber ein für ihn neuer Glaubenstypus. (Vgl. Heine 2016, 141-164) Für diesen Glaubenstypus ist die Natur ein "dominantes Wirkungsfeld der transzendenten Mächte". Die Natur, so heißt es, sei "das Stichwort, das alles integriert. [...] personale Kategorien passen nicht mehr" (Jörns 1997, 73). Für solche "Naturgläubigen" sind transzendente Mächte überall, im ganzen Kosmos, auch im Menschen selbsttätig wirksam (ebenda, 83) als "kosmischer Geist" oder "übersinnliche Kräfte und Energien" (ebenda, 214). In dieser Vorstellung ist die Natur nicht Objekt der Erforschung, sondern eine initiative, selbsttätige Kraft, eine Energie, die als heilsvermittelnde Instanz handelt. Das menschliche Bewusstsein hingegen, Vernunft und Rationalität, stören da nur, da sie die Natur unterwerfen, anstatt sie selbst wirken zu lassen. Daher behindern vom Menschen geschaffene moralische Regeln, Gebote oder religiöse Lehren den natürlichen Selbstentfaltungsprozess. Mit der biblischen Sicht auf den Menschen als "Gouverneur" der Schöpfung Gottes habe das ganze Übel seinen Anfang genommen (ebenda, 122f.).

Musils anderer Zustand und Jörns' Naturgläubige sind zwei Beispiele dafür, dass Worte und Sprache keine Rolle spielen, freilich mit einem Unterschied. Trotz aller Kritik am Szientismus will Musil nicht hinter die Errungenschaften neuzeitlicher Rationalität zurück, sondern diese steigern, um "die Vorzüge einer vorurteilslosen Laboratoriumstechnik endlich aus den Naturwissenschaften auch auf die Moral zu übertragen" (Musil 1978b, 1011). Die Naturgläubigen hingegen polemisieren gegen alles, was mit einer solchen Rationalität zu tun hat und folgen einem Naturverständnis, das Züge einer aristotelischen Substanz-Metaphysik trägt. Aber weder mit chemischen Stoffen oder Molekülen, noch mit aus sich selbst heraus wirkenden Kräften und Energien, kann ein Mensch über Leben, Sinn oder Liebe sprechen. Wo personale Kategorien wegfallen, verliert auch der Mensch seine Persönlichkeit.

2. Nichts ohne Sprache

Nichts ist ohne Sprache, sagt der Apostel Paulus (1Kor 14, 8-10) und distanziert sich damit von der Zungenrede, der Glossolalie. Menschliche Kommunikation erfolgt über Zeichensysteme, welche die Wirklichkeit lesbar machen, sagt die Semiotik, und das hat schon Paulus gewusst. Denn wer in Zungen redet, gibt zwar Laute von sich, aber ohne eine inhaltlich verständliche Aussage: "Wenn ihr in Zungen redet und nicht mit deutlichen Worten, wie kann man wissen, was gemeint ist? Ihr werdet in den Wind reden."[2] Menschen müssen die Zeichen verstehen können, und eine Botschaft wird dann verstanden, wenn sie beim Empfänger Vorstellungen und auch Handlungen auslöst, welche die Botschaft beabsichtigt; die Botschaft macht dann "Sinn", sie hat eine Bedeutung. Der Philosoph Hans Blumenberg spricht von "Bedeutsamkeit" und meint damit, dass Menschen davon leben, dass sie einander etwas bedeuten, dass das Dasein in dieser Welt ihnen etwas bedeutet, und dass das ein dem Willen "entzogener Vorgang" ist. (Blumenberg 1996, 124, 78) Nur was Bedeutung hat oder gewinnt, ist fähig zum Handeln zu motivieren. Daher setzt Paulus eine rhetorische Frage in ein Bildwort: "Und wenn die Posaune einen undeutlichen Ton gibt, wer wird sich zur Schlacht rüsten"?

Nichts ist ohne Sprache, weil Menschen sprachliche Wesen sind. In seiner Vorrede zum Psalter von 1528 schreibt Martin Luther: "Es ist ja ein stummer Mensch im Vergleich zu einem redenden schier als ein halb toter Mensch zu achten. Und es ist kein kräftiger noch edler Werk am Menschen als das Reden, sintemal der Mensch durchs Reden von andern Tieren am meisten unterschieden wird, mehr als durch die Gestalt oder etwas ande-

---

[2] Wenn nicht anders vermerkt, wird aus der Übersetzung Luthers von 2017 zitiert.

res; weil z.B. auch ein Holz durch Schnitzkunst eines Menschen Gestalt bekommen kann, und ein Tier sowohl sehen, hören, riechen, singen, gehen, stehen, essen, trinken, fasten, dürsten, Hunger, Frost und hart Lager leiden kann wie ein Mensch", aber nicht sprechen kann wie ein Mensch. (Luther 1990, 33-34) Damit ist gesagt, dass ein Mensch sich in der Sprache vorfindet, die niemand erfinden kann wie eine Glühbirne, aber auch niemand dadurch abschaffen kann, dass er sich stumm dem Gang der Natur hingibt. Luthers Anthropologie ist in der Sprachlichkeit des Menschen grundgelegt.

Als sprechendes Lebewesen steht der Mensch nicht in "außerbegrifflicher Korrespondenz" zur Welt, sondern in personaler Kommunikation mit ihr, wird angesprochen und spricht, fragt, denkt über das Gehörte nach und antwortet, denn die Sprache hat reflexiven Charakter. Dadurch tritt er in Beziehung zu anderen Menschen und zu den "Dingen" als Beziehungswesen, als Person, als Ich, das ein ansprechbares Du voraussetzt; nicht zufällig vermisst Musil das Persönliche. Verstummen, sprachlos werden und keine Worte mehr finden, setzt Sprachlichkeit voraus. Die gegebene Sprachlichkeit mit ihrem Zeichensystem strukturiert das menschliche Dasein vermittels der Vernunft als zum Menschen gehörendes Vermögen, das ebenfalls sprachlich verfasst ist, eben weil der Mensch ein sprachliches Wesen ist.[3] Somit kann sich ein Mensch davon nicht befreien und sich nicht entziehen, sein Dasein denkend zu erhellen, indem er mit allem kommuniziert. Daher spricht Luther vom Menschen "*in praedicamento relationis*",[4] von einem Lebewesen in Beziehung, die es seiner Sprachlichkeit verdankt.

Menschen stehen in vielfältigen Beziehungen: in der Beziehung zu sich selbst, zu den Mitmenschen, zur nicht-menschlichen Natur, zur Welt im Ganzen und schließlich zu

---

[3] Entgegen einer verbreiteten Ansicht, Luther habe die menschliche Vernunft missachtet, schreibt er in seiner Disputation über den Menschen, "dass die Vernunft die Hauptsache von allem ist und vor allen übrigen Dingen dieses Lebens das Beste und etwas Göttliches", eine "Sonne und eine göttliche Macht", deren Majestät Gott auch "nach dem Fall Adams" vom Menschen nicht weggenommen hat. Er nennt sie "die Erfinderin und Lenkerin aller (freien) Künste, der Medizin, der Rechtswissenschaft und alles dessen, was in diesem Leben an Weisheit, Macht, Tüchtigkeit und Ruhm von Menschen besessen wird" (Luther 2016, 665).

[4] Martin Luther, In XV Psalmos graduum (1540), Auslegung von Psalm 129,8: "[…] wir müssen uns aus der einfachen und beziehungslosen Kategorie der Substanz hinüberbegeben in die Kategorie der Beziehung" (*"nos debemus nos ex simplici et absoluto substantiae praedicamento transferre in praedicamento relationis"*; WA 40/3, 334, 24-26; vgl. Luther 2007, 31). Dies betont Luther immer wieder sowohl in Bezug auf die Menschen untereinander, als auch deren Beziehung zu Gott; z.B. auch in seiner Interpretation von Psalm 51,4 (1532): *"Nec Sanctitas est in praedicamento substantiae sed relationis, est gratuita misericordia, impliciter per Confessionem et agnoscentiam, quod praedicaret deum misericordem peccatoribus"* (WA 40/2, 354, 2-5).

Gott. Alle diese Beziehungen begrenzen aber auch die Freiheit: durch die Naturgesetze, denen der Mensch in seiner Leiblichkeit ausgesetzt ist, samt der Affekte, die es um des Nächsten willen zu steuern gilt. Die Freiheit ist eingeschränkt durch die Herkunft aus einer bestimmten Familie und durch die Geschichte, in der ein Mensch steht. Beziehungen können freilich auch verloren gehen oder abgebrochen werden. Über alles das sprechen und schreiben wir, über Lust und Leid, die uns der Leib beschert, über die Schranken, in die uns die Mitmenschen verweisen oder über ein beziehungsloses Leben in Einsamkeit. Wir verständigen uns über den erfreulichen oder bedenklichen Gang der Geschichte und erzählen einander Geschichten, wir sprechen übereinander und einander an. Wem es die Sprache verschlägt, der steckt in der Regel in einer Krise.

3. Verkauft und verloren

In seiner Schrift "Unterrichtung, wie sich die Christen in Mose schicken sollen" von 1525 nimmt Martin Luther auf die Worte Bezug, die Gott am Berg Sinai zu den Menschen gesprochen hat: "Ich bin der Herr, dein Gott, der ich dich aus Ägyptenland, aus dem Diensthaus geführt habe" (Ex 20,1). Freilich hat Gott nicht so geredet, "denn er hat keinen Mund, Zungen oder Lippen wie wir". Aber er bedient sich der menschlichen Sprache, denn er hat die Menschen als sprachliche Wesen geschaffen, damit er zu ihnen sprechen kann, und damit sie ihn verstehen können. "So ist die Sprache, Rede und Stimme", schreibt Luther, "eine Gabe Gottes wie andere Gaben, wie z.B. die Frucht an den Bäumen". (Luther 1990, 95) Aber warum diese Gabe? Luthers Antwort: "Niemand hat gewußt, warum Gott die Sprachen hervorkommen ließ, bis daß man jetzt erst sieht, daß es um des Evangeliums willen geschehen ist, welches er hernach hat offenbaren […] wollen." (ebenda, 71-72) Luther begründet die Sprachlichkeit der Menschen mit der Gottesbeziehung, auf die hin sie geschaffen wurden, und in der zu leben zu ihrer Bestimmung gehört – um des eigenen Wohlergehens willen (Dtn 5,16; Eph 6,3).

Menschen neigen jedoch dazu, ihre Bestimmung nicht wahrzuhaben und wahrzunehmen, denn sie sind Sünder. Zu dem Wort "Sünde" gibt es mehr Missverständnisse als Klarheit, denn Sünder sind nicht nur solche, die eine Schandtat an die andere reihen, sondern alle Menschen. Luther bezieht sich u.a. auf Aussagen des Apostels Paulus, der ein drastisches Bild aus dem Lebensbereich der Sklaven verwendet: Die Welt ist "verkauft unter die Sünde" (Röm 7,14), daher sind die Menschen Sklaven der Sünde (Röm 6,16f). Das geht über persönliche Verfehlungen weit hinaus, vielmehr steht die gesamte Welt unter der "Macht der Sünde", welche die Schöpfung, wie sie Gott gewollt hat, verunstaltet.

Das bedeutet nicht, dass Gott den Menschen nicht gut geschaffen und ihn mit vielen Gaben ausgestattet hätte, aber die "bösen Werke" (Joh 3,19) entwickeln eine eigene Dynamik, die dem Geschehen in der Welt den Stempel aufdrückt. Paulus schildert dieses Geschehen, wie es sich auch heute abspielt, sehr anschaulich: "Ihr Rachen ist ein offenes Grab; mit ihren Zungen betrügen sie [Ps 140,4]; ihr Mund ist voll Fluchens und Bitterkeit [Ps 10,7]. Ihre Füße eilen, Blut zu vergießen; auf ihren Wegen ist lauter Zerstörung und Elend, und den Weg des Friedens kennen sie nicht [Jes 59,7-8]" (Röm 3,13-17). Dieser Menschheitsgeschichte mit ihrem Geflecht von Kriegen, Mord, Menschenhandel, politischen Machtkämpfen und Korruption, von Hass in Worten und Taten sind alle Menschen ausgesetzt, auch wenn sie sich bemühen, Gutes zu tun.[5] Meist geschieht das Umgekehrte: Die Macht der Sünde pervertiert die menschlichen Gaben, indem sie diese, z.B. Willen und Vernunft, in ihren Dienst nimmt. Darin wurzeln auch die persönlichen Verfehlungen, die ein Mensch dennoch zu verantworten hat. Luther spricht von Sünde nicht "*in praedicamento substantiae*", als mache die Sünde das menschliche Wesen aus, sondern wiederum *in praedicamento relationis*" als einem Beziehungsgeschehen, und das gilt ebenso von der Gnade Gottes.[6] Denn das, was in der Welt geschieht, sind Szenarien gestörter und zerstörter Beziehungen unter den Menschen und gegenüber Gott, und Gottes Gnade stellt die Beziehungen wieder her.

4. Die schöpferische Liebe Gottes

Aus der Macht der Sünde kann sich kein Mensch selbst befreien, und die Menschheitsgeschichte kann auch durch die Vergebung einzelner menschlicher Fehltritte nicht geheilt werden. Die Erfahrung zeigt ja auch, dass es Menschen bei allen Anstrengungen nicht möglich ist, alles Unrecht und Leid zu beseitigen und aus der Welt ein Paradies zu machen. Und die es versuchen, geraten schnell in einen Fanatismus, der alles noch schlimmer macht. Es muss etwas anderes geschehen.

Luther bezieht sich wiederum auf Paulus, der davon ausgeht, dass Gott seine Schöpfung nicht der Macht der Sünde überlassen will: "So halten wir nun dafür, dass der Mensch gerecht wird ohne des Gesetzes Werke, allein durch den Glauben", heißt es im Römerbrief.

---

[5] Deshalb kann Paulus sagen, dass er das Gute will, aber nicht begreift, was er bewirkt: "Denn das Wollen liegt in meiner Hand, das Vollbringen des Rechten und Guten aber nicht" (Röm 7,18; Bibel, Zürcherübersetzung 2007).

[6] In seiner "Disputation gegen die scholastische Theologie" (1517) verneint Luther, dass der Mensch von Natur aus böse sei, jedoch sei er von beschädigter Natur (*vitiata natura*) [Luther 2016, 8, 21; vgl. Anm. 4].

Paulus spricht nicht von der menschlichen Gerechtigkeit, die vor einem Gericht abwägt, wer mehr oder weniger im Recht ist, sondern von "der Gerechtigkeit vor Gott", die kein Mensch erringen kann; vielmehr wird er (und sie) gerecht gesprochen ohne Verdienst "aus seiner Gnade" (Röm 3,28.24). Dies ist vorgezeichnet in der Lebenspraxis Jesu, der mit betrügerischen Zöllnern und mit Sündern gemeinsam isst und sie in die Gemeinschaft mit Gott einlädt.

Für Paulus wie für Luther entlässt Gott in seinem Beziehungswillen die Menschen nicht aus seiner Zuwendung, sucht aktiv die Gemeinschaft mit ihnen und setzt diese zugleich schöpferisch ins Werk. Bereits in seiner Heidelberger Disputation von 1518 unterscheidet Luther zwischen der geschöpflichen Liebe des Menschen und der schöpferischen Liebe Gottes: Die Liebe des Menschen entzündet sich an dem für ihn Liebenswerten, die Liebe Gottes aber "findet das für ihn Liebenswerte nicht vor, sondern erschafft es". (Luther 2016, 61, These 28) In dieser Anerkennung, die Gott dem Menschen ohne dessen Verdienst zuspricht und gibt, gründet die menschliche, von Eigenschaften und Taten unabhängige Würde.

5. Wenn ein Licht aufgeht

Woran aber können nun Menschen die schöpferische Zuwendung Gottes zu den Menschen erkennen? An dem, was in Sprache geschrieben steht und sich aus Worten der Predigt vernehmen lässt, dass nämlich Gott "die Toten lebendig macht und was nicht ist, ins Dasein ruft" (Röm 4,17) und "der Jesus, unsern Herrn, von den Toten auferweckt hat" (Röm 4,24). Im Mittelpunkt des christlichen Bekenntnisses steht die Auferweckung des gekreuzigten Christus, der "die Sünde der Welt" trägt (Joh 1,29), also die Macht der Sünde, die Gott mit der Auferweckung gebrochen hat, um auch die Glaubenden "herauszureißen aus der gegenwärtigen bösen Weltzeit nach dem Willen Gottes, unseres Vaters" (Gal 1,4; Übersetzung Zürcher 2007). Im 1. Johannesbrief heißt es: "[…] das Leben [Jesus Christus] ist erschienen, und wir haben gesehen und bezeugen und verkündigen euch das ewige Leben, das beim Vater war und uns erschienen ist" (1Joh 1,2). Jesus Christus ist das Zeichen, das auf die Vollendung der Schöpfung verweist, die Gott herbeiführen wird und teils vorwegnimmt: "Da wir nun gerecht geworden sind durch den Glauben, haben wir Frieden mit Gott durch unsern Herrn Jesus Christus. Durch ihn haben wir auch den Zugang im Glauben zu dieser Gnade, in der wir stehen, und rühmen uns der Hoffnung auf die Herrlichkeit, die Gott geben wird" (Röm 5,1-2).

Allerdings: Niemand kann sich aus eigenem Willen heraus einfach zum Glauben entschließen. Der Glaube lässt sich auch nicht von Lehren oder religiösen Wissensbeständen ableiten, und der Weg geht nicht von Lernen und Wissen zum Glauben. Vielmehr wird der Glaube dadurch empfangen, dass etwas einleuchtet, einem Menschen ein Licht aufgeht. Im Mittelpunkt des reformatorischen Christentums steht der Glaube als ein Gottesgeschenk, das Gewissheit im Herzen stiftet, indem Gott sich dem Menschen durch seinen Geist erschließt. Wem dies widerfährt, der erkennt sich verstrickt in die Macht der Sünde und vermag den Schmerz der Reue für seine Fehltritte auch wirklich zu empfinden. Und zugleich und in einem erkennt er (und sie) sich als von Gott geliebtes Geschöpf, das sich nicht mehr herausreden und rechtfertigen muss. Luther erinnert sich: Da "fühlte ich mich völlig neu geboren und durch geöffnete Tore in das Paradies eingetreten zu sein. Da zeigte sich sogleich ein anderes Gesicht der ganzen Schrift. Ich ging danach durch die ganze Schrift [...] und sammelte auch in anderen Wortverbindungen eine Entsprechung, etwa 'Werk Gottes', das heißt, was Gott in uns wirkt." (Luther 2016, 607)

Da Glaube mit innerer Gewissheit zu tun hat, kann er auch von niemandem gefordert werden, denn eine Forderung erfasst nicht die Dimension des Vertrauens. Dies lässt sich auch aus menschlicher Erfahrung nachvollziehen. Wenn jemand das Vertrauen enttäuscht hat und beteuert: Du musst mir glauben, dann kann er (und sie) keine zustimmende Antwort erwarten. Hier geht es um Glaubwürdigkeit, die niemand von einem anderen verlangen, sondern die nur geschenkt werden kann, weil jemand als glaubwürdig erfahren wird.

Damit der Glaube als innere Gewissheit zustande kommt, bedarf es der äußeren Kommunikation der Glaubensinhalte in Predigt und Unterweisung. Daher schreibt Luther an die "Ratsherrn aller Städte", dass sie Schulen einrichten, und die Leute Sprachen lernen sollen, denn "obwohl das Evangelium allein durch den heiligen Geist gekommen ist und täglich kommt, so ists doch durch das Mittel der Sprachen gekommen". (Luther 1990, 70-71) Indem sich der Mensch mit Fleiß um Erkenntnis bemüht, kann er (und sie) entdecken, auf Gott verwiesen zu sein, der zu erkennen gibt. Dass sich im Unterschied zu gelerntem Wissen eine Erkenntnis nicht verfügen lässt, gilt nicht nur in geistlichen Dingen, sondern ist auch einer lebensweltlichen Erfahrung zugänglich.

6. Nicht ohne Werke

Das Vertrauen in Gott macht den Menschen nicht zu einem unschuldigen Wesen; er bleibt ein Geschöpf mit begrenzter Freiheit, was Verführungen und Schuld einschließt, und auf Vergebung angewiesen. Deshalb verbindet Paulus seinen Freiheitsruf auch mit einer Ermahnung: "Zur Freiheit hat uns Christus befreit! Steht also fest und lasst euch nicht wieder in das Joch der Knechtschaft [unter die Macht der Sünde] einspannen" (Gal 5,1; Übersetzung Zürcher 2007). Verbreitet ist das Missverständnis, der Zuspruch der Gerechtigkeit durch Gott, ohne dass der Mensch sich darum moralisch bemüht und in Frömmigkeit übt, sei nichts als billige Gnade. Eine solche Auffassung ergibt sich, wenn man diesen Vorgang als bloße Lehre betrachtet. Aber dabei handelt es sich um eine Erfahrung, die sich im Herzen ereignet. Diese Erfahrung kann nur aufgrund der Selbstwahrnehmung bezeugt werden.

Die Reformation hat bewusst den "guten Werken" einen neuen und eigenständigen Platz in der Beziehung zum Nächsten gegeben, denn die Werke folgen aus der Dankbarkeit für das, was Gott schenkt. Aus der Glaubensgewissheit erwächst der Mut, frohen Herzens Verantwortung zu übernehmen, und in der Hinwendung zum Nächsten ist der Mensch Mitarbeiter Gottes. In seiner Vorrede zur Auslegung des Römerbriefes schreibt Luther: "Glaube ist eine lebendige, verwegene Zuversicht auf Gottes Gnade [...] Daher [er] ohne Zwang willig und lustig wird, jedermann Gutes zu tun, jedermann zu dienen, allerlei zu leiden, Gott zu Lieb und Lob, der ihm solche Gnade erzeigt hat, also, dass es unmöglich ist, Werke vom Glauben zu scheiden, ebenso unmöglich, wie Brennen und Leuchten vom Feuer mag geschieden werden." (Luther 1990, 50-51) Denn wie ein guter Baum nicht anders kann, als gute Früchte hervorzubringen, kann auch ein Mensch, der der Zuwendung Gottes gewiss ist, nicht anders, als mit "Lust und Liebe" gute Werke zu tun. Der Schwerpunkt des christlichen Ethos liegt aus reformatorischer Sicht nicht auf der Erfüllung religiöser Pflichten, sondern auf dem Zeugnis des Glaubens im weltlichen Handeln.

7. Die Natur kann sprechen

Nicht als Objekt der Analyse, und nicht als aus sich selbst wirkende Energie, sondern als Schöpfung verstanden, beginnt die Natur zu sprechen, durch die Gott die Menschen anspricht. Dann kann die Schöpfung erfahrbar werden als Kommunikationsraum Gottes mit seinen menschlichen Geschöpfen: "Die Himmel erzählen die Ehre Gottes, und die Feste [das Firmament] verkündigt seiner Hände Werk. Ein Tag sagt's dem andern, und eine Nacht tut's kund der andern, ohne Sprache und ohne Worte; unhörbar ist ihre Stimme. Ihr Schall geht aus in alle Lande und ihr Reden bis an die Enden der Welt" (Ps 19,2-5). Das schöpferische Handeln Gottes ist nicht nur ein Schaffen am Anfang, sondern setzt sich fort, indem Gott den Menschen als liebenswert erschafft. Dies führt den Menschen in das staunende Fragen nach sich selbst: "Wenn ich sehe die Himmel, deiner Finger Werk, den Mond und die Sterne, die du bereitet hast: Was ist der Mensch, dass du seiner gedenkst, und des Menschen Kind, dass du dich seiner annimmst" (Ps 8,4-6)?

Matthias Claudius (1740-1815) verbindet die Schöpfung mit Christus in einem Lied: "Ich danke Gott und freue mich wie's Kind zur Weihnachtsgabe, dass ich bin, bin! Und dass ich dich, schön menschlich Antlitz! Habe. [...] Und dass mir dann zumute ist, als wenn wir Kinder kamen, und sahen, was der heil'ge Christ bescheret hatte. Amen." (Claudius 1984, 149) Dem fast erblindeten Franz von Assisi sind in seinem "Sonnengesang" die Gestirne, Wind und Wolken, Wasser und Feuer Bruder und Schwester. Augustinus (354-430)[7] oder Hugo von Sankt Victor (ca.1097-1141)[8] erkennen in allem Geschaffenen sichtbare Zeichen der unsichtbaren Weisheit Gottes. Und nach Martin Luther sind alle geschaffenen Dinge von den Gestirnen bis zu jedem einzelnen Menschen "Vokabeln Gottes"[9] und in ihrem Zusammenhang "Worte der göttlichen Grammatik".[10] Als sprachliches Wesen steht der Mensch mit allem in Beziehung, das ihn umgibt, und kann ihn Gott durch alles ansprechen, um ihn (und sie) seiner schöpferischen Liebe zu vergewissern.

8. Die Sprache des Populismus

"Die Sprache ist eine große und göttliche Gabe", Worte sind mächtig und niemals neutral; sie können aufbauen oder zerstören, Mut machen oder Ängste schüren. Sprache kann eine eigene Welt erschaffen und eine Gegenwelt inszenieren, je nachdem, in welchen Dienst jemand seine Worte stellt. Derzeit macht eine populistische Rhetorik Schlagzeilen und Politik, nicht nur in Europa, und manche sehen in Martin Luther einen üblen Populisten.[11] War er das?

Der Begriff des Populismus als eines neuzeitlichen Phänomens lässt sich definitorisch schwer fassen, aber die Sprache zeigt die dahinterstehende Weltsicht sehr deutlich: Polarisierung aus Angst. Das Wort "Wir" steht für diejenigen, die sich von "denen da oben", dem Establishment, im Stich gelassen fühlen, während sie von allen anderen bedroht werden. Die "Wir" sagen von sich, sie würden sich für das Volk einsetzen, während "die anderen" das Volk links liegen lassen. Heutige Krisenzeiten sind zwar eine Realität, aber eine populistische, emotional aufgeladene persuasive Sprache weitet das aus und schafft das Szenarium einer allgegenwärtigen und überall lauernden Bedrohung, die diffuse Ängste auslöst. Populistische Rhetorik steigert die realen Ängste durch Übertreibungen, auch indem sie Tatsachen verkürzt darstellt oder verfälscht, sei es bewusst oder unbewusst. Als Spitze der Skala der Bedrohung werden die Flüchtlinge gesehen, eine gesichtslose Masse,

---

[7] Siehe Augustinus 1891, 1894, 1896.
[8] Siehe De Sancto Victore 2002.
[9] "Sonne, Mond, Himmel, Erde, Petrus, Paulus, ich und du sind *'vocabula Die'*". (WA 42, 17-19, 17)
[10] Alles durch das Wort Gottes Geschaffene sind *"nomina divinae Grammaticae"*. (Ebenda, 6-8, 37)
[11] So z.B. der Journalist und Publizist Willi Winkler (Winkler 2016) oder der Historiker Volker Reinhardt (Reinhardt 2016).

die wie eine Sturmflut heranrollt, die als Sozialschmarotzer auf Kosten des Volkes leben und den Leuten die Butter vom Brot essen. Wer sich um eine realistische Einschätzung und um Richtigstellung bemüht, stößt auf taube Ohren oder Dementis, auf "leider ein Missverständnis" oder ein "war nicht so gemeint", oder man muss sich die nächste Verschwörungstheorie anhören. Die Sprache des Populismus gleicht einem Chamäleon, das jederzeit imstande ist, die Farbe zu wechseln, um bei der destruktiven Weltsicht bleiben zu können.

Mit ihrer Sprache inszenieren die "Wir" eine Gegenwelt, die sie mit griffigen und teils geschichtlich belasteten Schlagworten brandmarken wie "Lügenpresse", "Meinungsdiktatur" oder "Überfremdung". Die "sozialen" Medien sind der ideale Nährboden für Beschimpfungen aller Art, sprachliche Tabubrüche, die sich in der Blase der Anonymität tummeln, wo niemand daran denkt, dass Worte verantwortet werden wollen: Hass im Netz. In diesem Szenarium treten die "Wir" als Befreier auf durch scheinbar ganz einfache Lösungen, die sie ebenfalls mit Schlagworten propagieren, um politische Macht zu gewinnen.

Denn die "Wir" und deren Führer verstehen sich als das wahre Volk und als die Stimme des wahren Volkes. Unter dem Versprechen demokratischer Nähe zu allen Bürger/innen wird ein homogenes Volk ausgerufen mit traditionellen Geschlechterrollen und Familienbildern, und zwar *"in praedicamento substantiae"*, mit einem unveränderlichen Wesenskern ausgestattet. (Nicke 2018) Das sind dann die wahren Deutschen, wahren Briten oder die wahren Amerikaner. Dies geschieht nicht *"in praedicamento relationis"*, denn den "Wir" ist nicht daran gelegen, Beziehungen unter den verschiedenen Menschen, Lebenswelten und Kulturen zu fördern, um eine Solidargemeinschaft aufzubauen. Die "Wir" behaupten zwar, dies sei ihr Anliegen, schließen aber alle aus, die aus ihrer Sicht nicht zum wahren Volk gehören, und tun dies ebenfalls *"in praedicamento substantiae"*, weshalb "die anderen" dem Volk gar nicht integrierbar sein können: "Wir sind alle. Ihr seid nicht wir." (siehe Schwendiger 2017)

Dem homogenen Volk entspricht eine homogene Kultur, eine Vorstellung, die sich in der Rede vom "christlichen Abendland" verdichtet. Im Vordergrund steht als Gegenwelt der Islam, ein kollektiver Feind, dessen Anhänger/innen sich aus der Sicht der "Wir" in Parallelgesellschaften und Moscheen zusammenrotten, um die Scharia einzuführen. Mit Schlagworten wie "Islamisierung" oder "Verfall" der christlichen und moralischen "Werte" warnt populistische Rhetorik vor dieser "Fremdgruppe", welche die Zerstörung des christlichen Abendlandes im Sinn habe. In Wirklichkeit sind es die "Wir", die sich abschotten von allen, die aus ihrer Sicht nicht zum wahren Volk gehören, und an diesen pauschal kein gutes Haar lassen. Der größte Feind ist eine pluralistische Gesellschaft, somit die Realität, der eine simplifizierte und überschaubare Wunschwelt gegenübersteht. Damit fallen die realen Herausforderungen unter den Tisch, und niemand muss sich mehr Gedanken über Strategien zu deren Bewältigung machen.

9. Dem Volk aufs Maul schauen

Manches scheint dafür zu sprechen, dass Luther ein Populist war, etwa seine zunehmend hasserfüllte, oft maßlose Polemik gegen die Papstkirche, das damalige religiöse Establishment. Damit griff er ein bereits verbreitetes Misstrauen gegenüber der Kirche auf, das vor allem die deutschen Fürsten und Stände hegten, die sich aus der Abhängigkeit von Rom befreien wollten. Die literarische Produktion des wortgewaltigen Reformators war enorm. Er reagierte schnell auf aktuelle Ereignisse und nutzte die damals neuen Medien, Gutenbergs Druckverfahren, für die Verbreitung seiner Gedanken. Die mit Luther befreundete Künstlerfamilie Cranach druckte Flugblätter für eine weitgehend analphabetische Bevölkerung mit einfachen Holzschnitten, welche die Papstkirche und die reformatorische Botschaft auf drastische Weise einander antithetisch gegenüberstellten. Der Historiker Volker Reinhardt meint, Luther würde heute twittern. (Reinhardt 2017) Freilich reagierte der Machtapparat der römischen Kirche nicht weniger hasserfüllt und ebenfalls mit polemischen Bilddrucken gegen die Reformatoren, die dem inquisitorischen Zugriff entgangen waren. Dies erinnert an die populistische Trennung der eigenen Welt von einer bedrohlichen Gegenwelt. Auch die Angst, die Luther umtrieb, und die sich in seinen späten Jahren zu einem apokalyptischen Gemütszustand steigerte, wird gerne für Luther als Populisten ins Treffen geführt.

Solche Vergleiche übersehen allerdings, dass Menschen des 16. Jahrhunderts in Europa anders dachten und lebten als Menschen des 21. Jahrhunderts. Die Angst war damals so allgegenwärtig wie der Tod: Hohe Kindersterblichkeit, Seuchen wie die Pest, Kriege, Folter und Todesstrafe. Das ist keine diffuse, sondern eine real verortete Angst, die sich heutiger Vorstellungskraft letztlich entziehen. Wer aus der sicheren Distanz viel späterer Generationen einzelne Aspekte einer früheren Lebenswelt herausgreift und in eine, mit früher nicht vergleichbare Gegenwart zu versetzt, macht sich der anachronistischen Lesart der Geschichte schuldig. Luther muss in seiner eigenen Gegenwart bleiben, um heute verstanden werden zu können.

Die Aussage Luthers, man solle "dem Volk aufs Maul schauen", ist zu einem Beleg für seinen Populismus geworden. Als geflügeltes Wort geistert es durch alle möglichen Kontexte, die dessen Bedeutung verändern und den ursprünglichen Kontext ausblenden. Bei Luther aber stehen die Übersetzung der Bibel ins Deutsche dahinter und damit ein Text, eine verbindliche Vorlage, etwas, das der gegenwärtige Populismus nicht kennt. Luther beschäftigte die Frage, wie sich aus antiken Sprachen wie Griechisch oder Latein so übersetzen ließe, dass Menschen dies auch in ihrer Muttersprache verstehen. In seinem "Sendbrief vom Dolmetschen" von 1530 hat er seine Methode der Übersetzung beschrieben und die Mühe, mit deutschen Worten das im Text Gemeinte zum Ausdruck zu bringen. In diesem Zusammenhang schreibt er: "[…] man muss die Mutter im Hause, die Kinder auf der Gasse, den einfachen Mann auf dem Markt danach fragen und denselben auf das Maul sehen, wie sie reden, und darnach übersetzen; da verstehen sie es dann und merken, daß man deutsch mit ihnen redet". (1982b, 147-148)[12] Das ist der Kontext des geflügelten Wortes: Luther wollte einen Weg finden zwischen einer völlig freien Übersetzung und einer, die am Buchstaben kleben bleibt. Wo es möglich ist, hat er wortgemäß übersetzt und sinngemäß, wo die wortgemäße Übertragung im Deutschen keinen Sinn ergibt.

Im Unterschied zu einem neuzeitlichen Populismus versteht sich Luther nicht als Stimme des Volkes, sondern als hoch gebildeter Lehrer und Prediger, der dem Volk eine geistliche Botschaft nahe bringen will. Er operiert nicht mit Schlagworten, sondern mit nachvollziehbaren Argumenten, sofern man bereit ist, sich damit ernsthaft zu befassen, z.B. mit der für ihn zentralen Unterscheidung zwischen "*in praedicamento substantiae*" und "*in praedicamento relationis*". Wieviel Angst er selbst auch gehabt haben mag, hat er keine Ängste geschürt, sondern die liebende und barmherzige Zuwendung Gottes zu den Menschen "verdeutscht", die Mut macht und von Angst befreit, wie er es auch selbst erlebt hatte.

Dabei geht es nicht um den Menschen Luther, der vieles falsch eingeschätzt, sich oftmals verrannt und verbal maßlos um sich geschlagen hat; deshalb ist eine Verehrung als Heros nicht am Platze. Aber davon lässt sich seine grundlegende Erkenntnis unterscheiden: die Freiheit des Menschen. (Luther 1982a, 238-263)[13] Diese Freiheit hat nichts mit einem neuzeitlichen Liberalismus zu tun, sondern bedeutet zweierlei: Zum einen, dass kein Mensch einem anderen untertan sein und durch Verordnungen, Kontrolle und Überwachung bevormundet werden darf. Zum anderen, dass ein Mensch, der sich anerkannt und

---

[12] Im "Sendbrief vom Dolmetschen" (1530) hat sich Luther auch gegenüber dem Vorwurf verteidigt, er halte sich nicht an den Originaltext. So lautet z.B. seine Übersetzung von Röm 3,28, der Mensch werde gerecht ohne die Werke des Gesetzes "allein durch den Glauben". Das Wort "allein" steht weder im griechischen Original noch in der lateinischen Übersetzung, aber Luther rechtfertigt sich für diese Einfügung, um einen Gegensatz zu verdeutlichen, der sinngemäß der Absicht des Paulus entspreche.

[13] In der Schrift "Von der Freiheit eines Christenmenschen" (1520) findet sich die bekannte Formulierung: "Ihr sollt niemandem in etwas verpflichtet sein, als daß ihr euch untereinander liebt. Liebe aber, die ist dienstbar und untertan dem, das sie lieb hat" (1982a, 239).

gewürdigt weiß, dazu frei ist, "jedermann Gutes zu tun [und] jedermann zu dienen" im weltlichen Handeln. (Luther 1990, 50-51) Dazu gehört die Selbsterkenntnis, nicht frei von Täuschung und Verblendung, von Verfehlungen und Schuld zu sein. Das ist keine private Meinung eines einzelnen Menschen, sondern damit bringt Luther das Evangelium zur Sprache. Was Luther im theologischen Kontext formuliert, hat auch für das Verständnis vom Menschen im Allgemeinen seine Bedeutung. Und das alles widerspricht in allem der Sprache und dem Inhalt eines heutigen Populismus, der aus Angst polarisiert und mit uneinlösbaren Versprechungen lockt. Die Sprache ist eine göttliche Gabe, die auch in den Dienst einer destruktiven Weltsicht geraten kann.

O. Univ.-Prof. em. Dr. Susanne Heine
Institut für Praktische Theologie und Religionspsychologie,
Evangelisch-Theologische Fakultät der Universitat Wien,
susanne.heine[at]univie.ac.at

Literaturangaben

Augustinus. *Contra Felicem Manichaeum*. CSEL (Corpus Scriptorum Ecclesiasticorum Latinorum), Vol. 25/1, ed. J. Zycha. Vindobonae: Academiae Litterarum Caesarea Vindobesis, 1891.

Augustinus. *De Genesi ad litteram liber imperfectus, De Genesi ad litteram, Locutiones in Heptateuchum*. CSEL (Corpus Scriptorum Ecclesiasticorum Latinorum), Vol. 28/1, ed. J. Zycha. Vindobonae: Academiae Litterarum Caesarea Vindobonesis, 1894.

Augustinus. *Confessiones*. CSEL (Corpus Scriptorum Ecclesiasticorum Latinorum), Vol. 33, ed. P. Knöll. Vindobonae: Academiae Litterarum Caesarea Vindobonesis, 1896.

Bayer, Oswald. "Das Wort ward Fleisch", in: ders. (Hrsg.). *Creator est creatura*. Berlin: De Gruyter 2007.

Bibel. Luther Übersetzung. Deutsche Bibelgesellschaft: Stuttgart, 2017.

Bibel. Zürcher Übersetzung. Zürich: Verlag der Zürcher Bibel, 2007.

Blumenberg, Hans. *Arbeit am Mythos*. Frankfurt/Main: Suhrkamp, 1996.

Claudius, Mattias. *Sämtliche Werke*. München: Winkler 1984.

De Sancto Victore, Hugo. *De tribus diebus* (Corpus Christianorum Continuatio Mediaevalis - CCCM 177). Turnhout: Brepols, 2002.

Heine, Susanne. "Spiritualität ohne Gott. Das Paradigma der 'göttlichen Natur' als Herausforderung für die christliche Theologie", in: Uta Heil, Annette Schellenberg (Hrsg.). *Frömmigkeit. Historische, systematische und praktische Perspektiven* (*Wiener Jahrbuch für Theologie*, Bd. 1). Wien: V&R Unipress 2016, 141-164.

Jörns, Klaus-Peter. *Die neuen Gesichter Gottes. Was die Menschen wirklich glauben*, Neukirchen-Vluyn: Neukirchener 1997.

Luther, Marin. "Von der Freiheit eines Christenmenschen (1520)", in idem. *Ausgewählte Schriften*, Bd. 1, Frankfurt am Main: Insel Verlag, 1982a.

Luther, Martin. *Sendbrief vom Dolmetschen (1530)*, in: idem. *Ausgewählte Schriften*, Bd. 5, Frankfurt am Main: Insel Verlag, 1982b.

Luther, Martin. "Vorrede zum Psalter (1528)", in: *Luther Deutsch*, Bd. 5. Göttingen: Vandenhoeck & Ruprecht, 1990, 33-34.

Luther, Martin. *Lateinisch-Deutsche Studienausgabe*. Bd. 1 *Der Mensch vor Gott*. Leipzig: Evangelisches Verlagshaus, 2016.

Luther, Martin. *Lateinisch-Deutsche Studienausgabe*, Bd. 2 *Christusglaube und Rechtfertigung*. Leipzig: Evangelisches Verlagshaus, 2006.

Luther, Martin. "In XV Psalmos graduum (1540)", in WA 40/III, Weimar: Hermann Böhlaus Nachfolge, 1930.

Luther, Martin. "Psalmus 51", in WA 40/II. Weimar: Hermann Böhlaus Nachfolge, 1914.

Luther, Martin. *Genesisvorlesung*, in: WA 42. Weimar: Hermann Böhlaus Nachfolge, 1911.

Musil, Robert. *Der Mann ohne Eigenschaften* (Gesammelte Werke Bd. 1-4). Hamburg: Rowohlt, 1978a.

Musil, Robert. *Essays* (Gesammelte Werke Bd. 8). Hamburg: Rowohlt, 1978b.

Nicke, Sascha. "Der Begriff der Identität", Bundeszentrale für politische Bildung, 17.12.2018 <https://www.bpb.de/politik/extremismus/rechtspopulismus/241035/der-begriff-der-identitaet>

Reinhardt, Volker. *Luther, der Ketzer. Rom und die Reformation*. München: Beck 2016.

Reinhardt, Volker. "Man kann Reformator Martin Luther als Populisten bezeichnen", ein Interview von Stefan von Bergen mit Volker Reinhardt. Berner Zeitung 06.03.2017 <https://www.bernerzeitung.ch/schweiz/standard/man-kann-reformator-martin-luther-als-populisten-bezeichnen/story/22767163>

Schwendinger, Michael. "Populismus definieren – Eine Wissenschaft für sich", Die Grüne Bildungswerkstatt, Dezember 2016 <https://www.gbw.at/oesterreich/artikelansicht/beitrag/populismus-definieren-eine-wissenschaft-fuer-sich/>

Winkler, Willi. *Luther. Ein deutscher Rebell*. Berlin: Rowohlt 2016.

ANDREA VESTRUCCI (Berkeley, CA)

Thinking *from* Justification
Towards a New Perspective – in and with Martin Luther

Abstract

In this article I present a new perspective on the theological concept of justification, by focusing not on the content (the meaning) but on the form (the condition of formulation) of this concept. I start with the semantic overabundance related to justification, with specific reference three meanings: the forensic, the effective, and the ontological-theotic. Then, I confront these meanings with Luther's idea of justification as in his De servo arbitrio (1525). Thanks to this, I stress that the theological concept of justification plays a meta-conceptual function: it affirms the priority of divine justification over any standard condition of conceptualization and thinkability of justification – in specific, the structure of imputative justice. This leads to a reconsideration of the role of this concept as "articulus stantis et cadentis ecclesiæ".

Keywords: Justification, Martin Luther, Theology, Forensic Justification, Effective Justification

1. The Semantic Overabundance of Justification

The theological concept of justification is remarkably complex, especially from a Lutheran point of view. First and foremost, this complexity is due to an overabundance of meanings attributed to this concept.

Yet, within this overabundance at least three meanings occupy a prominent position. These meanings are: the forensic, the effective, and the ontological-theotic one.

The *forensic* justification consists in God's *declaration* of human righteousness, as external attribution of the status of *iustus*. It is the divine judgment on the human being happening *foro cœli*, thus, outside the individual. It might seem to result from the synthesis between the aspects of *imputatio* (the judgment on the commandments accomplishment) and of *reputatio* (the judgment on the life of the individual) (see Preus 1982). More on this later, in the paragraph number 7. Thus, the forensic meaning is distinct from sanctification, for it has nothing of the movement of moral improvement, nor of the manifestation (and not just imputation) of the status of *iustus* (see McGrath 1982, 223).

On the other hand, the *effective* justification corresponds precisely to this aspect of manifestation, of *being* (and not only being *declared*) *iustus*. According to this meaning, divine justification makes the sinner *effectively iustus*: it concerns not the imputation of righteousness, but the living condition of righteousness (see Peura 1998, 42). Therefore, contrary to the forensic meaning, the effective meaning of justification is no longer based on the *extrinsic* attribution of a judgment, but rather it refers to some elements *intrinsic* to the individual. It corresponds to a change within the individual (see Vainio 2008, 15).

The ontological-theotic meaning of justification is proposed by members of the so-called Finnish school[1]. This position believes to overcome some fallacies supposedly affecting both forensic and effective forms of justification. These fallacies refer to an *alleged* (by the Finns) Neo-Kantian influx on theology[2]: modern theology concentrates only on God's *Wirkungen*, neglecting the element of God's *presence*. Because of this, the Finnish School thinks that the effective aspect of justification has lost its "ontological content in Lutheran theology" (Peura 1998, 46) and it assumed a mistaken qualification: it became *existential* (see Saarinen 2010, 9). What the Finns believe being mistaken is that an existential conception of justification focuses not on the *being* of the redeemed (as it should do), but on the believer's self-understanding and self-insight; thus, justification seems to be reduced to a mere psychological matter (see Peura 1998, 47), or a matter of "'just words' and belief" (Stjerna 2005, xi). For the Finnish School the only solution is the restoration of the aspect of *ontological realism* of justification: "God changes the sinner ontologically, in the sense that he or she participates in God and in his divine nature, being made righteous and 'a god'" (Peura 1998, 48). Thus, this conception makes justification coinciding with

---

[1] The Finnish School is a Kreis in contemporary Lutheran scholarship that formed around the figure of Tuomo Mannermaa (1937-2015), former Professor Emeritus of Ecumenical Theology at the University of Helsinki. The School's program concerns the reintroduction of ontology (and ontological vocabulary) in Lutheran scholarship in light of a (supposed) adherence on Luther's "authentic" position (see Mannermaa 1998a, 2-3).

[2] Claiming to present the rightful view on Luther's (and Lutheran) theology (as the Finnish School does) implies that all previous Lutheran scholarship was deviating from the correct path. For the Finns this diversion consists in the influx of transcendental philosophy (in particular Lotze's and Cohen's) in modern and contemporary theology (see Saarinen 1989, 13-25, 51-56; Mannermaa 1998a, 5-9; Saarinen, 2000). Such syncretic (simplistic?) position has already been criticized (see Mogk 2000, 18-19, and Oakes 2012, 28-36, 55, 112).

salvation (see Mannermaa 1998b, 38; Mannermaa 2005, 49), not to say divinization (see Mannermaa 2005, 54)[3].

2. The Overlapping of Historical and Systematic

The complexity is increased by the fact that each of the three positions on justification claims to be supported by the historical source: the meaning each of them defend corresponds to *Luther's* idea on justification.

According to the first party, it is Luther's concept of justification to be forensic: the assumption of juridical language is the result of a gradual modification in his theology between 1513 and 1525, with the passage from a concept of justification as progression towards the righteousness, to a "doctrine of definitive justification" (Scott Clark 2006, 288) as *imputed* righteousness (see, 292)[4].

According to the second party, Luther conceives justification as *effective*, and, thus, intrinsic to the individual; according to this interpretation, the conception of imputative justice is more "Melanchthonian" than "Lutheran", given that in Luther it is hard to find a distinction between individual regeneration and justification (see McGrath 2005, 238-239).

Finally, the third party interprets Luther's concept of justification as ontological union with Christ, a sort of "theotic" condition of the "sanctified" man (see Vainio 2008, 13-14). This interpretation is based on the relationship between the divine "*favor*" of forgiveness of sin and the divine "*donum*" that God makes of Himself to the believer (see Mannermaa 1998a, 14): the forgiveness has to do with the real presence of Jesus Christ in the believer, which is God's gift (see Mannermaa 1998b, 33-34)[5]. Yet, the Finns do not agree about the relationship between the *favor* and the *donum* (see Bielfeldt 2016, 14): either the *donum* and the *favor*, God's self-giving and the forgiveness of the believer, are mutual interconnected, because their interconnection is what allows the ontological in-

---

[3] According to Mannermaa it is Luther who suggests this synthesis between justification, sanctification, and divinisation: "At least on the level of terminology, the distinction, drawn in later Lutheranism, between justification as forgiveness and sanctification as divine indwelling, is alien to the Reformer" (Mannermaa, 1998b: 38). Along the non-distinction of justification with sanctification there is the non-distinction divinisation, confirmed by the "analogical" connection of partial divinisation with partial justification (see Mannermaa, 2005: 28-30 and 58-61).

[4] For an analysis of the mutation in Luther's idea of justification I refer to Scott Clark 2006, in particular 273 and 289-294, where the author connects Luther's modification of his position on justification with the progressive establishment of the hermeneutical function of the categories of "Law" and "Gospel".

[5] From this point Mannermaa deduces the "theotic" aspect, i.e. the fact that "the believing subject becomes a participant in the 'divine nature'" (Mannermaa 1998b, 33). Cf. also Mannermaa 2005, 19-22.

dwelling of Christ within the believer (see Peura 1998, 54-58; Reid 2003, 191); or the *favor* establishes the *donum*, so that the indwelling depends on the priority of God's initiative[6]. More on the relationship between *favor* and *donum* later (paragraph 7).

This short survey is enough to show an overlapping between the historical aspect and the systematic aspect. The historical study of the sources (Luther's idea of justification) coincides with the theoretical analysis of the correct meaning of the concept of justification. In sum, each of the three of meanings of justification conceives *itself* as the most Lutheran *because* it is theologically the most fitting, and vice-versa.

This confusion between the historical and the systematic is problematic because the two levels deal with purposes, requirements, expectations, *methods*, that are difficult to harmonize. The historical level studies the sources of Luther's doctrine of justification, and it requires the most possible objective (i.e. non-specious, non-partisan) interpretation of the conception of justification within Luther's theology; this requirement is satisfied by the objective study of Luther's works, in order to underline the similarities and the differences, the degree of continuity and mutation, within the course of his theology; as such, the historical effort dismisses all attempts to simplify Luther's position by overlooking the mutations (and incoherencies) in his idea of justification in the development of his thought. On the other hand, the systematic level concerns the steadiness and the relevance of the doctrine of justification; thus, it requires the most possible clear, distinct and coherent conceptualization of justification, in order for this concept to play the role the central *articulus* within the systematic organization of theology (see Wüthrich 2016, 259) or as the mark of the *differentia specifica* of protestant (or just Lutheran) theology; or, vice-versa, in order for the consistency and relevance of the centrality of this *articulus* to be discussed, and, thus, either confirmed, or improved, or rejected.

This distinction of requirements and expectations is *not* (at least *in principle*) a con, but a pro, because it gives each level its *legitimacy* and *specificity*. On the one hand, the historical level implies the difference and the continuity between past and present, so that the past has relevance in light of its understanding as "past" from the standpoint of a "present"; thus, no historical research is unaware of the conditions from which it starts (the conditions of the *present*): it is a "present" investigating on *its own past*. On the other hand, it is the historical data to give steadiness to (and to avoid the arbitrariness of) the theoretical effort of theology's self-foundation, in specific when it is question of a central

---

[6] See Saarinen 2000, 17: "I am more inclined to grant God's merciful favour a conceptual primacy over the donum, the effective fruit. I believe that a gift can only be identified as gift if we know the intention of the giver. Thus, divine mercy and benevolence in a way precede divine gifts".

articulus from which the wholeness of theology is supposed to be deduced (or, at least, to be led back to).

Thus, it seems that only a *dialogue* between the historical and the systematic can provide a solid ground on which investigating on justification – a dialogue, a synergy, and not an overlapping, i.e., a relationship that is based on the preservation of the methodologies of each level. In particular, a relationship that is constantly aware of the risk of smoothing out the complexity and richness of historical date (in our case, of Luther's theological thought) for the sake of a too pushed systematic harmonization[7].

In the light of this, "systematic" questions such as "Which is the correct, the right meaning of justification?" "Which one does play the function of central *articulus*?" and "Is this function still actual?" – these questions can only be properly addressed not by reflecting on a specific *systematic* situation (*i.e.* the present of theological debate on justification), but, rather, by being open, "free" enough to see what a historical data can say *on* this situation.

3. Justification in Luther's *De servo arbitrio*

The historical data I assume is Luther's *De servo arbitrio*. I focus on this specific work of his given that the *De servo arbitrio* is one of the least used sources when it comes to the analysis of Luther's concept of justification (see Scott Clark 2006, 293). As such, it is the least subjected to specious and partisan readings. Moreover, the importance of this reference is stressed by Luther himself, who considered the *De servo arbitrio* one of the only two works of his worth to be saved from the fire (the other work is the *Catechism*; see Luther, WABr VIII 99,7-8).

Anyway, the absence of the *De servo arbitrio* in the literature about justification is understandable, since the noun "*iustificatio*" only appears five times in the text, and all five references are in the same page (Luther, WA XVIII 771,1.5.22.25.27). Yet, the vocabulary connected semantically to the concept of justification appears more often – and yet again, the *most* often in pages 771-773. In order to have the clearest vision of the issue, I analyze every reference, direct or indirect, to justification.

The first reference presents justification as an example of God operating *sub contrario*[8]: "Sic Deus dum vivificat, facit illud occidendo; dum iustificat, facit illud reos faci-

---

[7] This is the main criticism to the Finnish "ontological-theotic" conception of justification (see Scott Clark 2006, 307-310).

[8] On the *sub contrario* and its distinction from Luther's *Theologia Crucis* (of 1518), see Loewenich 1967, 19.

endo" (633,10). The second entry plays a rhetoric, not theological, purpose: it is a quotation from Mt XII,37 that Luther uses against Erasmus (659,36).

The third reference (693,2) is theological: here, Luther discusses the distinction between Ancient and New Testaments: if the Ancient Testament is the word of Law and menace, the New Testament is the word of the promise of forgiveness, and of *exhortations*: exhortations incite those who are *already justified (iam iustificatos)* to keep bearing the fruits of the Spirit, to keep *believing*. This means that the *iustificati* experienced a "renascentia, innovatio, regeneratio" (693,8-9) through the Spirit, and the exhortations help in enduring such *renascentia*. Thus, Luther distinguishes between a situation *before* and a situation *after* the *iustificatio*. But the *renascentia* is not a modification in human condition, it is not a sort of anthropological revolution in the status of sinner: even the justified ones are still flesh, *carnales*, and, hence, impious (735,30-31).

The next reference switches the attention from God justifying the human to the human "justifying" God. More precisely, it refers to man's *incoherent* judgment *on* God's action: God is "justified" whether He saves those who do deserve to be saved, and justifies those who would deserve to be condemned (730,16-34). The incoherency refers to the fact that God's action is understood as *simultaneously* in compliance with, and diverging from, the inference between accomplishments and judgment: this inference is valid only in case of reward (God shall acknowledge the merits of whom He is judging) but not in case of retribution (the sinner shall not be condemned). If God is praised when He justifies who does not deserve to be justified, thus a coherent position would be, according to Luther, praising God when He punishes who does not deserve to be punished. He writes: "utrobique enim par iniquitas, si sensum nostrum spectes" (730,33-34).

The incoherency that Luther attacks here is based on the scholastic distinction between the merit "*de condigno*" and the merit "*de congruo*" (see Erasmus, *DCS* II a 9). These terms refer to two different conceptions of the relationship between accomplishment and the correspondent judgment. In the *de condigno*, the accomplishment is perfectly adequate to the expectations; thus, the merit is proportional to the worth of the accomplishment. In the *de congruo*, the accomplishment is *not* adequate to the expectations; thus, the reward is bestowed not on the accomplishment per se, but on the evaluation of the person intended as *synthetic unity* of all possible accomplishments[9]. Thus, a sinner that should be condemned *de condigno* is saved *de congruo*.

---

[9] This idea of divine judgment based on the capacity (by God) to see the infinity of human progress towards the good as unity is present also in Kant, *Religion* Ak 48,8-11.

Luther rejects this distinction because both kinds of merit are based on the same logic of *consequentiality* between accomplishment and judgment: a reward is given *in the light of* a merit (whether sufficient or not sufficient)[10]; thus, the *de congruo* is *de condigno*, for it is *sufficient* to obtain God's justification (770,4-10). Hence, justification is no longer given *per gratiam*, because God's judgment *follows* human action (769,25-32). God is considered the mere evaluator "operum, meritorum et personarum" (770,11). Thus, for both strict, quantitative worth (*de condigno*) and large, qualitative worth (*de congruo*) in any case God's justification is expected *to be conform* to such logic of inference between merit and reward (729,24-730,2)[11]. The divine power of molding the clay of human beings ends to *be molded* by the expectations, and the principles of justice, of this clay, as if the lord of the vineyard were chosen by the laborers (730,10-15; Mt XX,15)[12].

From this, Luther stresses that divine justification does *not* follow human merits (730,20.24, 784,7), precisely because justification is not submitted to man's *meaning* of justification. Justification is *divine* precisely because it is unconditioned by any condition or concept or form of justice (784,9-11).

Following this, and commenting Rm III,20-28 and also Gal III,10 (763,32-33; 765,20.24-25.29; 767,32; 768,7; 773,32), Luther underlines that justification is not the consequence of any human accomplishment (763,31-764,34), given that from the realization of the commandment it ensues only condemnation (764,4-10). This means that the logic of the merit through works is not sufficient to understand the *gratuity* of the justification (771,5-6: "Gratuita iustificatio non fert, ut operarios statuas, quod manifeste pugnent, gratis donari et alique opere parari"; also 771,20-29). According to Luther, this is precisely what the Gospel says: justification is *unconditioned*, precisely because it comes from God (769,32-34; 770,38).

---

[10] This consequentiality is built either on a "strict" sufficiency (and hence the focus of merit refers to the "something' which is accomplished) or on a "large' sufficiency (and hence the focus of the merit refers to the "accomplisher" of this something which, in itself, is insufficient), but in both cases, there is indeed sufficient (769,37-770,10).

[11] This is confirmed by Erasmus' preference accorded to the merit *de congruo*: God's attribution of merit depends on the concept of merit *de congruo*. "Deus est: non potest non optimum et pulcherrimum esse quod facit" (IV 12): God must be just according to the retributive concept of the *de congruo* – God has no other possibility, or, better, the theological conceptualisation of the relationship between God's action and human life has no other possible structure than a structure that depends on the consequential logic of the *de congruo*.

[12] In short, God's action is no longer the *ex ante* in the light of which every human life's events and accomplishments are thought (and have sense), but it is *ex post* their sense (i.e. the consideration of God's action depends on man's consideration of his own life).

4. The Two Ways of Justification's Unconditionedness

This short survey shows how divine justification is unconditioned in two different, and interconnected, ways: in a practical way, and in a conceptual way.

Divine justification is *practically* unconditioned because nobody cannot accomplish anything for it: no merit can be attributed, not only in case of the infringement of the commandment, but also, and foremost, in its realization (772,32). *If* the opposite were the case; if God's justification were led back to human meters of justice (in specific, of the connection between merit and reward – whether *de congruo* or *de condigno*); if God's action towards the humans followed some principles of justice (for instance Justinian's *Corpus iuris civilis* and the fifth book of the *Nicomachean Ethics* – 729,20-21); then, we would have the perversion of the correct order of priority between God and human (729,13-730,2). The correct priority is this: that there is no more space, no more liceity, for any "*expostulare*" (729,15) something *over* divine revelation, precisely *in the light of* the revelation of and as *gratuita* justification.

This "expostulare", this theoretical attitude imposing to God's justice a concept of justice, is what defines the *"iustitiarii"* (783,28; see Gogarten 1967, 304). *Iustitiarii* are those who base their own justification on the realization of commandments; hence, they operate this inversion of priority: they deduce divine justification from (and, hence, they make it *dependent* on) human justice. Therefore, being impious means precisely forcing divine justification to be in compliance with a conception of justice, and considering oneself, and one's works, from the perspective of the logic of the inference between accomplishment, merit, and reward (772,4-11).

This leads to the second aspect: the *conceptual* unconditionedness of divine justification. This time, the unconditionedness does not refer to the *fact* of justification, but to the *concept* of divine justification. I aim to show that the theological concept of justification is independent from the logical structure of justice – more precisely, of that type of justice called *imputative justice*.

Imputative justice concerns the determination of the *gradus imputationis*, i.e. of the defendant-s culpability or innocence. Hence, it concerns the confirmation or negation of the charge, it corresponds to the formulation of the verdict, not only of guilt or discharge, but also about the *degree* ("*gradus*") of guilt or discharge – for instance, if all charges are confirmed, or only some of them, or none of them.

Following Luther's reflection, it is necessary to distinguish between a theological and a non-theological concept of justification. The non-theological concept of justification is *negatively* related to the conception of imputative justice: what should be of negative *imputatio* ends with a discharge. It is *because* there *should be* a negative *imputatio*, that a *positive imputatio* is formulated. And this positive *imputatio* bears the name of "justification" precisely because it is a *peculiar* positive *imputatio*, for it results from the negation of a negative *imputatio*. So, this form of justification is still in compliance with human expectations of imputative justice, although this compliance is *counter-intuitive*, precisely because it need a negative imputation in order to be formulated and thought. Therefore, the non-theological justification is still in compliance with the logic of the priority of the action (realization of a commandment) over the judgment on this action (in this case, the discharge): a negative imputation is substituted with a positive imputation because of something that *pre-exists* the positive imputation (the merit *de congruo*). In sum, the non-theological concept of justification it is still based on the derivation of the imputation from something else – this "something else" being precisely the *object* to which the imputation refers, being either "action" (situation *de condigno* – in this case we ends with either a positive or a negative imputation), or "action + life" (situation *de congruo* – in this case we end with the negation of the negative imputation, i.e. justification).

On the contrary, the theological concept of justification is a concept of justification that depends not on some structure of thinking (of thinking justice, i.e. the relationship between action and imputation), but on divine revelation alone, *i.e.* on God reveling His justification of the sinner. In other words, the theological concept of justification thinks the fact that the object to be thought and conceptualized (in terms of "divine justification") is a justification that derives from *nothing but* God's revelation. As such, the theological concept of justification thinks, and presents, a justification that is separated from any action for it preexists to them: God justifies because He justifies (because He reveals so), and from this the action life of the human are derived, are formulated, are thought *theologically* – not vice-versa. So, the theological concept of justification is independent from the logic of consequentiality from action to imputation: it is unconditioned from the conditions of conceptualization and thinkability of justification.

This leads to a fundamental deduction: that divine justification is the *starting point*, the *source*, of a re-conceptualization of justification itself – a re-conceptualization which has the form of a reflection on the independency of the theological concept of justification from the structure of imputative justice. In the theological concept of justification, and *as* such theological concept, the conditions of conceptualization of imputative justice are submitted under the revelation of (and *as*) God's justification, they are "moved" by the *conceptual* unconditionedness of God's justification. In sum, the conditions of conceptualization of justification are *conditioned* by the unconditioned justification that is (that can be only) God's. For this reason, Luther can establish the coincidence between justification and *faith*

(775,13-16): thinking justification theologically means acknowledging that divine revelation shows the limitedness of the conditions of thinkability and conceptualization of justification[13].

5. The Theological Operation on Imputative Justice

This means that thinking justification theologically, or (in other words) formulating the theological concept of justification, is equal with *operating* on the structure of imputative justice.

As seen, this structure establishes a connection between a case (action, life) to a norm (in theological terms: commandment). More precisely, this structure consists in the *deontic* determination of a "being" (an action, a behavior, a conduct, or a lack of action or behavior or conduct) as realization (or non-realization) of the content (the "frastic" [14]) of an "ought".

The non-theological concept of justification is based on that general structure since it depends on the thinkability and conceptualization of the negative imputation. This non-theological concept of justification is formulated as the acquittal from a negative connection between the "being" and the correspondent "ought". In sum, it is a *special case* of imputation.

On the other hand, theologically, justification is bestowed beyond and before any "being" deontically understood, any realization of an "ought", any possible connection being-ought. Therefore, the theological concept of justification does not depend on the structure of imputative justice (even in case of a negation of the charge); *hence*, formulating the theological concept of justification means questioning the validity of this structure, i.e. the validity of the condition of formulation of the non-theological conception of justification.

This questioning refers precisely to the imputative connection of a "being" to the corresponding "ought" – to the "ought" whose frastic determines the action. Now, this connection is peculiar: the frastic of an "ought" determines a "being" (action, behavior, conduct) in *general* and *not* in specific. The "ought" does not present the *description* of a punctual accomplishment precisely because it is an "ought", *i.e.* it is a deontic sentence, and not

---

[13] Analogously, considering Jesus Christ a judge in compliance to the sense of imputative justice means making Christ a terrible judge (778,13-16): because divine justification is substituted with a judgment of imputation that can only be of condemnation.

[14] On the use of the terms "frastic" and "neustic" (respectively: the content of a norm, and its imperative form, i.e. its "!") [see Hare 1999, 17-18].

a modal one[15]. Therefore, realizing an "ought" means specifying its frastic in (and as) a singular, unique action – it means inserting the frastic within a series of contingencies (this specific actor, this specific moment of accomplishment, these specific circumstances, etc.) that the "ought" does not (and cannot) indicate. It follows that there is *no certitude* that the realization *will* indeed correspond to the frastic, nor that, once accomplished, the realization *does* indeed correspond to it[16]. This is the reason why not only there are moral dilemmas (i.e., conflicts between "oughts")[17], but, also, there can be *different* (not to say *opposed*) *judgments* of imputation for the same case[18]. More generally, this is the reason why the judgment, referring to the correspondence between "being" and "ought", is neither automatic nor immediate, but is the *fruit of a trial*, of a *process* of evaluation of evidences and witnesses. In sum, the connection between case and norm is the result of an *hermeneutical* effort of connecting an empirical specificity to a deontic generality[19].

Luther is perfectly aware of this: the *iustitiarii*, the ones who seek justification by the realisation of the *Sollen*, are constantly in doubt of whether God would approve or not this realisation (783,24-27), precisely because this incertitude is *intrinsic* to the structure of imputative justice.

The theological concept of justification, *qua* independent from the structure of imputative justice, is the overcoming of the incertitude related to imputative justice (including the discharge from a negative imputation). But, attention: "overcoming" does not mean "solution"; the theological concept of justification is not the satisfaction of the need of certitude concerning imputative justice; on the contrary, it is an operation *on this need*: the revelation of and as justification qua *gratia* (priority over any "correspondence "being" and "ought"") is the revelation of the impossibility for this need of certitude to be satisfied within the conditions of sense of imputative justice. In sum, divine justification is the revelation

---

[15] Otherwise, we would face the absurdity of an "ought" whose frastic would be infinite, for it would formulate *every possible accomplishment* of itself. On the contrary, the "ought" embraces *synthetically* all possible accomplishments, in the analogous way as a law of nature is the synthetic formalisation of all possible events submitted to this law.

[16] The action, the accomplishment of an "ought", has a validity which is only circumstantial and not absolute – precisely because this validity depends on what defines the accomplishment in general, and not in specific. Thus "Der Handelnde ist immer gewissenlos, es hat niemand Gewissen als der Betrachtende" (Goethe 1953, 241).

[17] For instance, this is the case of the famous dilemma of Benjamin Constant, concerning whether it is preferable to answer the truth, and, hence, revealing to a murder the presence of his victim, or tell a lie and hence save a human life. On this, see Vestrucci 2012, 44-46.

[18] E.g., when the same case passes from the first degree of judgment to the second degree of judgment (the appeal).

[19] In Vestrucci 2006 I analyse this hermeneutical nature of the *imputatio*, and I present a possible formalization for this "uncertainty principle" inherent to imputative justice.

of the limitedness of this need, and, thus, of the limitedness of the structure of imputative justice.

Therefore, the theological concept of justification is the effort of thinking divine justification as the starting point of the reflection on the *theological* limitedness of imputative justice. It is the effort of thinking the fact that applying the structure of imputative justice to God's justification means producing a *fallacy*, given that the result is a concept that either negates its own origin (this origin being God's justification), or is non-theological. In sum: the theological concept of justification expresses the fact that we think about justification in the light of the justification that God reveals, and not in the light of the general structure (condition) of conceptualization and thinkability of justification. As such, the theological concept of justification plays a *meta-conceptual* function.

6. From *Absolutus* to *Subjectus*

Before analyzing in what this meta-conceptual function does consist, let's return once again to the *content* of the theological concept of justification, in order to better understand the distinction between non-theological and theological concepts of justification.

The non-theological concept of justification, as much as every judgment of imputation (being it in intuitive or counter-intuitive compliance with imputative expectations), implies the fact that the judgment is *definitive*. Precisely for this reason this judgment is sought by the *iustitiarii*: because it is the ultimate determination of the *iustitiarii*'s condition. Clearly, this definitiveness is not *a priori* (given the hermeneutical nature of whichever verdict), but *a posteriori*: once the judgment is formulated, the justified one is no more under judgment; he or she can leave the *forum*. Yet, leaving the *forum* means ceasing to be related to it, and this is the *opposite* of what Luther understands as "justification": justification means being *submitted* to and under the power of divine *gratia*, not being free *from* this power; it means being bound to the *forum cæli* (by using a juridical metaphor) – precisely because this bond, the relationship with God and His revelation, is the source from which we can speak of justification *theologically*; it is the condition from which the meaningfulness of this whole topic ("divine justification") depends.

The definitiveness of the verdict is the evidence that the imputative judgment is just a *moment*, a moment that follows from what precedes it (this "what" being the object of judgment), given that the judgment has the task to establish the *deontic* interpretation of this "what". On the contrary, divine justification is the "genesis" of every possible moment in its theological sense – i.e. in its relation to divine justification. For this reason, divine revelation, the divine bestowment of justification, in sum, God's revelatory initiative towards humans, marks the distinction between "before" the *iustificatio* and "after" the *iustificatio*: because it is the condition for thinking life as renovated, restarted, in the light of the bond with this divine initiative. In sum, there is not such a thing as a *theological* "before" divine *iustificatio*: before divine *iustificatio* there is just thinking justification in imputative terms, i.e. as a moment, as a consequence, and not as a condition, as *gratia*.

In light of this, it seems preferable to change vocabulary from the imputative one, when it is question of the concept of divine justification. Luther uses frequently "forgiveness", especially in the formulation "promise of forgiveness" (619,1-3,16-21; 663,12-18; 682,15; 714,18-20; 772,40-773,1…). The term "forgiveness" makes intuitively clear that the theological concept of justification has nothing to do with the verdict of "*Absolutus!*", because the only thing to be "*absolutus*" is the divine power of forgiveness (justification) itself, *not* the forgiven (justified) one. Rather, from the theological standpoint, the judgment of justification would be "*Subjectus!*", which negates precisely the discharge, and affirms that the forgiven is forgiven *because* it is bonded to sin, and *hence, ex ante*, because it is bonded to and by divine justification[20].

Therefore, the *renascentia* of the *iustificatus* does not mean that one is no longer bonded to sin – but that one is *aware* of such sinful condition. So, there is no "beyond" or "before" or "after" the *forum*, when it is question of divine justification: everything happens *within the forum* (under divine justification) – because the *theological* thinkability of everything depends on this *forum*. Thinking divine justification means never leaving the *forum*, and, simultaneously, it means thinking this constant reference to the *forum*. Hence, the concept of divine justification has nothing to do with the freedom to leave the *forum*, the *freedom* as discharge; rather, it is the evidence and the expression of the *formal freedom* to overcome the validity of imputative justice, to think justification as *gratia, i.e.* as unconditioned by any juridical structure, and consequently as source of thinking this unconditionedness, and, consequently, the limitedness of such structure.

In sum, the term "forgiveness" is preferable not because it is better to substitute a cold juridical image with a tender, loving, consoling one[21]; but, rather, because it can overcome the dimension of definiteness informing the concept of justification. It shows intuitively that the theological concept of justification has nothing to do with the verdict, nor with the "you are", but it has everything to do with the "I will", with the constant return to the source of this forgiveness. As such, the theological concept of justification is the evi-

---

[20] This is the same to say that there is no certitude of "justification", there is no assurance of being saved but in the form of the revelatory awareness of the condition of sinfulness, in the relationship with revelation as such, and hence also in the 'certitudo' of being sinner.

[21] As it seems to be the fashion of today (see Scott Clark 2006, 269, 272).

dence and the affirmation that the language of the concept of justification cannot be the same anymore, because it cannot be "free" to operate independently from divine revelation – as much as the forgiven one is free to be dependent on the *gratia* of forgiveness.

7. Back to the Historical Investigation on Justification…

The previous reflections help to better understand both historical and systematic aspects of the issue of justification.

As seen, the historical aspect concerns which of the three meanings of justification is Luther's.

In light of what analyzed, the forensic one is certainly the closest to Luther's position. But with a very strong, and very important, limitation: the theological concept of justification cannot be considered *strictly forensic*, because it *operates* on the structure on which the forensic sense depends. The theological concept of justification is the *affirmation* not only of the theological limitedness of the condition of the non-theological concept of justification, but also, of the fact that the only concept of justification compatible with such limitedness consists in *dismantling* the structure of imputative justice, i.e. the language on which any forensic metaphor depends.

This has repercussions on the other two versions of justification.

The meaning "effective justification" focuses on Luther's reference to the *renascentia*. But, as seen, this *renovatio* does not mean that one becomes suddenly *iustus*, because being *iustus* means being no longer *peccator*. On the contrary, both aspects are objects of divine revelation, *both aspects depend on divine justification*. This is confirmed by the fact that Luther excludes any distinction between the terms of *imputare* and *reputare*, between the concepts of *imputation* (concerning the realization of the "ought") and of *consideration* (concerning the "being" of human life). More precisely, Luther uses the verb *reputare* as a synonym of the verb *imputare*[22]. This is confirmed by the fact that Luther uses them in the same argumentation (when he analyses Rm IV,4-5 and 8, in 772,11-18)[23]. The exclusion of this distinction confirms that Luther does not consider the *iustificatus* as

---

[22] On the lack of semantic distinction between imputare and reputare (see Scott Clark 2006, 280 note 48).
[23] Luther's text: "Altera est fidei iustitia, quae constat non operibus ullis, sed favente et reputante Deo per gratiam. Ac vide, quomodo Paulus nitatur verbo reputandi, ut urgeat, repetat et inculcet. Ei (inquit) qui operatur, merces non reputatur secundum gratiam, sed secundum debitum, Ei vero, qui non operatur, credit vero in eum, qui iustificat impium, reputatur fides eius ad iustitiam secundum propositum gratiae Dei. Tum adducit David itidem de *reputatione* gratiae dicentem: Beatus vir, cui non *imputavit* Dominus peccatum etc" (my emphases).

iustus in imputative terms, *i.e.* as discharged. On the contrary, the *iustificatus* is so precisely because the imputation (the relation to the "ought") is not annulled but, rather, elevated to a *theological* sense precisely by the justification; in sum, the *iustificatus* is constantly submitted to the power of God's judgment (God's wrath[24]) *because* he is constantly bound to the divine promise, he is constantly *within* the *forum*, constantly "*Subjectus*!"[25]. Thus, the *renascentia* means that every possible predication of life's *sense* is inevitable and irreversibly modified, because it begins anew with, and, thus, it depends on, God's revelation of and as justification.

Finally, the ontological-theotic meaning. I analyze it by taking back the relationship between *favor* and *donum*. As seen, the Finns present two versions: either the *favor* has the priority over the *donum* (for it clarifies that what is received is indeed a *donum*); or the two aspects of *favor* and *donum* are equipollent (for the real presence of Jesus Christ in the believer depends on their interrelation). I see difficulties in both options. The first option neglects that it is the *fact* of the *donum* what allows to *know* about the donor; the *donum* creates the relationship between who receives and Who gives (see Askani 2011, 142). Therefore, the *provider* "depends" on the *donum* in order to *be* (said as) such provider (see Askani 2011, 144): the *donum*, the revelation of and as justification, makes the bond, and, thus, it is the source of thinking about God as justifier and about the human being as justified. Therefore, it is precisely because justification is unconditioned by the structure of imputative justice, and, thus, theologically *gratia*, that it is a *donum*; and, vice-versa, it is precisely because it is a *donum*, that it is the source, the origin, of my theological thinking about it as *gratia*.

Yet, this does not mean that the *donum* has the priority over the *favor*; rather, it means that there is no distinction between *donum* and *favor*. The problem with the second option consists precisely in not being radical enough to consider the aspect of the change (*donum*) *coincident* with the aspect of the judgment (*favor*). The two aspects are not just interrelated: they are one and the same. On the one hand, it is impossible to speak theologically of justification (*favor*) without considering it as a *donum*, as *gratia*, *i.e.* without considering it as (conceptually) independent, ab-solute (*i.e.*, based on *nothing else* than this *donum* itself). On the other hand, it is impossible to think about the change (the *renas-*

---

[24] See Peura 1998, 62. Wüthrich 2016, 244 presents an indirect – and probably unaware – answer to the attempt of the Finnish school to conciliate a Lutheran conception of justification with an orthodox conception of theosis, by stating the impossibility to synthesize the two.

[25] Again: for Luther, renascentia coincides with having faith, and, thus, with justification, not with sanctification. (see Wengert 2012, 308 note 294). Therefore, it is not the question of a supposed "ontological transformation" (see Bielfeldt, 2016: 15), if this transformation is intended as passage from a situation of sin to a situation of sanctity.

centia) as something distinct from the bond that justification creates, given that the change *is* this bond, it is the fact that divine justification is, now, the source of thinking about the limitedness of the structure of consequentiality that defines the non-theological meaning of justification. In sum, the change is the fact of thinking about justification *theologically*, i.e., *from* divine justification.

8. …And Back to the Systematic Analysis

This clarification leads to the systematic aspect.

All three versions of justification are somehow limited. Each one speaks of "justification", *i.e.* in each case it is the question of a specific meaning of the concept of justification. Yet, as seen, formulating the theological concept of justification means operating *on* the condition for the non-theological conceptualisation of justification. This operation consists in making such condition conditioned, dependent, re-moved, by divine justification, i.e. by what would be, in standard situation, the *object* of this condition.

This means that it is theologically *irrelevant* which of the three meanings of justification is the right one. Rather, what matters theologically is *how* the conceptualization of justification (no matter in which meaning) operates. This "how" corresponds to assuming God's gracious initiative as *priority over* the conceptual structure of justification. It corresponds to expressing and attesting, by and in each possible conceptualization and meaning of justification, that such conceptualization of justification is *moved* by the absolute, un-sourced, un-originated, *freedom* of God (see Askani 2011, 152), freedom *that is* divine justification. Vice-versa, this "how" means that the concept of divine justification shall acknowledge and say that the possibility of itself (i.e. the possibility of formulating the concept of divine justification) depends on what is conditioned by no condition of conceptualizing justification *theologically*. In other words, what matters theologically is not which meaning of justification does say better *what* divine justification is; rather, what matters is *how* a concept of justification can say the absolute, unconditioned, *gratia*, of divine justification.

This is the meta-conceptual function of the theological concept of justification: a function that a concept (of justification) plays *on the conceptualization* itself (of justification). By stating the priority of divine justification over the condition of every possible conceptualization of justification, the theological concept of justification reminds to theological conceptualization (on justification) that the language of justification shall constantly *affirm* its own dependency on divine *gratia* alone, and thus, it shall constantly *negate* its being in compliance with the structure of imputative justice.

More precisely, this meta-conceptual function consists in the exclusion of the "*self-justification*" for any possible theological concept of justification – where by "self-justification" I intend the validation of a concept by the application of its conditions of conceptualization. The theological concept of justification affirms its own *non*-self-justification, since such formal procedure implies the unconditioned validity (and the unaltered, unchanged preservation) of the structure within which justification is conceptualized and has meaning. So, the structure of any possible meaning of the concept-justification is the *object* of the theological concept of justification.

This discourse seems paradoxical (a concept operating on its own conditions generates a loop), but this is due to the fact that, in the case of the theological concept of justification, the operation *on* the conceptual level is possible only by *using* the conditions of this conceptual level, because this operation depends on *a* justification (the divine one) that is *not* one of the products of these conditions. In other words, the conditions for conceptualizing justification are used *on themselves* – they *think themselves theologically*. Thus, the paradoxical outcome is avoided thanks to the fact that the purpose of the theological conceptualization of justification is *not* the formulation of the most fitting concept of divine justification, but it is the expression of the impossibility of every possible concept of justification to say justification *qua gratia*, *qua* independent on any structure of conceptualization, and, thus, *qua* source of this conceptualization itself.

In sum, the theological concept of justification *impedes* God's justice to be subsumed and made adequate to human forms of justice, precisely because the theological concept of justification is possible only by *overcoming* this supposed adequacy of God's justice to the structure of imputative justice – only by submitting this supposed priority of human conditions of thinkability and conceptualization under divine justification[26].

Thus, all three central meanings of divine justification are limited because they focus on the conceptual aspect, neglecting the "meta" function that informs the theological conceptualization of justification. The problem in all three cases is the concentration *not* on the theological limitedness of the language of imputative justice (to which all three versions refer precisely by using the term "justification"), but, rather, on the elevation of *a* meaning as conceptual exhaustion of divine justification itself – i.e., of the exhaustion of the *source* of all three meanings themselves. This is what equates all three positions: all of them are *formally* identical, because they equally assume as unconditioned, absolute, *not* divine justification, but the structure of conceptualization of justification (no matter in which

---

[26] For this reason, some (e.g. Gregersen, 2005) think that the relevance of the doctrine of justification has come in detriment of the relevance of the message of and as divine revelation – not only in the case of theology in general but also in the case of Luther scholarship.

meaning). Precisely because of this formal identity, the undecidability between the three versions is unsolvable.

And this means that, vice-versa, it is *not* divine justification to be either forensic, or effective, or ontological-theotic; rather, it is *our understanding* of divine justification to be either forensic, or effective, or ontological-theotic. This can be exemplified by the famous debate between Ritschl and Holl on whether justification is a synthetic judgment or an analytic judgment (see Härle 1974; Rostagno 2015, 78-87). According to Ritschl, the predication of justification has the form of a *synthetic* judgment because justification is not implied in the subject of the predication (human being is *not* "*recht*" in itself, it is *made* "*recht*" – recht-*fertig*)[27]. According to Holl, justification has the form of an *analytic* judgment: the subject is predicated in the light of its justification, thus it is "recht" for the sake of God's judgment. The fact itself of the existence of an undecidability to which form of judgment divine justification belongs is, again, the evidence that each position makes divine justification dependent *now* on the analytic form, *now* on the synthetic form – in sum, that each position considers the *conditions* of (either synthetic or analytic) judgment on justification as unconditioned. Thus, analyzing which form of judgment is God's justification means, actually, analyzing which form of judgment is *our conceptualization* of God's justification. It is *not* God's justification, but *Ritschl's* or *Holl's* formulation of the concept of God's justification to be, respectively, synthetic or analytic.

9. Beyond the "*Articulus*" Complex

My perspective on the *form*, and not the content, of the theological concept of justification, and, from this, on its *formal* function, helps to address also the issue of justification as the "*articulus stantis et cadentis ecclesiæ*"[28].

I claim that the central role played by the theological concept of justification within theology does *not* refer to the fact that this concept is a sort of "theory of everything", a sort of "axiom" (see Mc Grath, 1984) from which all possible "theorems" of theology can be deduced and systematized. Rather, this centrality refers to the fact that this concept is the only possible affirmation of the *fact* that no matter which theological concept of justification shall attest the priority of divine justification over all conditions of conceptualization of justification – and, thus, over all "self-justified" axioms of theological conceptualization.

I exemplify this by referring briefly to Jüngel's position on justification.

---

[27] Again, this implies a semantic distinction between the imputatio and the reputatio, which, as seen, can be object of criticisms at least in reference to the *De servo arbitrio*.

[28] For a short survey on the sources of this motto, see Mc Grath 2005, vii note 1.

Jüngel seems to conceive the doctrine of justification precisely as a method for grasping theology in synthetic unity, as a sort of axiomatic structure apt to found, and to validate, all possible theological statements. He writes: "Wer Skopus und Fundament erfaßt, der hat das Ganze [sc. of the truth of the Gospel] erfasst. [...] Um das *Ganze* zu erfassen, muß man also keineswegs *alles* erfassen, was zu diesem Ganze gehört. Eines genügt. Denn Skopus und Fundament sin ein und dasselbe, nämlich die Rechtfertigung allein durch den Glauben" (Jüngel 2003, 70; see Jüngel 2005, 32). No surprise that this passage follows directly from Jüngel's reflection on the problem of the "*assecutus*" (605,6-14), the passage in the *De servo arbitrio* where Luther discusses a sort of "theological" hypothetical-deductive structure of reasoning.

Anyway, I distinguish two possibilities for Jüngel's position: either it concerns the *doctrine* of justification, or it concerns the *event* of divine justification. In the first case, if the doctrine of justification is the synthesis of all truths of Gospel, then a theological conceptualization *on* the Gospel itself is also a conceptualization starting *from* the fact of divine revelation, it is *ex post* the *ex ante* of the Gospel; but this is an incoherence, for it means that divine revelation *needs* the formulation of the concept "Rechtfertigung allein durch den Glauben" in order to be grasped (in sum, the *ex ante* depends on an *ex post*). On the other hand, concerning the event of justification: in this case the synthesis of no matter what is possible to say on the Gospel shall refer to the *Rechtfertigung* itself. But again, an incoherence: being justification the fundament, then all possible reflections start *from* it, and, thus, they cannot refer *to* it.

Regardless of the distinction between doctrine and event of justification, saying that the fundament is *erfasst* by and *as* the concept of justification means that justification defines the boundary of theological language and, thus, it is *identical* to any other possible boundary-definition. In other words, the Gospel is no longer identical to this fundament precisely because this fundament is the *result* of a reflection *on* the Gospel: this fundament, this synthetic unit, is a concept *on* the Gospel. My position is different: the theological concept of justification has nothing to do with grasping the synthetic unity of all possible theological statements, but, rather, it is itself the representation of the fact that no matter which theological definition of an axiomatic system cannot be played *over* the Gospel, for it is played *from* the Gospel. And this means that there is no such a thing as an axiomatic system for theology, because (if we still want to talk in terms of axioms) it means that theology is a reflection *on* the self-validation ("self-justification") of all possible axiomatic structures in the light of what does not depend on any of them – this "what" being, of course, the graciousness of divine revelation (of and as justification).

In other words, it would be indeed licit to say that divine justification is the fundament of all reflections on the Gospel *iff* by "divine justification" we mean the fact that language is defining *not* a fundament, but the theological *limitedness* of all fundaments (about justification) – in short, *iff* we mean that the synthetic unity does not concerns what is said *on* the Gospel, but rather what is said *on language itself* in light of the Gospel (e.g. as "what is not divine revelation", or, concerning divine justification, as "what cannot formulate a justification unconditioned from the structure of imputative justice").

I conclude.

Perhaps our theological *Zeitgeist* will progressively exclude the primacy of the concept forensic justification by qualifying it as arbitrary doctrine (see Scott Clark 2006, 272). Or, perhaps, our *Zeitgeist* is be the terrain on which the forensic justification will be revalued (see Wüthrich 2016, 240-241)[29]. Again, the opposition between these two interpretations is irrelevant – because it is irrelevant what is the specific *Rangordnung* between the concepts of justification, *i.e.* which concept is the more actual, the more *Zeitgenössig*. Rather, what is relevant is that, for no matter which concept of justification, this concept shall be *theological*: it shall be the warning of the fact that any theological concept *of* justification comes *from* divine justification, as product of a language *always already overcome* by its source. In sum, no matter which concept, if it is and it wants to be *theological*, can only be the reminder of dismissing all pretensions to present a foundation and validation for this concept itself; it is the reminder of the fact that this concept is always already *object* of, and it always already comes *from*, the *gratia* of divine justification.

Dr. Andrea Vestrucci, Consortium for Interdisciplinary Research, University of California, Berkeley, andrea.vestrucci[at]gmail.com

---

[29] This thesis seems to neglect the current debate on the ageing of, and the consequent attempts to overcome, the forensic sense of justification. Moreover, I think that Wüthrich's idea that justification is not compatible with the "modern understanding of freedom" (Wüthrich 2016, 243) is at the same time true and false: it is true, because theology is not a philosophical speculation on freedom; and it is false, because this "modern understanding of freedom" is precisely the object of the theological effort of understanding human freedom in relation to God's freedom.

Bibliographic References

Askani, Hans-Christoph. "Rechtfertigung und Gabe", *Ökumenische Rundschau* 60, vol., Nr. 2, 2011: 139-154.

Bielfeldt, Dennis. "Martin Luther and Ontology", Oxford Research Encyclopedia of Religion. Oxford, New York, 2016, DOI: 10.1093/acrefore/9780199340378.013.351

Erasmus, Desiderius. *De libero arbitrio diatribé sive collatio per Desiderium Erasmum Roterodamum.* Argentorati [Strasbourg]: Johannes Knoblvchvs, 1524.

Goethe, Johann Wilhelm von. *Maximen und Reflexionen.* Leipzieg: Dichterich, 1953.

Gogarten, Friedrich. *Luthers Theologie.* Tübingen: Mohr Siebeck, 1967.

Gregesen, Niels H. "Ten theses on the future of Lutheran theology", in idem. *The gift of grace*, Minneapolis: Fortress, 2005: 1-16

Hare, Richard Mervin. *The language of morals*, Oxford: Clarendon Press, 1999.

Härle, Wilfried. "Analytische und synthetische Urteile in der Rechfertigungslehre", *Neue Zeitschrift für Systematische Theologie und Religionsphilosophie*, No. 16, 1974: 2-34.

Jüngel, Eberhard. " ... unum aliquid assecutus, omnia assecutus ... Zum Verständnis des Verstehens – nach M. Luther, *De servo arbitrio* (WA 18, 605)", in idem. *Ganz werden*, Tübingen: Mohr Siebeck. 2003, 54-75

Jüngel, Eberhard. *Il vangelo della giustificazione del peccatore, come centro della fede cristiana. Uno studio teologico in prospettiva ermeneutica*, it. tr. from the German third edition by C. Danna, Brescia: Queriniana, 2005.

Kant, Immanuel. *Die Religion innerhalb der Grenzen der bloßen Vernunft*, Akademie-Textausgabe Bd. VI, Berlin: Georg Reimer, 1907.

Loewenich, Walther von. *Luthers Theologia Crucis*, Bielefeld: Luther-Verlag, 1967.

Luther, Martin. "*De servo arbitrio* (1525)", in Weimarer Ausgabe (WA), Bd. XVIII, Weimar: Hermann Böhlaus Nachfolger, 1908, 531-540.

Luther, Martin. *Briefwechsel 1537-1539*, in *Martin Luthers Briefwechsel* (WABr), Bd. VIII, Weimar: Hermann Böhlaus Nachfolger, 1938.

Mannermaa, Tuomo. "Why is Luther so fascinating? Modern Finnish Luther research", in Carl E. Braaten, Robert W. Jenson (eds.), *Union with Christ. The new Finnish interpretation of Luther*, Grand Rapids: Eerdmans, 1998a, 1-20.

Mannermaa, Tuomo. "Justification and *Theosis* in Lutheran-Ortodox perspective", in Carl E. Braaten, Robert W. Jenson (eds.), *Union with Christ. The new Finnish interpretation of Luther*, Grand Rapids: Eerdmans, 1998b, 25-41

Mannermaa, Tuomo. *Christ present in faith. Luther's view on justification*, Minneapolis: Fortress Press, 2005.

McGrath, Alister E. "Forerunners of the Reformation? A critical examination of the evidence for the precursors of the Reformation doctrines of justification", *Harvard Theological Review*, Vol. 75, No. 2, 1982:219-242

McGrath, Alister E. " Der *articulus justificationis* als axiomatischer Grundsatz des christlichen Glaubens", *Zeitschrift für Theologie und Kirche* 81, 1984:383-394

McGrath, Alister E. *Justitia Dei. A history of the christian doctrine of justification*, Cambridge: Cambridge University Press, 2010.

Mogk, Rainer. *Die Allgemeingültigkeitsbegründung des christlichen Glaubens. Wilhelm Hermanns Kant-Rezeption in Auseinandersetzung mit den Marburger Neukantianern*, Berlin: De Gruyter, 2000.

Oakes, Kenneth. *Karl Barth on theology and philosophy*, Oxford: Oxford University Press, 2012.

Peura, Simo. "Christ as favour and gift: the challenge of Luther's understanding of justification", in Carl E. Braaten, Robert W. Jenson (eds.), *Union with Christ. The new Finnish interpretation of Luther*, Grand Rapids: Eerdmans, 1998, 42-69.

Preus, Robert D. *Justification as taught by post-reformation Lutheran theologists*, Fort Wayne: Concordia Theological Seminary Press, 1982.

Reid, Duncan. "Luther's *Finnlandisierung*. A recent debate about salvation in Reformation thought", in Duncan Reid, Mark Worthing (eds.), *Sin and salvation*, Hindmarsh: ATF Press, 2003, 185-204

Rostagno, Sergio. *Doctor Martinus. Studi sulla Riforma*, Torino: Claudiana, 2015.

Saarinen, Risto. *Gottes Wirken auf uns. Die transzendentale Deutung des Gegenwart-Christ-Motivs in der Lutherforschung*, Stuttgart: Franz Steiner, 1989.

Saarinen, Risto. "Finnish Luther Studies. A history and a program", in O.-P. Vainio (ed.), *Engaging Luther. A (new) theological assessment*, Eugene: Cascade, 2010, 1-26

Scott Clark, R. "*Justitia imputata Christi*: Alien or proper to Luther's doctrine of justification?" *Concordia Theological Quarterly*, Vol. 70, No. 3/4, 2006: 269-310.

Stjerna, Kirsi I. "Editor's Introduction", in Mannermaa, T. *Christ present in faith. Luther's view on justification*, Minneapolis: Fortress Press, 2005, xi-xix.

Vaino, Olli-Pekka. *Justification and participation in Christ. The development of the Lutheran doctrine of justification from Luther to the Formula of Concord (1580)*, Leiden: Brill, 2008.

Vestrucci, Aandrea. "*Cuique suum*. Il problema del concetto formale di giustizia in Perelman, Kelsen, Heller", *Bollettino della Società Filosofica Italiana*, No. 188, 2006.

Vestrucci, Andrea. *Il movimento della morale. Eric Weil e Agnes Heller*, Milano: Il Filarete, 2012.

Wengert, Timothy. "Review of *Justification and participation in Christ*", *Renaissance Quarterly*, Vol. 6, No. 4: 2008:1305-1307.

Wüthrich, Matthias. D. (2016) "On justification and beyond – and attempt", in H.-C. Askani, C. Chalamet (eds.), *The wisdom and foolishness of God. First Corinthians 1-2 in theological exploration*, Minneapolis: Fortress Press, 2016, 239-259.

BASILIUS J. GROEN (Graz)

Protestantismus und ostkirchliche Orthodoxie

Protestantism and Eastern Orthodoxy
Abstract

The relations between Protestantism and Eastern Orthodoxy span five centuries and bear upon numerous aspects, hence, only some items can be dealt with here. First, I discuss the late-sixteenth-century correspondence between German Lutheran theologians and Patriarch Jeremiah II of Constantinople, the Calvinist leanings of Patriarch Cyril Lukaris, and the influx of Protestant missionaries into traditionally Orthodox territory. Second, I outline the rise of a 'counter movement', i.e. the Ecumenical Movement, and the aim and structure of the World Council of Churches, where Protestantism and Orthodoxy meet, as well as other inter-ecclesiastical organizations and theological dialogues. Third, attention is paid to tension and resistance to ecumenism; ecclesiological differences between Orthodoxy and Protestantism; and the need for solid ecumenical formation. Fourth, I focus on the key role of worship reform and liturgical theology, inter alia, on the significance of Alexander Schmemann's oeuvre. Fifth, interdenominational cross-fertilization with respect to worship songs and hymnals, as well as monasticism, are examined. It is, however, not all roses and therefore, sixth, I mention the challenge of stumbling blocks like prejudice and lack of communication skills. Nevertheless, in both Orthodoxy and Protestantism, freedom in Christ is the principle that matters.

Keywords: Protestantism, Orthodoxy, Ecumenism, Anti-Ecumenism, Theological Dialogue, Liturgy, Sacred Music

Kontaktaufnahme, Abbruch des Dialogs und Mission

Als Martin Luther (1483-1546) vor fünfhundert Jahren seine Thesen proklamierte – in einem ernsthaften Versuch, eine Reform der damaligen Westkirche in Gang zu setzen und die Botschaft der Gnade Gottes und der Rechtfertigung der Christenmenschen durch Jesus Christus sowie der Vergebung ihrer Sünden durch Ihn erneut klarzumachen –, existierten in Ost- und Südosteuropa sowie im Mittleren Osten und Südindien bereits seit Jahrhunderten orthodoxe und orientalisch-orthodoxe Kirchen.[1] In der Absicht, das Patriarchat von Konstantinopel über die theologischen Anliegen der Reformation zu informieren, einen Verbündeten in der Auseinandersetzung mit der Papstkirche zu gewinnen und die Reformation auch in orthodoxen Gegenden zu verbreiten, überreichten Tübinger lutherische Theologen während ihres Besuches in Konstantinopel im Jahr 1573 dem Patriarchen Jeremia II. Tranos (im Amt 1572-1579, 1580-1584, 1587-1595) eine griechische Übertragung einer ihrer wichtigsten Schriften. Diese Schrift war die *Confessio Augustana*, das *Augsburger Bekenntnis*, das der Altphilologe und Universalgelehrte Philipp Melanchthon (1497-1560) zur Erklärung der evangelischen Lehre in versöhnendem Ton für den Augsburger Reichstag (1530) erstellt hatte. Im Lauf der Korrespondenz zwischen den deutschen Theologen und dem Patriarchat in der osmanischen Hauptstadt stellte sich jedoch heraus, dass die Unterschiede zwischen den beiden Parteien groß waren: Die Orthodoxen hielten die Reformation für eine unangemessene Neuerung und einen Bruch mit der authentischen christlichen Tradition – es betrifft hier unter anderem die Streitpunkte Gnade und freier Wille, Sakramente, *filioque*, Heiligenverehrung, Gebet für die Verstorbenen und die Beziehung zwischen der Hl. Schrift und der Tradition – und den Reformatoren schienen die orthodoxen Positionen traditionalistisch, ‚zu römisch' und nicht genug biblisch fundiert. Deswegen brach Patriarch Jeremia die Korrespondenz im Jahr 1581 ab; wie er ihnen mitteilte, durften die Reformatoren ihm schon aus Freundschaft, aber nicht mehr über dogmatische Themen schreiben. Immerhin begann so die vielspurige Geschichte des Dialogs zwischen Protestantismus und Orthodoxie (vgl. Außenamt 1958; Wendebourg 1986; Podskalsky 1988, 21-30, 102-117; Wenz 2010).

Vor allem im siebzehnten Jahrhundert verbreitete sich das reformatorische Gedankengut auch in den von jeher orthodoxen Gebieten Ost- und Südosteuropas sowie des Mittleren Ostens. Hier nenne ich nur das Reformbestreben des vielseitigen und hochbegabten Patriarchen von Konstantinopel, Kyrill Lukaris (1570-1638). Er war im Amt seit 1620, wurde jedoch in der damaligen turbulenten Zeit mehrmals abgesetzt und kehrte jedes Mal auf den patriarchalen Thron zurück, bis zu seinem gewaltsamen Tod. Er interessierte sich sehr für die protestantische Theologie, insbesondere für die von Johannes Calvin (1509-1564), auch um einen Verbündeten in seiner Abkehr vom Expansionismus der Papstkirche

---

[1] Es können hier nur wenige Aspekte der faszinierenden Beziehungen zwischen dem Protestantismus und der Orthodoxie erörtert werden. Ich danke Dr. Dagmar Heller (Konfessionskundliches Institut Bensheim) für ihre wertvollen Bemerkungen und Mag. Ingrid Hable (Universität Graz) für die sorgfältige Textdurchsicht.

zu gewinnen. Dabei spielten übrigens die niederländische und die englische Botschaft bei der Hohen Pforte in Konstantinopel eine wichtige Rolle. Insbesondere der Gesandte der Republik der Vereinten Niederlande, Cornelis Haga (1578-1654, im Amt in Konstantinopel 1612-1639), war sehr behilflich, um die Kenntnisse, die der Patriarch bereits von der calvinistischen Lehre hatte, zu vertiefen. Auf Einladung des englischen Königs James I. (1566-1625) und des Erzbischofs von Canterbury, George Abbot (im Amt 1611-1633), schickte Patriarch Kyrill den gelehrten Priestermönch Metrophanes Kritopoulos (1589-1639) nach Oxford, um dort zu studieren und möglichst viel über die anglikanische Kirche und den Protestantismus im Allgemeinen zu erfahren. Kritopoulos blieb sieben Jahre in England (1617-1624), wo er nicht nur viel über den Anglikanismus lernte, sondern auch Vorträge über die Orthodoxie hielt. Danach besuchte er wichtige Zentren des Protestantismus in Deutschland und der Schweiz (1624-1627). Schließlich diente er der orthodoxen Kirche als Patriarch von Alexandrien (1636-1639). Seine Korrespondenz mit führenden Reformatoren und seine Sammlung protestantischer Bücher trugen dazu bei, die dürftigen Kenntnisse innerhalb der Orthodoxie über die Reformation einigermaßen zu erweitern. Seitdem entwickelten sich häufige Kontakte zwischen anglikanischen und orthodoxen Theologen bzw. Bischöfen; sie schätzten aneinander die alten liturgischen und spirituellen Traditionen, ohne dass diese vom römischen Papsttum ‚verunreinigt' worden waren.

Im Jahr 1629 bzw. 1633 veröffentlichte Patriarch Kyrill sein *Bekenntnis des orthodoxen Glaubens*, das von expliziten calvinistischen Akzenten geprägt ist. Zu nennen sind hier die Prädestination, Rechtfertigung durch den Glauben allein, exklusive Betonung von zwei Sakramenten (Taufe und Eucharistie), Vorrang der Hl. Schrift gegenüber der Tradition, Ablehnung der Ikonenverehrung und so weiter. Diese Schrift schlug hohe Wellen innerhalb der orthodoxen Kirche. Sechs Synoden, zum Beispiel eine in Konstantinopel (1642) und eine in Jerusalem (1672), verurteilten die Schrift und dessen Autor als unvereinbar mit dem orthodoxen Glauben. Protestantismus – vor allem Calvinismus – und Orthodoxie schienen nicht kompatibel (vgl. Podskalsky 1988, 162-180; Ware 1993, 93-99; Davey/Langham 2015).

Im neunzehnten und im zwanzigsten Jahrhundert überfluteten amerikanische und west- und nordeuropäische evangelische Missionare und Missionarinnen den Mittleren Osten und den Balkan, um dort ihre Version der christlichen Frohbotschaft zu vermitteln (vgl. Murre-van den Berg 2006). Insbesondere seit dem siebzehnten Jahrhundert waren zahllose katholische Ordensleute – Jesuiten, Dominikaner und andere – ihnen bereits vorausgegangen, um die wahre, diesmal römische Version des Christentums zu verbreiten. Interkonfessionelle Polemik war an der Tagesordnung. Es entstanden vielerorts kleine reformierte Gemeinschaften, die zunächst noch von einer englischen, deutschen, schwedischen usw. Mutterkirche abhingen, doch allmählich selbständig wurden. Dies betrifft hier nicht nur ‚traditionell' (d.h. im sechzehnten Jahrhundert entstandene) evangelische Kirchen, sondern auch neuere Sprosse des Protestantismus. Beispielsweise ließen sich in Bulgarien vor allem Methodisten, Kongregationalisten, Baptisten und Angehörige der Pfingstbewegung nieder (vgl. Groen 2008, 484-485 und 513). Zum einem trugen die evangelischen Import-Kirchen im Nahen Osten zur Verbesserung der Bildung[2] und des Gesundheitswesens bei. Das Bibelstudium und die Katechese wurden gefördert, Gottesdienste wurden in der jeweiligen Volkssprache gefeiert und den Gläubigen wurde beigebracht, dass sie alle zum gemeinsamen Priestertum berufen seien. Zum anderen trugen diese Denominationen zur Zersplitterung des Christentums bei und die Beziehungen zu den unterschiedlichen Orthodoxen und Orientalisch-Orthodoxen Kirchen,[3] die einen Teil ihrer Gläubigen verloren, wurden auf eine harte Probe gestellt. Zudem hatte der Übertritt in eine protestantische Denomination, die dem *Oriens Christianus* fremd war – vor allem aufgrund der evangelischen Polemik gegen die Ikonenverehrung und die Kirchenhierarchie sowie aufgrund der exklusiven Betonung des *sola-scriptura*-Prinzips –, radikale Folgen für viele Konvertiten: die Entfremdung von der eigenen Familie, Gemeinschaft und Kultur. Erst allmählich (und längst nicht überall) gelang es dem Protestantismus, nicht mehr als ein Fremdkörper, sondern als eine authentische, auf dem Evangelium basierende Glaubensgemeinschaft wahrgenommen zu werden (vgl. Semaan/Wessels 1997). Interessant sind die Mischehen arabischer orthodoxer Frauen mit westeuropäischen reformierten Männern, beispielsweise im Libanon. Zum einen besuchen zum Protestantismus konvertierte Frauen die evangelischen Gottesdienste und schätzen die in der Predigt zu Tage tretende Bibelkenntnis und tiefgründige Ethik, zum anderen pflegen viele dieser Frauen ihre eigene liturgische Spiritualität, indem sie weiterhin Ikonen verehren, zur Mutter Gottes beten und an den eindrucksvollen Ritualen der orthodoxen Karwoche und Osterzeit teilnehmen (vgl. Nasrallah 2014).

---

[2] Ein passendes Beispiel ist die Gründung des *Syrian Protestant College* in Beirut im Jahr 1866. Seit 1920 heißt diese Bildungseinrichtung *American University of Beirut*. Im Jahr 1932 wurde ihre protestantisch-theologische Fakultät autonom; sie heißt seitdem *Near East School of Theology*. Andererseits gründeten die Jesuiten 1875 in Beirut die *Université Saint-Joseph*. Des Weiteren gründeten Amerikaner 1863 im osmanischen Konstantinopel mit seiner großen islamischen und orthodoxen Bevölkerung *Robert College*. Diese bedeutsamen Lehrstätten existieren bis heute.

[3] Die Orthodoxen Kirchen bilden eine Gemeinschaft von etwa fünfzehn Kirchen, die nach dem byzantinischen Ritus leben. Die Orientalisch-Orthodoxen Kirchen umfassen insbesondere die Koptisch-, Äthiopisch-, Syrisch- und Indisch-Orthodoxe sowie die Armenisch-Apostolische Kirche. Des Weiteren ist die Assyrische Kirche des Ostens zu erwähnen.

Ökumenische Bewegung

Es gab jedoch eine Gegenbewegung zur Zersplitterung und innerchristlichen Missionierung. Im Lauf des neunzehnten Jahrhunderts war nämlich besonders in den Missionsgebieten in Sub-Sahara Afrika, Asien und dem Pazifik, in denen die Kirchen sich oft als Konkurrenten begegneten, vielen klar geworden, dass mehr gegenseitiges Verständnis und eine größere Anerkennung untereinander das Gebot der Stunde wären. Diese Einsicht führte dann im zwanzigsten Jahrhundert zu relevanten Initiativen, von denen ich nur einige erwähne. Im Jahr 1902 verfasste der Patriarch von Konstantinopel, Joachim III. Devetzis (im Amt 1878-1884 und 1901-1912), einen Appell an die übrigen orthodoxen Kirchen zur Wiederherstellung der christlichen Einheit (vgl. Limouris 1994, 1-5; Basdekis 2006, 1-15; Kallis 2013, 45-89). Des Weiteren trafen sich Vertreter mehrerer reformatorischer Kirchen, besonders aus der anglo-amerikanischen Welt, 1910 in Edinburgh zu einer großen Weltmissionskonferenz, die entscheidende Weichen für die wachsende Einheit im weltweiten Protestantismus stellte; übrigens waren weder die orthodoxe noch die katholische Kirche zu dieser Konferenz eingeladen worden (vgl. Van der Bent/Werner 2002, 360). Allerdings verhinderte der Ausbruch des Ersten Weltkrieges vorläufig den Ausbau des begonnenen Unternehmens. Angeregt vom Beispiel des 1919 errichteten "Völkerbundes", rief im Jahr 1920 das Patriarchat von Konstantinopel mit einer Enzyklika sämtliche "Kirchen Christi" zu einer "Gemeinschaft der Kirchen" (κοινωνία τῶν ἐκκλησιῶν) auf. Das Rundschreiben plädierte für den Abbau des gegenseitigen Misstrauens und die Stärkung der zwischenkirchlichen Liebe und machte mehrere praktische Vorschläge, wie z.B. die Feier der wichtigsten Feste im Lauf des Kirchenjahres nach einem einheitlichen Kalender und den Austausch von Theologiestudierenden (vgl. Limouris 1994, 9-11; Basdekis 2006, 16-20).

Auch prominente Persönlichkeiten protestantischer Kirchen, wie z.B. der dynamische lutherische Erzbischof von Uppsala, Nathan Söderblom (1866-1931), der 1930 mit dem Friedensnobelpreis ausgezeichnet wurde, förderten die zwischenkirchlichen Kontakte sehr. Söderblom arbeitete eng zusammen mit dem orthodoxen Erzbischof Germanos Strinopoulos (1872-1951), einem gelehrten und ökumenisch gesonnenen Prälaten des Patriarchats von Konstantinopel, der die Diözese Thyateira (Großbritannien)[4] leitete (vgl. Lange 2011, passim; Kapsalis und Makarios 2011; Liantas 2014).

Auf orthodoxer Seite ist auch Meletios Metaxakis (1871-1935) erwähnenswert: ein progressiver Theologe und Hierarch, der zunächst Erzbischof von Athen war (1918-1920), ökumenische Dialoge mit mehreren evangelischen Kirchen führte und die Gültigkeit der anglikanischen Weihen anerkannte. Damit machte er es möglich – zumindest für eine bestimmte Zeit –, dass griechisch-orthodoxe Gläubige die Sakramente aus den Händen anglikanischer (und in Nordamerika: episkopaler) Priester empfangen konnten. Das geschah nicht lange nachdem Papst Leo XIII. im Jahr 1896 in Rom proklamiert hatte, dass die anglikanischen Weihen ungültig seien; das fanden übrigens auch viele orthodoxe Hierarchen, Meletios war eher eine umstrittene Ausnahme. Der kretische Hierarch diente der Orthodo-

---

[4] In der Amtszeit von Germanos umfasste die Diözese Thyateira nicht nur Großbritannien, sondern auch große Teile des europäischen Kontinentes (heute nur noch Großbritannien).

xie auch als Erzbischof von Amerika (1921) und als Patriarch von Konstantinopel (November 1921 bis September 1923) und starb als Patriarch von Alexandrien (dort im Amt 1922/26-1935); eine außergewöhnliche kirchliche Karriere! (vgl. Konstantinidis 1966; Plank 2007; Pringkipakis 2014; Tamcke 2015b, 101).

Es bildeten sich einige Bewegungen, wie *Life and Work* ("Praktisches Christentum") und *Faith and Order* ("Glaube und Kirchenverfassung"), in denen diakonische und sozialethische bzw. ekklesiologische und andere systematisch-theologische Themen tiefgehend diskutiert wurden, beispielsweise auf der *Life and Work*-Konferenz in Stockholm (1925) und der *Faith and Order*-Konferenz in Lausanne (1927). Der Ausbruch des Zweiten Weltkrieges führte wiederum zu einer Stagnation des ökumenischen Projektes. Bald nach dem Kriegsende wurde 1948 in Amsterdam der Weltkirchenrat (Ökumenischer Rat der Kirchen: ÖRK) gegründet. Als Gründungsmitglieder nahmen auch mehrere orthodoxe Kirchen, besonders jene der griechischen Tradition, teil; dabei handelte es sich um die Patriarchate von Konstantinopel, Alexandrien, Antiochien und Jerusalem, die Kirchen Griechenlands und Zyperns sowie die (ursprünglich zum großen Teil russisch-orthodoxe) *Orthodox Church in America* und das zu Konstantinopel gehörende russisch-orthodoxe westeuropäische Exarchat. Weil der Kreml einen Beitritt der slawisch- und rumänisch-orthodoxen Kirchen, die sich in seinem Einflussbereich befanden, nicht für opportun hielt, blieben diese außerhalb des Rates. Bei der Vollversammlung 1961 in Neu-Delhi jedoch beförderte das Sowjet-Regime den Beitritt der sich unter der kommunistischen Herrschaft befindenden orthodoxen Kirchen Osteuropas; ihre Teilnahme blieb immer unter einer bestimmten Kontrolle des Regimes. Die serbisch-orthodoxe Kirche in Jugoslawien war nicht vom Kreml abhängig, stand aber der Ökumene sehr reserviert gegenüber und trat dem ÖRK erst nach langem Zögern 1965 bei. Aufgrund der atheistischen Strenge und des Isolationskurses des Regimes in Albanien war ein Beitritt der dortigen Orthodoxie zum ÖRK undenkbar; sie wurde erst 1994, nach der politischen Umwälzung, Mitglied. Die Altkalendarier, die die gregorianische Zeitrechnung ablehnen und an der julianischen festhalten, und die "Russisch-Orthodoxe Kirche im Ausland" lehnten den Ökumenismus als Häresie ab. Deswegen und auch weil einige kanonische orthodoxe Kirchen wohl ein Veto gegen deren Mitgliedschaft eingelegt hätten, blieben sie, wie auch einige andere nicht kanonisch anerkannte Kirchen – beispielsweise die mazedonisch-orthodoxe Kirche –, dem ÖRK ferne.

Heutzutage zählt der ÖRK etwa 350 Mitgliedskirchen, namentlich Orthodoxe und Orientalisch-Orthodoxe, Assyrer, Anglikaner, Altkatholiken, Methodisten, Lutheraner, Presbyterianer, Baptisten, *Disciples of Christ*, Quäker, Heilsarmee und einige *African Instituted Churches* (vgl. Van Beek 2006; www.oikoumene.org). Die mit Abstand größte Mitgliedskirche ist das Patriarchat von Moskau. Insgesamt vertritt der Rat fast sechshundert Millionen Christen und Christinnen.

Die Pfingstbewegung und die evangelischen Freikirchen sind wahrscheinlich weltweit die am schnellsten wachsenden christlichen Gruppierungen. Trotz der ÖRK-Mitgliedschaft mehrerer Pfingstkirchen und evangelikaler Gemeinschaften lehnen viele andere die Mitgliedschaft ab. Seit einigen Jahrzehnten gibt es jedoch fruchtbare Gespräche zwischen den aus der Reformation hervorgegangenen Kirchen und dem ÖRK einerseits und der Pfingstbewegung andererseits; seit 2010 gibt es auch einen Dialog zwischen der Pfingstbewegung und dem griechisch-orthodoxen Patriarchat von Konstantinopel. (Seit längerer Zeit gibt es ebenso einen fruchtbaren Dialog zwischen der römisch-katholischen Kirche und der Pfingstbewegung.) Die in diesen Dialogen involvierten Vertreter der Pfingstbewegung haben den Skeptizismus der Ökumene gegenüber also fahren lassen. Übrigens war ihre Bewegung lange Zeit von den etablierten Großkirchen als ‚verwirrt' und ‚kindisch' beschimpft worden (vgl. Vondey 2018).

Der Zentralausschuss des ÖRK besteht aus mehr als hundert VertreterInnen; der Exekutivausschuss nur aus einigen Dutzenden. Im Lauf der siebzig Jahre seines Bestehens ist der Rat von einem zum großen Teil von Weißen, Männern, Ordinierten und dem Norden dominierten Gremium immer farbiger geworden und der Einfluss von Schwarzen und anderen Nicht-Weißen, Frauen, Nicht-Ordinierten, Jugendlichen und dem Süden ist erheblich größer geworden; dieser Prozess ist noch im vollen Gange.

Die theologisch wichtigste Kommission ist die schon erwähnte Bewegung *Faith and Order*. In diesem Ausschuss ist schon Jahrzehnte lang von orthodoxen und protestantischen Theologen und Theologinnen gemeinsam äußerst fruchtbar nachgedacht und diskutiert worden: über Jesus Christus, Heil, Kirche, Bibel und Tradition, Glaubensbekenntnis, Vielfalt in der Einheit und "versöhnte Verschiedenheit" (*reconciled diversity*), Amt, Liturgie und Sakramentalität, Diakonie und Sozialethik, theologische Ausbildung und vieles mehr. Ferner sind bedeutende Dokumente verabschiedet worden, wie z.B. das "Lima-Dokument" aus dem Jahr 1982, *Baptism, Eucharist and Ministry* (vgl. *Baptism, Eucharist and Ministry* 1982; Meyer u.a. 1991, 545-585; Best/Heller 1998; Berger 2002; Thurian 2002; *Internationale Kirchliche Zeitschrift* 2002; *Una Sancta* 2012) und das Dokument über das Wesen der kirchlichen Einheit aus dem Jahr 2012, *Die Kirche: Auf dem Weg zu einer gemeinsamen Vision* (vgl. *Die Kirche* 2014; *Resource Book* 2013, 3-50).

Obwohl die römisch-katholische Kirche dem ÖRK formell nicht beigetreten ist, ist sie Vollmitglied von *Faith and Order* und trägt also Mitverantwortung für den dort erreichten theologischen Konsens. Die katholische Kirche ist in Genf auch in der Kommission für Weltmission und Evangelisation vertreten, sie unterstützt den ÖRK finanziell, ist Mitveranstalterin der Gebetswoche für die Einheit der Christen (alljährlich 18.-25. Januar) und arbeitet auch in einigen anderen Bereichen mit dem ÖRK eng zusammen. Eine gemeinsame

Arbeitsgruppe diskutiert seit 1965 theologische und kirchliche Fragen. Zudem ist die katholische Kirche nun Vollmitglied vieler nationaler, regionaler und kontinentaler Kirchenräte und sie nimmt aktiv an deren Tätigkeiten teil.

Die so genannte Basis des ÖRK lautet: "Der Ökumenische Rat der Kirchen ist eine Gemeinschaft von Kirchen, die den Herrn Jesus Christus gemäß der Heiligen Schrift als Gott und Heiland bekennen und darum gemeinsam zu erfüllen trachten, wozu sie berufen sind, zur Ehre des einen Gottes, des Vaters, des Sohnes und des Heiligen Geistes" (Thomas 2002; Stransky 2002, 1225). Es werden also Christus als Mitte, der Schriftbezug und die Hl. Trinität ausdrücklich genannt. Der erste Teil der zitierten Basis, der der Formulierung des Patriarchates von Konstantinopel über die "Gemeinschaft der Kirchen" zwar gleicht, aber auf den Christlichen Verein Junger Menschen (YMCA bzw. YWCA) und/oder den Studenten-Weltbund zurückgeht, war von der Amsterdamer Gründungsversammlung angenommen worden. Einige Korrekturen und Ergänzungen, wie z.B. der explizite Hinweis auf die Hl. Schrift und das von den Orthodoxen angeregte trinitarische Bekenntnis, sind von der Neu-Delhi-Vollversammlung vorgenommen worden.

In der Toronto-Erklärung, die 1950 vom Zentralausschuss des ÖRK erarbeitet wurde, wird klar ausgesagt, dass der ÖRK selber keine Über-Kirche ist (vgl. Kinnamon 2016, 418-422). Ferner besteht der ÖRK – laut dem Dokument "Auf dem Weg zu einem Verständnis und einer gemeinsamen Vision des Ökumenischen Rates der Kirchen" (1997) – aus seinen Mitgliedskirchen (vgl. *Assembly Workbook* 1998, 97-116). Trotzdem ist der ÖRK natürlich mehr als die Addition der Teile. Was dies ‚mehr' freilich ist, ist schwierig zu definieren und hängt auch von der Ekklesiologie der jeweils unterschiedlichen Mitgliedskirchen ab; die soeben genannte Konvergenzerklärung *Die Kirche: Auf dem Weg zu einer gemeinsamen Vision* ist ein erneuter Versuch, das Wesen und die Aufgabe der Kirche theologisch zu beschreiben.

Das gemeinsame Lesen der Hl. Schrift, Beten und Feiern, gemeinsames diakonales Handeln und das "Hören, was der Geist den Kirchen sagt" (*Offenbarung des Johannes* 2,7) bringt Christen und Christinnen sehr unterschiedlicher Traditionen zusammen und erzeugt einen intensiven Lernprozess bei ihnen. Im Idealfall lernen sie, die Realität auch durch die Brille anderer kirchlicher Traditionen zu sehen und kreativ mit der Spannung zwischen den großen kulturellen und theologischen zwischenkirchlichen Unterschieden und der Einheit aller in Christus umzugehen. Zudem lernen sie dann zu verstehen, dass das Glaubensgespräch über die Präsenz Christi, Gotteslob, Versöhnung, Vergebung und Neubeginn und der konkrete Einsatz für Frieden, Gerechtigkeit und Bewahrung der Schöpfung sowie die Bekämpfung von Armut, Rassismus und Sexismus wesentlich zusammengehören. Immer wieder weisen die orthodoxen Kirchen jedoch darauf hin, dass die theozentrische Mitte nicht der einseitigen Betonung der anthropozentrischen, ‚horizontalen' Aspekte geopfert werden darf: Der Kern der Ökumene ist das gemeinsame Zeugnis als Liebesbund und Leib Christi im Licht des Hl. Geistes, nicht in erster Linie der Einsatz für die Regenwälder, Schuldenerlass und eine atomfreie Welt.

Aufgrund der Blüte der zwischenkirchlichen Ost-West-Begegnungen und -Gespräche wird das zwanzigste Jahrhundert gelegentlich als das Jahrhundert der Ökumene bezeichnet. Außerdem ist die Abendmahlsgemeinschaft zwischen mehreren aus der Reformation des sechzehnten Jahrhunderts hervorgegangenen Kirchen selber forciert worden; es sind sogar einige Kirchenfusionen entstanden. Altkatholiken und Anglikaner haben den Dialog mit Orthodoxen aufgenommen; Reformierte sprachen mit Lutheranern und so weiter. Zudem begannen nach einer Jahrhunderte dauernden Funkstille auch die beiden ostkirchlichen Großfamilien (Orthodoxe und Orientalisch-Orthodoxe) wieder tiefgehende Konversationen und einen offiziellen theologischen Dialog miteinander. Die römisch-katholische Kirche lehnte den Ökumenismus lange Zeit ab, weil aus ihrer Sicht das einzig mögliche ‚ökumenische' Modell das der Rückkehr der Nicht-Katholischen zum ‚wahren Schafstall' unter der Führung des römischen Papstes war. Allmählich bekehrte sich jedoch auch die *Romana* zur ökumenischen Bewegung; ein Höhepunkt war das 1964 vom zweiten vatikanischen Konzil verabschiedete Dekret *Unitatis redintegratio* (vgl. Ganzer u.a. 2010, 360-375; Jonson 2006; Birmelé 2006; Larentzakis 2006; Iff 2012; Nüssel 2012; Vletsis 2012; Argárate 2014).

Die hier besprochenen christlichen Glaubensgemeinschaften begegnen sich nicht nur im ÖRK, sondern beispielsweise in Europa auch in der 1959 gegründeten "Konferenz Europäischer Kirchen" (KEK), deren Mitglieder die anglikanische Kirche, die meisten orthodoxen, altkatholischen, lutherischen und reformierten Kirchen sowie einige unabhängige Kirchen Europas sind. Die römisch-katholische Kirche ist zwar kein Mitglied, aber einige wichtige Initiativen sind von der KEK und dem Rat der Europäischen (katholischen) Bischofskonferenzen (CCEE) zusammen realisiert worden. Man denke hier vor allem an die Europäischen Ökumenischen Versammlungen in Basel im Mai 1989 (vgl. *Peace with Justice* 1989), in Graz im Juni 1997 (vgl. *Versöhnung* 1998; Larentzakis 2002, 98-102) und in Sibiu im September 2007 (vgl. "Botschaft" 2007; Roth 2007; *Una Sancta* 2008). Eine bedeutende europäische Initiative ist die gemeinsam vom CCEE und von der KEK im Jahr 2001 in Straßburg unterschriebene *Charta Oecumenica*, in der die christlichen Kirchen Europas sich dazu verpflichten, ihre Einheit zu vertiefen, gemeinsam das Evangelium zu verkünden, die Versöhnung in Europa zu fördern, sich für den Dialog mit dem Judentum und dem Islam einzusetzen, Armut zu bekämpfen, auf Umweltschutz zu achten und vieles mehr (vgl. "Charta Oecumenica" 2000-2001).

In einer großen Zahl von Ländern gehören die meisten dort befindlichen orthodoxen und evangelischen Kirchen einem nationalen oder regionalen ökumenischen Rat oder Forum an und ergreifen dort (meistens gemeinsam mit der katholischen Kirche) bedeutsame Initiativen. Beispielsweise hat in Österreich der Ökumenische Rat ein gemeinsames "Sozialwort" über Bildung, Medien, Lebensbeziehungen, Arbeit und Wirtschaft, Gerechtigkeit und Frieden usw. verfasst (vgl. *Sozialwort* 2003). Das österreichische Bundesland Steiermark betrachtet sich gerne als eine ökumenische Vorreiterin, die in der kirchlichen Landschaft eine sehr positive Rolle spielt (vgl. Gerhold/Höfer/Opis 2002; Larentzakis 2004). Ein relevantes Exempel ist ebenso der *Middle East Council of Churches*, zu dem fast alle großen, im Mittleren Osten vertretenen christlichen Konfessionen gehören und der regelmäßig zu den zahlreichen religiösen und sozialpolitischen Problemen der Region Stellung nimmt.

Genau vierhundert Jahre nach dem Abbruch der Korrespondenz zwischen dem Patriarchat von Konstantinopel und den deutschen lutherischen Theologen begann 1981 der offizielle Dialog zwischen der Orthodoxie und dem Lutherischen Weltbund. In diesem Dialog, der im Allgemeinen von gegenseitigem Respekt und Einander-kennenlernen-Wollen gekennzeichnet ist, sind bereits zahlreiche theologische Themen angesprochen worden. Im ebenfalls ergebnisreichen Dialog zwischen der Evangelischen Kirche in Deutschland (EKD) und dem Patriarchat von Moskau (seit 1959) werden zurzeit auch Menschenrechte, christliches Zeugnis und Modelle theologischer Ausbildung diskutiert. Zudem führt die EKD Dialoge mit dem Patriarchat von Konstantinopel (seit 1969) und mit dem Patriarchat Rumäniens (seit 1979).[5] Relevant in diesem Kontext ist auch, dass im Gedenkjahr 2017 ("500 Jahre Reformation") weltweit mehrere Kongresse gemeinsam veranstaltet wurden (vgl. Saarinen/Wilson/Fortino 2015; "Rede des Ökumenischen Patriarchen" 2017; Pricop 2017). Ferner gibt es signifikante theologische Dialoge der Orthodoxie mit der Anglikanischen Gemeinschaft – der offizielle Dialog begann 1973, aber bereits lange zuvor existierten intensive Kontakte[6] – sowie mit den reformierten Kirchen (vgl. Meyer u.a. 1991, 80-101; Meyer u.a. 1992, 97-131, 258-271, 316-330; Meyer u.a. 2003, 96-109, 151-160; Oeldemann u.a. 2012, 194-287, 507-526, 981-997; Bremer u.a. 1999, 191-484; Schuegraf 2001, 102-109, 223-239, 306-308; Oeldemann 2004 und 2013; Heller 2011 und 2014).

Der theologische Dialog zwischen der Orthodoxie und dem Protestantismus zeigt relevante Ergebnisse, unter anderem über die Rechtfertigungslehre, die Spiritualität der ‚Ver-

---

[5] Der Bund der Evangelischen Kirchen in der DDR begann einen Dialog mit dem Bulgarischen Patriarchat, der allerdings nach der Wende (1989) von der EKD nicht weitergeführt werden konnte, weil die bulgarische Seite kein Interesse mehr hatte bzw. andere Probleme hatte.

[6] Insbesondere der 1928 gegründete *Fellowship of Saint Alban and Saint Sergius* hat sich um den anglikanisch-orthodoxen Dialog verdient gemacht.

göttlichung' (θέωσις) und den Stellenwert von Schrift, Tradition, Sakramenten und Liturgie. Ein Vorteil dieses Dialogs ist, dass die Last der Vergangenheit – Auseinandersetzungen über Primat, Papsttum und Konziliarität sowie über den Uniatismus, der die Problematik der mit Rom unierten Ostkirchen betrifft – weniger Hindernisse aufwirft, als dies im orthodox-katholischen Dialog der Fall ist.

Trotzdem sind nicht alle historischen Streitfragen völlig ausgeräumt worden. Als Beispiel nenne ich hier das *filioque*, eine Hinzufügung der Westkirche an das bei den Konzilien von Nizäa (325) und Konstantinopel (381) festgelegte Glaubensbekenntnis; auch die Reformatoren des sechzehnten Jahrhunderts übernahmen diese Hinzufügung. Sie ist wahrscheinlich in Spanien (Synode von Toledo, 589) als Abwehr gegen arianische Positionen entstanden und wurde von den Franken übernommen. Rom lehnte ihre liturgische Benutzung lange Zeit ab, aber akzeptierte sie schließlich am Anfang des elften Jahrhunderts; beispielsweise ist der Zusatz nachweisbar 1014 bei der Krönung Heinrichs II. in Rom gesprochen worden. Dadurch bekannte man seitdem im Westen, dass der Geist aus dem Vater *und* dem Sohn hervorgeht. Diese Neuerung wurde von östlichen Theologen abgelehnt, weil sie nicht das Ergebnis eines allgemeinen Konzils war und ihrer Ansicht nach die Beziehungen innerhalb der Hl. Dreifaltigkeit nicht richtig wiedergeben würde. In einigen für die Orthodoxie aufgeschlossenen evangelischen Gemeinschaften steht die Überlegung im Raum – falls im Gottesdienst das große *Nicaeno-Constantinopolitanum* rezitiert wird; oft wählt man jedoch das kürzere *Apostolicum* –, das *filioque* auszulassen, also nicht nur bei einer Liturgie, die mit Teilnahme von orthodoxen Hierarchen gefeiert wird. Es geht in diesem Punkt daher nicht nur um die Klärung der dogmatischen Frage – hier sind bedeutsame Fortschritte zu verzeichnen –, sondern auch um die konkrete gottesdienstliche Feier (vgl. *Evangelisches Gottesdienstbuch* 2001, 26, 105-106).

In einigen deutschen evangelischen Gesangbüchern – zum Beispiel das der Kirchen Anhalts, Berlin-Brandenburg, Oberlausitz, Pommern und Sachsen – enthält das große Glaubensbekenntnis von Nizäa-Konstantinopel durchgängig die *filioque*-Hinzufügung im Artikel über den Hl. Geist – dies ohne Kommentar und mit der Überschrift, dass es sich um das konziliare Credo handelt, wodurch der falsche Eindruck entsteht, dies sei die komplette Originalversion. Der Tatsache, dass der ursprüngliche Konzilstext ohne das *filioque* formuliert worden ist und dass diese spätere westkirchliche Hinzufügung erhebliche theologische Ost-West-Auseinandersetzungen verursacht hat, wird hier also nicht Rechnung getragen. In anderen evangelischen Gesangbüchern jedoch – beispielsweise das der Bayerischen Landeskirche und dasjenige der Thüringischen Landeskirche – findet sich ein ausführlicher Kommentar zum *filioque* und wird auf die Möglichkeit hingewiesen, das *Nicaeno-Constantinopolitanum* auch ohne *filioque* zu beten.[7]

---

[7] In Bezug auf eine wunderbare ökumenische Sammlung gottesdienstlicher Texte, *Sinfonia Oecumenica*, – in vier Sprachen: englisch, deutsch, französisch und spanisch – ist es merkwürdig, dass die deutsche Version des einschlägigen Glaubensbekenntnisses das *filioque* enthält, während in den drei anderen Sprachen – ökumenisch korrekterweise – der Hl. Geist nur aus dem Vater hervorgeht. Zudem

Spannungen

Die zwischenkirchliche Kontaktfreudigkeit im Allgemeinen, und die unterschiedlichen ökumenischen Bewegungen und Dialoge im Besonderen, wurden jedoch nicht nur herzlich begrüßt, sondern in mehreren Kirchen seitens einiger Mitglieder auch mit großem Misstrauen und gelegentlicher Verleumdung betrachtet. Zudem kam in den 1990er Jahren seitens der orthodoxen Mitgliedskirchen des ÖRK eine tiefe Unzufriedenheit zum Ausdruck über die nach ihrem Empfinden protestantische Struktur des Rates, über die Art, wie viele Entscheidungen getroffen wurden – mit Mehrheitsabstimmung; dagegen forderten die orthodoxen Vertreter und Vertreterinnen insbesondere hinsichtlich ethischer und dogmatischer Fragen Konsens und keine Abstimmung – sowie über inhaltliche Angelegenheiten, wie z.B. die "inklusive Sprache", Interkommunion und gemeinsames Gebet, Homosexualität und die Priesterweihe von Frauen. Insbesondere der Austritt der orthodoxen Kirche Georgiens aus dem ÖRK und eine ähnliche Bewegung im Moskauer Patriarchat sowie in einigen anderen orthodoxen Kirchen – besonders auf Treiben fundamentalistischer und anti-ökumenischer Kreise – erregten sowohl innerhalb der weltweiten Orthodoxie als auch in anderen christlichen Kirchen Aufsehen und stiftete große Unruhe (vgl. FitzGerald/Bouteneff 1998; Davids 1999; Heller/Rudolph 2004; Basdekis 2006, 723-727). Als Reaktion verabschiedeten einige orthodoxe ‚Ökumeniker' 1998 in Thessaloniki eine Erklärung "Evaluations of New Facts in the Relations of Orthodoxy and the Ecumenical Movement", in der sie einerseits den ÖRK scharf kritisierten und andererseits die orthodoxe Teilnahme an der Vollversammlung in Harare (Simbabwe) unter gewissen Bedingungen sicherstellen wollten. Diese Erklärung wurde wiederum von einigen anderen orthodoxen Theologen scharf kritisiert; sie prangerten die darin zum Ausdruck kommende ‚Selbstgenügsamkeit' an und riefen zu Selbstkritik auf (vgl. Kallis 1999, 444-460). Danach (Sommer 1998) verließ auch die bulgarische Orthodoxie den ÖRK, wiederum im Zuge interner Konflikte mit einflussreichen fundamentalistischen und anti-ökumenischen Kreisen. Einige gemäßigte orthodoxe Gremien versuchten, mit konstruktiven und nuancierten Stellungnahmen die angespannte Situation zu beruhigen (vgl. Basdekis 2006, 728-751). Nach der Vollversammlung in Harare im Dezember 1998 (vgl. Wilkens 1999; Kessler 1999; Groen 1999b; Dantine 2001) arbeitete eine gemischte "Sonderkommission über die orthodoxe Teilnahme am ÖRK" mehrere Jahre intensiv an Lösungsvorschlägen. Im Schlussbericht wurden unter anderem ein Konsensverfahren und Zurückhaltung im Blick auf gemeinsame Liturgiefeiern vorgeschlagen (vgl. Aagaard/Bouteneff 2001; *Programme Book*

---

fehlt im deutschen Titel („das nizänische Glaubensbekenntnis") der Hinweis auf Chalzedon (vgl. Aebi u.a. 1998, 980-981).

2005; Gennadios 2005; Kinnamon 2016, 452-459, siehe auch 439-442). Diese Vorschläge wurden vom ÖRK-Zentralausschuss angenommen und bei den Vollversammlungen im brasilianischen Porto Alegre im Februar 2006 (vgl. Rivera-Pagán 2007) und im südkoreanischen Busan/Pusan im Oktober-November 2013 in die Praxis umgesetzt. Da ich selber an den Vollversammlungen in Harare, Porto Alegre und Busan – als Journalist der niederländischen Tageszeitung *Trouw* bzw. als Beobachter für die österreichische Stiftung *Pro Oriente* – teilnahm, habe ich dies dort alles aus nächster Nähe erleben können.

Ende gut, alles gut? Teilweise werden die ökumenische Bewegung und die damit einhergehenden Dialoge seitens einiger orthodoxer bzw. protestantischer Gruppierungen noch immer mit großem Misstrauen und gelegentlicher Verleumdung betrachtet; in der Alltagsrealität existieren vielerorts noch bedeutende Probleme. Auch aufgrund des vorherrschenden Mangels an ökumenischer Bildung (siehe unten) werden ekklesiologische Divergenzen kaum als eine Bereicherung oder eine Möglichkeit, sich gegenseitig zu ergänzen, sondern als eine Spaltpflanze betrachtet (vgl. Bremer 2004). Viele Orthodoxe betrachten den Protestantismus noch immer als eine schismatische Bewegung, die beabsichtigte, die Kirche zu spalten und das noch immer vorhat; weil sie selbst Tradition, Kontinuität mit der Frühkirche und Einheit für wesentlich halten, ist Spalter-Sein eine äußerst negative Qualifikation. Umgekehrt gibt es insbesondere bei den evangelikalen Freikirchen zahlreiche Gläubige, die die Orthodoxie für nicht-biblisch, unfrei, versteinert und abergläubisch halten. Solche Vorurteile lassen sich nur mit persönlichen Begegnungen und Erfahrungen sowie mit guter Bildung und Aufklärung über die positiven Ergebnisse der zwischenkirchlichen theologischen Dialoge bekämpfen.

Auch deswegen ist in evangelischen bzw. orthodoxen Schulbüchern und in Sonntagsschulen sowie Pfarrgemeinden mehr Aufmerksamkeit für die orthodoxe bzw. evangelische Spiritualität und Kultur wünschenswert. Dabei geht es nicht darum, diese zu idealisieren, sondern sie nüchtern darzustellen, mit dem Ziel, den Schülern und Schülerinnen sowie Pfarrangehörigen klar zu machen, dass es neben dem eigenen reformatorischen bzw. orthodoxen Weg noch andere Wege gibt, die ebenfalls zu Gott führen können. Durch gegenseitige Bewegung kann ein Prozess des Einander-Kennenlernens sowie des Brücken-Bauens zu Stande kommen. Interesse aneinander und Lernen gedeihen besser in einer dialogischen als in einer monologischen Kultur.

Ekklesiologie

Im orthodoxen Kirchenverständnis werden Sakramentalität, Liturgie als die verkündigende Darstellung der Heilstaten Gottes, das *mystêrion*, Kirche als Bild der Hl. Dreifaltigkeit und als Leib Christi, Tradition und die Autorität der Kirchenväter, Hierarchie, apostolische

Sukzession und die dreifältige Struktur des Kirchenamtes (Bischof, Priester, Diakon) stärker betont als in den aus der Reformation hervorgegangenen Kirchen, wobei man nicht übersehen darf, dass es in Bezug auf Taufe, Abendmahl und Ordination bedeutende Unterschiede zwischen beispielsweise Lutheranern und *high church*-Anglikanern auf der einen Seite und Baptisten und Pfingstlern auf der anderen gibt. Jedenfalls können die soeben genannten Merkmale von Kirche aus orthodoxer Sicht nicht in theologischen Konsensgesprächen angepasst werden, weil die einschlägigen Merkmale dem Willen Gottes entsprächen und unveränderlich seien. Dagegen sind einige *low church*-Protestanten der Meinung, dass ekklesiologische und kirchenrechtliche Themen mit Mehrheitsbeschlüssen verändert werden können. Viele von ihnen haben nur wenige Kenntnisse von den orthodoxen theologischen Akzenten. Umgekehrt sind zahlreiche Orthodoxe über die Leitlinien der reformatorischen Theologie schlecht informiert; sie können Baptisten, Lutheraner, Presbyterianer, Methodisten usw. kaum voneinander unterscheiden und neigen dazu, diese alle in einen Topf, den "der Protestanten", zu werfen. Solche einseitige Wahrnehmungen verstärken Stereotypen und Vorurteile und verzerren das Bild der jeweils anderen Kirche (vgl. Heller 2007; Briskina-Müller 2007).

Konvergenz im Bereich der Ekklesiologie ist für die Orthodoxen eine Bedingung zur vollen Gemeinschaft (*communio*, κοινωνία). Es geht ihnen darum, dass die Nicht-Orthodoxen zur in der orthodoxen Kirche bewahrten Tradition der Frühkirche sowie zur Lehre der Kirchenväter zurückkehren; übrigens ist die Treue zur frühkirchlichen und patristischen Lehre auch eine ständige Anforderung an die orthodoxen Kirchen selber. Nur innerhalb der kirchlichen *communio* ist vollständige eucharistische Gemeinschaft möglich (vgl. Ware 1993, 310-311; Groen 1999a). Zahlreiche orthodoxe Kirchenführer und Theologen sind der Meinung, das Kirchenverständnis und die Auffassung über volle Gemeinschaft seien bei vielen protestantischen Mitgliedskirchen des ÖRK vage, und sie fordern Klarheit in diesem Punkt. Die klare Erkennung der theologischen und ekklesiologischen Unterschiede ist also ein *sine qua non*, um zu einer "versöhnten Verschiedenheit" zu gelangen, in der sich die kirchlichen und theologischen Traditionen gegenseitig ergänzen könnten (vgl. Oeldemann 2002; Bremer 2004).

Ökumenische Bildung

Ökumenische Bildung ist ein Gebot der Stunde. Beispielsweise haben viele Russen, Serben, Bulgaren und Griechen keine persönlichen und lebendigen Kontakte mit evangelischen Christen und Christinnen. Als mein reformierter Schwager mich in Griechenland besuchte – ich wohnte 1981-1984 im Zuge meiner liturgiewissenschaftlichen Feldforschung in Thessaloniki – und ich ihn einem orthodoxen Landpfarrer vorstellte, schaute der ihn lange an und ging sogar um ihn herum, um ihn von allen Seiten beobachten zu können. Als wir ihn erstaunt fragten, warum er das tat, antwortete er, dass er jetzt zum ersten Mal in seinem Leben einen Protestanten sah und mal genau untersuchen wollte, wie so jemand aussah; übrigens war der Priester gastfreundlich und aufgeschlossen. Allerdings fehlt es auch vielen evangelischen Christen und Christinnen an ökumenischer Erfahrung. Oder sie wollen mit der Orthodoxie nichts zu tun haben. Letzteres trifft vor allem zu, wenn sie in traditionell orthodoxen Ländern Ost- und Südosteuropas leben und entweder Unterdrückung seitens der dort vorherrschenden Orthodoxie erfahren haben oder ausdrücklich ihr Anders-Sein betonen möchten. Beispielsweise sah ich, wie während eines ökumenischen Gottesdienstes, in dem auch Kerzen angezündet wurden, ein griechischer Protestant dies ablehnte. Als ich ihn nach dem Warum fragte, antwortete er mir, dass es sich um ein orthodoxes abergläubisches Ritual handelte und daher zu verschmähen sei.

Orthodoxe, die im Westen wohnen, haben meistens erheblich mehr Erfahrung im Umgang mit Angehörigen protestantischer Konfessionen. Durch Migration und Flucht leben heutzutage zahlreiche Orthodoxe und Orientalisch-Orthodoxe in Deutschland, Schweden, Belgien usw. und haben dort ihre eigenen kirchlichen Strukturen aufgebaut. Hunderttausende aus Griechenland, Serbien usw. stammende "Gastarbeiter und –innen", die sich insbesondere seit den 1960er Jahren in den nordwesteuropäischen Industrieländern niederließen, lernten die dortigen evangelischen Kirchen kennen – oft schätzen – und vermittelten ihren Familien in der Heimat ein positives Bild der "Heterodoxen"; die Annäherung zwischen Orthodoxen und Protestanten geschah also nicht nur auf offizieller Ebene. Orthodoxe Geistliche, die für die Seelsorge ebenfalls nach Westeuropa zogen, arbeiteten mit ihren evangelischen Kollegen und –innen zusammen (sowie auch mit den katholischen und den Pfarrern anderer orthodoxer Kirchen). Vielerorts können die ostkirchlichen Gläubigen zusammenkommen und Gottesdienste feiern in Kirchen, die ihnen großzügig von evangelischen (und katholischen) Pfarrgemeinden und Bistümern zur Verfügung gestellt werden. Dies stärkt meistens auch die ökumenischen Beziehungen (vgl. Bremer/Kattan/Thöle 2016; Groen 2018).

Die erheblich zugenommene ostkirchliche Präsenz im Westen bewirkt Veränderungen in der kirchlichen Landschaft im Westen, weil die dortige Ökumene immer weniger ein Duo zweier Großkirchen (Protestantismus und Katholizismus) ist, sondern ein Quartett, in dem auch die Orthodoxie und Orientalische Orthodoxie mitspielen. Gleichzeitig gibt es jedoch bedeutende Unterschiede im Kalender: das oft störende Nebeneinander-Existieren der julianischen und der gregorianischen Zeitrechnung mit Konsequenzen für den Zyklus der vorösterlichen Fastenzeit, der Feste von Ostern, Himmelfahrt und Pfingsten sowie für den Rest des Kirchenjahres. Insbesondere in Familien, deren Mitglieder teils einer orthodoxen, teils einer evangelischen Kirche angehören – kein ungewöhnliches Phänomen im Mittleren

Osten – kann es für die Hausfrau recht mühsam sein, regelmäßig unterschiedliche Menüs vorbereiten zu müssen: Fleisch und Wein für diejenigen, die schon Ostern feiern, und Gemüse, Bohnen und Wasser für diejenigen, die noch fasten (vgl. Groen 2013). Unterschiedlich ist meistens auch die religiöse Volkskultur mit ihrem spezifischen Brauchtum und andersartigen Genderrollen.

Auch der westeuropäische Massentourismus nach Griechenland und in andere traditionell orthodoxe Länder, Geschäftsreisen, die Zusammenarbeit in internationalen Gremien und besonders die nun häufigen Mischehen sowie die heutige europäische multikulturelle und multireligiöse Gesellschaft leisteten und leisten auf ihre je eigene Weise einen wesentlichen Beitrag zu den orthodox-evangelischen Kontakten.

Im Mittleren Osten ist die Situation wiederum anders. Die orthodoxen Patriarchate von Konstantinopel (auf türkischem Boden), Alexandrien in Ägypten und Antiochien in Syrien sowie die Kopten in Ägypten, die Syrisch-Orthodoxen und das armenische Katholikosat von Kilikien im Libanon stellen kleine Minderheitenkirchen in von Muslimen dominierten Ländern dar. Ökumenische Kontakte mit anderen Konfessionen sowie mit der weltweiten Christenheit sind für sie lebensnotwendig. Unter anderem die ÖRK-Mitgliedschaft befreit sie von der Isolierung und bietet ihnen seitens vieler protestantischer Kirchen materielle und geistige Unterstützung. Die oft distanzierte Einstellung der Führung des Patriarchates von Jerusalem hinsichtlich der ökumenischen Bewegung entspricht der Haltung der übrigen Ostkirchen im Mittleren Osten im Allgemeinen nicht. Die Jerusalemer Einstellung hat vor allem mit dem Gegensatz zwischen der griechischen Leitung und der arabischen Basis, mit dem griechischen Streben, den "Hellenismus" im Heiligen Land zu bewahren, sowie mit der sehr komplizierten örtlichen Situation – einschließlich missionierender evangelikaler Freikirchen – zu tun.

Um dem Mangel an ökumenischer Bildung entgegen zu wirken, ist es selbstverständlich notwendig, über die Hintergründe der Gesprächspartner Bescheid zu wissen. Kalaitzidis u.a. 2014 ist ein wunderbares Beispiel der Vermittlung solider Kenntnisse über die Grundlagen der Ökumene, die konkrete Teilnahme der orthodoxen Kirchen und Themen wie Mission, Mischehen usw.; Baschkirow u.a. 2011 zeigt dies hinsichtlich des evangelisch-orthodoxen theologischen Dialoges und Fedorov 2018 ist ein Musterbeispiel des gelungenen *exposure* eines orthodoxen Theologen in einem westkirchlichen Umfeld. Dieses Interview mit Fedorov macht klar, dass auch, vielleicht sogar in erster Linie, persönlicher und intensiver Austausch notwendig ist. Es ist also wichtig, dass orthodoxe Theologiestudierende aus Ost- und Südosteuropa und dem Mittleren Osten längere Zeit an Universitäten im Westen studieren und sowohl die Gesellschaften als auch den Protestantismus in jenen Gebieten von innen kennenlernen. Es ist ebenso wichtig, dass evangelische Theologiestudierende einige Jahre an Universitäten und Hochschulen in Russland, Griechenland, Ägypten usw. studieren und sich mit der Orthodoxie und der Gesellschaft in diesen Ländern persönlich auseinandersetzen. Dabei geht es um ein *exposure*, das der Tatsache, dass Kirche und Glaube sich immer in einem bestimmten gesellschaftlichen Kontext befinden, gerecht wird. Diese Austauschbewegung sollte von beiden Seiten herkommen. Meistens findet leider nur eine Bewegung von Orthodoxen und Orientalisch-Orthodoxen Richtung Westen statt; das reicht nicht aus.

Liturgische Erneuerung

Im weltweiten Protestantismus resultierten die ökumenischen Kontakte mit der Orthodoxie (und mit dem Katholizismus) sowie das erneute Studium frühkirchlicher Quellen und der eigenen Traditionen insbesondere während der zweiten Hälfte des zwanzigsten Jahrhunderts in einer bedeutenden liturgischen Bewegung und Erneuerung; diese wird – trotz einiger Widerstände – noch immer weitergeführt. Die liturgische Bewegung führte vielerorts zu revidierten Gottesdienstbüchern und neuen liturgischen Ordnungen, unter anderem was das Abendmahl, das liturgische Jahr und die Krankensalbung betrifft; beispielsweise gab die Evangelisch-Lutherische Kirche Deutschlands in den 1990er Jahren eine Reihe von neuen liturgischen Büchern heraus. Zudem wird beispielsweise in zahlreichen lutherischen und methodistischen Pfarrgemeinden das Abendmahl nun häufig gefeiert und als ich vor einigen Jahren im evangelischen Berliner Dom war, sah ich, dass es dort jeden Mittwoch die Möglichkeit zur Beichte gab und dass diese Möglichkeit nachdrücklich empfohlen wurde. Interessant in diesem Kontext ist auch die erneute Aufmerksamkeit für einen ökumenischen Kalender von Heiligen und anderen Glaubenszeugen, für die Kirchenväter und die Patrologie, das Stundengebet (vor allem Vesper und Laudes), die Gewänder und liturgischen Farben und im Allgemeinen für die Rolle der Sinne, also nicht nur für den auditiven Sinn, sondern auch das Visuelle und die übrigen Sinne.

Beim ostkirchlichen Gebet spielt der menschliche Körper ja eine essenzielle Rolle: Die Gläubigen bekreuzigen sich oft, verbeugen sich und knien aus Ehrfurcht, zünden Kerzen an, küssen Ikonen und Reliquien, brennen Weihrauch und nehmen an langen Prozessionen teil. Für sie stellen diese Handlungen die religiöse und gottesdienstliche Realität dar: sie drücken nicht in erster Linie ‚äußerlich' den Glauben aus, sondern sind der Glaube selber, sie sind nicht nur ein Zeichen, Symbol der Religiosität, sondern sind die Religion. Ein niederländischer reformierter Pfarrer, der sich für die Orthodoxie sehr interessierte, betrat in Moskau mal eine orthodoxe Kirche und schaute dort andachtsvoll um sich herum. Eine alte Frau, eine *babuschka*, kam zu ihm und fragte ihn: "Warum glauben Sie nicht an Gott?" Der

Pfarrer war schockiert und bat die Frau zu erklären, was sie damit wohl meinte. Sie antwortete ihm: "Als Sie hineinkamen, haben Sie keine Kerze angezündet, die Ikonen nicht geküsst, kein Kreuzeszeichen gemacht. Sie glauben offenbar nicht an Gott!" Glauben ist also Tun und rituelles Handeln. In den Augen anderer, ‚aufgeklärter' protestantischer Christen und Christinnen wirkt dies oft exotisch, prä-modern, sogar nicht-biblisch; die ostkirchlichen Feiern scheinen ihnen anachronistisch zu sein. Ihrerseits nehmen Orthodoxe verwundert wahr, wie Protestanten beim Beten die Augen schließen, während sie selbst beten, indem sie eine Kerze anzünden, eine Ikone küssen, das Kreuzzeichen machen und dazu eventuell ein kurzes Gebet oder ein Stoßgebet sprechen. Des Weiteren werden viele orthodoxe und orientalisch-orthodoxe Feiern durch Lockerheit und ein bestimmtes Maß an Improvisation gekennzeichnet, dies im Gegensatz zur disziplinierten Ordnung – die manchmal als kalt und rigide erfahren wird – evangelischer (und katholischer) Gottesdienste. Diese Verschiedenheit könnte auch eine Offenbarung sein für Protestanten, die das Gefühl haben, dass ihre eigenen ‚nüchternen' Gottesdienste von den orthodoxen Traditionen bereichert werden könnten.

Orthodox-evangelisches Voneinander-Lernen soll kein Einbahnverkehr sein. Auch die Orthodoxie könnte vieles vom Protestantismus lernen. Ich denke hier insbesondere an den hohen evangelischen Stellenwert einer guten Predigt; die Homilie ist oft eine Achillesverse der "Göttlichen Liturgie". Auch das Beten mit geschlossenen Augen und die dazugehörige innere Konzentration sowie der große Stellenwert der persönlichen Bibellesung, die oft in soliden Kenntnissen der Hl. Schrift resultiert, können ostkirchliche Gläubige bereichern. Zu denken ist auch an die meistens hohe Qualität des protestantischen Theologiestudiums (einschließlich altsprachlicher Kenntnisse und der historisch-kritischen Exegese und Patristik) als Voraussetzung für das Pfarreramt sowie an Sonntagsschulen, Katechese und Glaubensgespräche, Zeugnis ablegen und vieles mehr.

Es ist heutzutage auch nicht ungewöhnlich, in einer evangelischen Kapelle eine Ikone zu sehen. Damit geht eine erneute protestantische Reflexion über den Stellenwert von Sakralkunst und Sakralräumen einher: Ist ein Kultbild nur eine mehr oder weniger gelungene religiöse Darstellung oder ist es mehr? Ist ein Kirchenraum nur ein Versammlungsraum oder ist er irgendwie auch ein heiliger Ort? Ist ein Abendmahlstisch bloß ein Tisch oder mehr, ein Altar? Beispielsweise werden in der Evangelischen Michaelsbruderschaft solche Fragen nicht nur diskutiert, sondern führen auch zu gottesdienstlichen Gestaltungen, die Außenstehenden eher orthodox bzw. katholisch vorkommen dürften.

Es ist heute ebenso wenig unüblich, dass evangelische Christen und Christinnen sich für die orthodoxe Spiritualitätsform des Hesychasmus – eine ursprünglich monastische Form der Meditation und Mystik, um zur Reinigung, Erleuchtung und Einheit mit Gott zu gelangen – interessieren, das ‚Herzensgebet' bzw. ‚Jesusgebet' beten und die *Philokalia* studieren.[8] Einige protestantische Pfarrer pilgern gerne nach Athos, nicht nur um die eindrucksvolle Natur des Hl. Berges zu genießen, sondern auch um das dortige orthodoxe Mönchtum kennenzulernen und so ihre eigene Spiritualität zu vertiefen. Mancher Pfarrer verfasst einen geistlichen Reisebericht über seinen Athos-Aufenthalt; beispielsweise publizierte der deutsche evangelische Theologe Ulrich Kadelbach (geb. 1938) einen einschlägigen Bericht, den er übrigens auch mit Fragmenten von und Überlegungen zum kretischen Schriftsteller Nikos Kazantzakis (1883-1957) spickte (vgl. Kadelbach 2006).

Laut der orthodoxen liturgischen Theologie gibt es einen engen Zusammenhang zwischen den gemalten Bildern, der Architektur und Kircheneinrichtung, den vollzogenen gottesdienstlichen Ritualen und der Spiritualität. Sie sind ein Gesamtgebilde, das die Rettung der Gläubigen, ja aller, die für das Glaubensmysterium aufgeschlossen sind, symbolisiert. Orthodoxe sind davon überzeugt, dass die Kraft und die Gnade der in einer Ikone dargestellten Personen im Bild gegenwärtig seien und dass daher diese Bilder verehrt werden müssen oder können. Die Ikonen haben also eine quasi-sakramentale Bedeutung: Das sichtbare Bild ist Träger einer göttlichen Wirklichkeit und Symbol der Transzendenz, es ist gleichsam ein "Fenster zur Ewigkeit", besser gesagt: ein "Fenster der Ewigkeit zur Menschheit". Man könnte daher Ikonen als eine liturgisch-spirituelle Theologie in Bildern und Farben bezeichnen (vgl. Thon 1979; Ouspensky/Lossky 1982; Bunge 1994; Fischer 2001; Groen 2012 und 2014).

Ein wichtiger orthodoxer Beitrag zum west- wie ostkirchlichen theologischen Denken ist die liturgische Theologie, die von Alexander Schmemann (1921-1983) entwickelt worden ist und die den Anspruch erhebt, dass die Liturgie die Hauptquelle der Theologie darstellt; Gottesdienst ist keine Illustrierung der orthodoxen Theologie, sondern ihr Ausgangspunkt und ihre Grundlage. Schmemann, der in Paris und New York lehrte, wurde von der westkirchlichen Liturgischen Bewegung beeinflusst. Umgekehrt übte er einen erheblichen Einfluss auf einige methodistische, lutherische, anglikanische und katholische Liturgi-

---

[8] Der Ausdruck ‚Hesychasmus' basiert auf dem griechischen Wort *ἡσυχία* (Ruhe, Seelenfriede, hier sogar Gottversenkung). Eine vielerorts übliche Formel des Herzens- bzw. Jesusgebets lautet: „Herr Jesus Christus, Sohn Gottes, erbarme dich meiner." Die *Philokalia* ist eine eine ursprünglich 1782 in Venedig publizierte Sammlung alter geistlicher Traktate über Gebet, Askese, geistige Wachsamkeit und ‚Nüchternheit' sowie Gotteserfahrung. Diese Sammlung heißt *Liebe der heiligen nüchternen Väter zur Schönheit* und wird meistens in Kurzform *Philokalia* genannt. Zweifelsohne handelt es sich um das spirituelle Hauptwerk des griechischen, rumänischen und slawischen orthodoxen Mönchtums (vgl. *Φιλοκαλία* 1957-1963; *Philokalia* 2007; Špidlík 1978 und 1988; Ware / Jungclaussen 2006; Tamcke 2015a; Larentzakis 2012, 41-52; Stubenrauch / Lorgus 2013, passim).

ker aus; als Beispiele nenne ich hier den Methodisten Geoffrey Wainwright (geb. 1939) und seitens der lutherischen Tradition Gordon Lathrop (geb. 1939) und Dorothea Haspelmath-Finatti (geb. 1961). Gleichzeitig beeinflusste Schmemann die orthodoxe Theologie selbst. Beispielsweise legt der früher evangelische und seit 2007 orthodoxe Theologe Karl Christian Felmy (geb. 1938) dar, dass es in der orthodoxen Tradition einen wesentlichen Zusammenhang zwischen Theologie, Liturgie und geistlichem Leben gibt (vgl. Felmy 2014). Daher ist die Wiederentdeckung der wesentlichen Bedeutung der liturgischen Theologie ein passendes Beispiel des gemeinsamen Ost-West-Lernens: Der aufgeschlossene orthodoxe Theologe Schmemann (der jedoch in seiner negativen Analyse der westlichen Kultur weniger offen war) studierte und unterrichtete im Westen und entwarf dort seine Synthese – im Gespräch mit katholischen Theologen und ihrem *ressourcement* – und westkirchliche Theologen und Theologinnen lernten von ihm (vgl. Basioudis 2008; Bräker 2013; Haspelmath-Finatti 2014, 97-108; Fagerberg 2015; Louth 2015, 194-213; Lathrop 2018).

"Grenzüberschreitende" Gesänge

Die lutherische, reformierte, anglikanische usw. Beschäftigung mit den vielfältigen Traditionen des christlichen Ostens hat vielerorts zu einer Kenntniserweiterung und Bereicherung ihrer eigenen Gottesdienste geführt. Historisch betrachtet hatte die byzantinische Ostkirche der Westkirche bereits unter anderem Teile der Eucharistie (beispielsweise das *Kyrie eleison*, *Gloria in excelsis Deo* und *Agnus Dei*) geschenkt. Nun wurden auch andere ostkirchliche gottesdienstliche Elemente integriert. Ein interessantes Beispiel ist das *Trishagion* (Τρισάγιον, "Heiliger Gott, heiliger Starker, Heiliger Unsterblicher, erbarme Dich unser"), das in fast allen Gottesdienstformen des byzantinischen Ritus sowie in anderen östlichen Riten vorkommt (vgl. Conomos 1974, 25-31, 53-120, 295-300, 334-367; Brock 1985; Wybrew 1990, 77-79; Winkler 1993; Janeras 2001; Taft 2001, 198-199, 208, 214-216; Varghese 2004, 69; Heinz 2008, 148-149; Alencherry 2011). Das *Evangelisches Gesangbuch* aus dem Jahr 1995 bietet zum Beispiel die Möglichkeit, dass die Gemeinde statt des "Heilig, heilig, heilig" (*Sanctus*) griechisch oder deutsch das *Trishagion* singt (vgl. *Evangelisches Gesangbuch*, Nr. 185.4; Horn 2011). Des Weiteren enthält das bekannte Lied "Mitten wir im Leben sind" in allen drei Strophen eine freie Übersetzung des *Trishagion* (vgl. *Evangelisches Gesangbuch*, Nr. 518). Übrigens handelt es sich beim letztgenannten Lied um eine Übertragung der lateinischen Antiphon *Media vita in morte sumus*; sie ist wahrscheinlich Mitte des achten Jahrhunderts verfasst worden. Der Liedtext ist, unter anderen, von Johann Sebastian Bach (1685-1750) vertont worden. So gibt das *Trishagion* davon

Zeugnis, wie es die konfessionellen Grenzen überschreitet. (Ähnliches gilt für die römisch-katholische Tradition.)

Interessanterweise enthält das niederländische reformatorische *Liedboek voor de kerken* aus dem Jahr 1973 für die Osterzeit zwei Gesänge, die aus vom Dichter und Historiker Jan Willem Schulte Nordholt (1920-1995) angefertigten Übersetzungen einiger Oden des orthodoxen Osterkanons bestehen; dieser berühmte Text, der Johannes von Damaskus (650 - vor 754) zugeschrieben wird, wird auch noch heute im orthodoxen nächtlichen Auferstehungsgottesdienst gesungen. Die zur Übersetzung gehörigen Melodien sind freilich neu und von zeitgenössischen niederländischen Komponisten verfasst worden. Was die Erwähnung der Quellenlage betrifft, werden zwar die griechischen Anfangsworte sowie der Name von Johannes von Damaskus erwähnt, aber leider nicht die Tatsache, dass es sich um einen sehr bedeutsamen orthodoxen liturgischen Gesang handelt (vgl. *Liedboek voor de kerken* 1973, Nr. 201 und 206).[9] Auch die neueren Gesangbücher sowie das heutige Gottesdienstbuch der Protestantischen Kirche in den Niederlanden enthalten einige frühchristliche Texte, wie zum Beispiel den Abendhymnus "Heiteres Licht" (Φῶς ἱλαρὸν) und mehrere ostkirchliche Melodien (vgl. *Tussentijds* 2005, Nr. 123; *Dienstboek* 2001, in der Sektion *Liturgische Gezangen*: Nr. 18, 53, 81, 118, 124, 140, 144, siehe auch S. 972-973; *Liedboek* 2013, Nr. 198, 301a). Übrigens geschieht der Quellennachweis nicht selten mit der vagen Bezeichnung "orthodox". Diese Ungenauigkeit lässt sich auch in einigen anderen Gesangbüchern nachweisen (vgl. Stefan 2002-2003, 101-102).

Noch ein erfolgreiches Export-Produkt aus Konstantinopel in den Westen stellt die Orgel dar. Die Wasser- bzw. Balgorgel wurde im christianisierten oströmischen Reich vor allem am Kaiserhof sowie bei Volksfesten und Ähnlichem verwendet. Sie erfüllte in Konstantinopel allerdings keine kirchlich-liturgische Funktion, sondern hatte ein zeremonielles Ziel und diente meistens dazu, die kaiserliche Herrschaft zu betonen, insbesondere während der Akklamationen für den Kaiser oder die Kaiserin. Auch in den Fürstenhöfen des orthodoxen Russlands (vor allem in Kiew und Moskau) sowie in der dortigen Volkskultur fand die Orgel rege Verwendung. Ins Frankenreich kam die Orgel als Geschenk des oströmischen Kaiserhofs: Kaiser Konstantin V. (herrschte 741-775) schenkte König Pippin dem Jüngeren (714-768) im Jahr 757 eine Orgel, um ihn nach seinem Sieg über die Langobarden zu ehren. Dann bespielten die byzantinischen Gesandten im Jahr 812 eine von ihnen mitge-

---

[9] Nr. 201 hat den griechischen Titel im lateinischen Alphabet: Anastaseoos hèmera; Melodie von Jan Boeke (1921-1993). Nr. 206 erwähnt den griechischen Titel: Deute poma piomen kainon; Melodie von Jaap Geraedts (1924-2003). Der erstgenannte Gesang betrifft den Heirmos/Irmos und die beiden Troparien der ersten Ode des Osterkanons, der zweite Gesang die einschlägigen Texte der dritten Ode. Vgl. Πεντηκοστάριον 1984, 2.

brachte Orgel, um Karl den Großen (herrschte 768-814) mit oströmischem Hofzeremoniell feierlich zu begrüßen. Danach nahmen sie das kostbare Instrument jedoch mit sich zum Bosporus zurück. Im Jahr 826 ließ der Frankenkaiser Ludwig der Fromme (herrschte 814-840 über das Gesamtreich) eine Orgel von einem Priester namens Georg aus Venedig "auf griechische Weise" (*more graecorum*) herstellen. Allmählich verbreiteten sich Orgeln im Westen immer mehr, sie zogen auch in die Kirchen ein und entwickelten sich dort zu den liturgischen Instrumenten *par excellence* (vgl. Maliaras 1991; Fischler 2011; Fiseisky 2011).

Dank der modernen ökumenischen Bewegung hat sich die transkonfessionelle ‚Liedwanderung' noch beschleunigt. Zweifelsohne tragen Musik und das gemeinsame Singen nicht nur zur zwischenkirchlichen, sondern auch zur interkulturellen und interreligiösen Verständigung erheblich bei. Die Initiative, orthodoxe Hymnen in gegenwärtige protestantische Gesangbücher aufzunehmen, kann meines Erachtens für die gesamte Ökumene nicht genug gewürdigt werden. Gerade im Singen erfährt und feiert die Gemeinde die Gemeinsamkeiten mit den Gläubigen anderer Konfessionen (vgl. Lurz 2015, 74-75). Lieder sind äußerst wichtig, sowohl um den Glauben auszudrücken als auch um ihn zu verinnerlichen. Mehr als das gesprochene Wort rufen Musik und Singen Gefühle hervor und forcieren Verbundenheit. Mehr als gesprochene Texte sind es gesungene, Lieder, die Menschen bewegen (vgl. Oosterhuis 1990; Kok 1990; Groen 2015, 94-100).

Allerdings ist nicht alles eitel Wonne. Liturgie ist zwiespältig: sie vereint nicht nur, sie drückt auch die Trennung zwischen Kirchen aus. In der ökumenischen Bewegung gibt es eine Spannung zwischen dem Ideal der sichtbaren Einheit und dem tatsächlichen Getrennt-Sein der christlichen Glaubensgemeinschaften, zwischen dem Ziel der eucharistischen Gemeinschaft und den getrennten Abendmahl- und Eucharistiefeiern. Es werden zwar regelmäßig ökumenische Gottesdienste mit gemeinsamem Gebet, Gesang, Hören auf die Schriftlesungen und Predigt gefeiert, aber die gemeinsame Eucharistie scheint noch weit entfernt zu sein.

Viele evangelische Christen und Christinnen leiden tief darunter, dass sie das, was sie als ein Hauptelement ihres Glaubens erfahren, nicht mit Orthodoxen (und Katholiken) regulär teilen können, und sie verstehen nicht, warum gesamtkirchliche Abendmahlsgemeinschaft nicht selbstverständlich ist. Besonders in Mischehen liegt hier ein wesentliches pastorales Problem. Bußgottesdienste und eucharistisches Fasten – Zeichen von Enthaltsamkeit, Schmerz und Protest wegen der Zerrissenheit der Christenheit (vgl. Harnoncourt 2009) – sind bedeutsam, aber nur ein Tropfen auf den heißen Stein.

Klöster

Ein bedeutsames Merkmal orthodoxer Spiritualität ist der Rückzug aus der geschäftigen Welt und das Führen eines asketischen Lebens in einer klösterlichen Gemeinschaft, wo die Liturgie einen großen Stellenwert hat. Zudem haben sich viele orthodoxe Klöster im Lauf der Jahrhunderte immer wieder zu hervorragenden Bildungsorten, die für die kulturelle und geistige Identität der jeweiligen Nation sehr wichtig waren und sind, entwickelt. Griechische, zypriotische, bulgarische, serbische, rumänische und ukrainische Klöster zum Beispiel sind also nicht nur Besinnungs- und Wallfahrtsorte, sondern auch Stätten, die für das literarische Erbe, die bildende Kunst und die nationale Identität äußerst bedeutend sind.

Im Zuge der Reformation des sechzehnten Jahrhunderts wurde dem Mönchtum zwar vielerorts eine Abfuhr erteilt und galt es lange Zeit als nicht-evangelisch. Zurzeit gibt es jedoch einige bedeutende protestantische Klostergemeinschaften (nicht nur Männer-, sondern auch Frauenklöster). Eine international wichtige Rolle spielt die ökumenische Taizé-Gemeinschaft im Burgund, der viele reformatorische Mönche angehören. Hier sind auch einige orthodoxe Gesänge bearbeitet und in die Gottesdienste integriert worden. Die "Taizé-Melodien" sind inzwischen in zahlreiche andere Gesangbücher aufgenommen worden und werden in allerlei Art Zusammenkünften gesungen; in vielen Gemeinden werden auch "Taizé-Gottesdienste" gefeiert (vgl. Willibrord 1994).

Andere Stolpersteine

Kehren wir in die Landschaft der offiziellen theologischen Dialoge zurück und bringen wir auch das Thema des Kommunikationsstils zur Sprache. Die Diskussion wird einerseits meistens aufrichtig und engagiert geführt, andererseits gelegentlich durch persönliche Kommunikationsakzente und bestimmte Verhaltensmuster erschwert. Manche orthodoxe Bischöfe und Theologen, die die Priesterweihe von Frauen, homosexuelle Beziehungen und die eucharistische Kommunion mit den Westkirchen ablehnen, erfahren, dass einige evangelische Christen und Christinnen sie für zurückgeblieben, exotisch, frauenfeindlich, verschlossen und arrogant halten. Diese Orthodoxen behaupten, dass sie bezichtigt werden, die Menschenrechte nicht zu respektieren, und sie sind der Ansicht, dass ihre theologischen Argumente nicht ernst genommen werden. Sie erfahren ebenfalls, dass der große orthodoxe Respekt für kirchliche Würdenträger bei vielen Protestanten auf Unverständnis, sogar Abneigung stößt. Auf der anderen Seite haben zahlreiche evangelische Christen und Christinnen den Eindruck, dass die meisten orthodoxen Kirchenführer und Theologen bloß lehren, nicht aber lernen wollen. Letztere würden die Andersgläubigen nur über die Schätze der orthodoxen Liturgie, Spiritualität und Theologie unterrichten und in ökumenischen Foren ausschließlich von der Wahrheit, die der Orthodoxie anvertraut worden ist, Zeugnis ablegen wollen; selber gäbe es für sie von den anderen nichts zu lernen, weil sie schon die ganze Wahrheit besäßen. Wenn jedoch die Auffassung, nur die eigene Kirche habe die Wahrheit inne, wenn also der "soteriologische Exklusivismus" – ein Ausdruck des bedeutenden polnischen katholischen Theologen Wacław Hryniewicz (geb. 1936) (vgl. Hryniewicz 1991, 521-533; ders. 2001) – prävaliert, dann können die Feiern und Lehren in anderen Glaubensgemeinschaften in der Tat nur für unzureichend gehalten werden.

Insbesondere einige dem Patriarchat von Moskau zugehörige Kreise schießen scharf gegen "säkularistische und modernistische" Tendenzen im westlichen Protestantismus. Beispielsweise plädierte der prominente Hierarch Hilarion Alfeyev (geb. 1966) – in den Jahren 2003-2009 war er Bischof von Wien und Österreich und seit 2009 leitet er das Außenamt des Moskauer Patriarchats – wiederholt für eine Koalition, eine "strategische Allianz", zwischen der orthodoxen und der römisch-katholischen Kirche, um gemeinsam das "traditionelle Christentum" zu verteidigen und vermeintlich verderbliche und unchristliche Tendenzen, wie zum Beispiel die Zulassung Homosexueller zu Kirchenämtern und die Frauenordination, zu bekämpfen (vgl. Föller 2018). Dies lässt mich an einen Witz aus der ehemaligen Sowjetunion denken: Zwei Menschen begegnen sich, sagt der eine zum anderen: "Wollen wir Freunde werden?", fragt der: "Gegen wen?"[10] Meines Erachtens geht es in der Ökumene jedoch nicht darum, dass zwei Kirchen eine Allianz gegen eine andere christliche Glaubensgemeinschaft schließen, sondern dass alle Kirchen zusammen die Einheit in Christus suchen. Ich bin mir aber bewusst, dass diese Einheit unterschiedlich erlebt wird, dass pastorale und ethische Praktiken, die für die eine kirchliche Gruppierung völlig akzeptabel sind, für die andere jedoch unannehmbare Exzesse darstellen können und dass letztere Gruppierung darum gleichgesinnte Partner sucht. Unterschiede in ethischen und pastoralen Praktiken gibt es übrigens nicht nur *zwischen* Kirchen, sondern oft auch *innerhalb* Kirchen. Beispielsweise akzeptieren längst nicht alle evangelische Kirchen die Frauenordination; unter anderen die Evangelisch-Lutherische Kirche Lettlands lehnt sowohl die Frauenordination als auch die Segnung gleichgeschlechtlicher Paare ab, was zu erheblichen Spannungen mit einigen anderen lutherischen Kirchen in Westeuropa und Nordamerika führt.

Des Weiteren ist in Ost- und Südosteuropa ein wichtiger Grund für den oben bereits angesprochenen Mangel an ökumenischer Bildung die Jahrzehnte lange kommunistische Herrschaft und die damit einhergehende Unterdrückung der Religion sowie die sozial-

---

[10] Der Witz wurde mir vom bereits erwähnten ökumenisch gesonnenen russisch-orthodoxen Priester und Theologen aus St. Petersburg, Vladimir Fedorov (geb. 1945), erzählt.

politische und kulturelle Isolierung der ost- und südosteuropäischen Kirchen. So entstand ein guter Nährboden für Fundamentalismus, Obskurantismus und Konfessionalismus. Viele Russen, die den Kommunismus gegen die Orthodoxie eintauschten, sind ‚orthodoxer als der Patriarch' und sind der Ansicht, genau zu wissen, was Orthodoxie beinhaltet: auf jeden Fall einen Glauben, dessen Formen unveränderlich sind, der mit der nationalen Identität eng verbunden, manchmal sogar identisch ist und der vor Fremdeinflüssen geschützt werden muss. Ökumene und interreligiöser Dialog führen ihrer Ansicht nach nur zum ketzerischen Synkretismus (vgl. Kallis 1999, 455-456; Van den Bercken 2004; Bouteneff 2012, 378-380; Fedorov 2018).

Auch in Griechenland und Zypern – Länder, die nicht zum kommunistischen Ostblock gehörten – gibt es einflussreiche Kreise, die Ökumene und interreligiösen Dialog als satanische Irrlehren bezeichnen und auf die Unversehrtheit der eigenen orthodoxen Tradition pochen. Illustrativ für die ablehnende Haltung der Ökumene gegenüber ist ein Schild, das ich im Sommer 2015 beim Eingang einer Dorfkirche in Chalkidike (Nordgriechenland) sah: "Zutritt für Katholiken, Protestanten und andere Schismatiker und Häretiker verboten!". Weil der Text im Griechischen verfasst worden war und die meisten Touristen und Touristinnen diese Sprache nicht können, bezweifle ich, ob das Schild die Zielgruppe erreichen kann. Auch viele Mönche des Hl. Berges Athos prangern die Ökumene (sowie Multikulturalität und Synkretismus im Allgemeinen) als eines der größten Übel der heutigen Zeit an. Dabei ist es mir nicht immer klar, was für sie schlimmer ist: der theologische Dialog mit dem Protestantismus oder der mit dem Katholizismus.

All dies erschwert es den orthodoxen Kirchenführungen, die in den theologischen Dialogen mit den protestantischen Kirchen verabschiedeten Konsenstexte und andere Dokumente offiziell zu rezipieren und in die Praxis ihrer eigenen Glaubensgemeinschaft umzusetzen. Es gibt eine Fülle von hervorragenden zwischenkirchlichen Vereinbarungen, aber was nützen sie, wenn sie nicht im Umlauf gebracht werden?[11]

Trotz der großen positiven Veränderungen, die bisher in den evangelisch-orthodoxen Beziehungen geschahen, muss ebenso festgestellt werden, dass heutzutage starke Selbstprofilierungstendenzen, eine Neubetonung der Eigenidentität und ein erneuter Konservatismus auftreten. Dieses Phänomen beobachtet man übrigens nicht nur auf der kirchlichen Ebene: auch viele Bürger und Bürgerinnen mehrerer Mitgliedsstaaten der Euro-

---

[11] Das Panorthodoxe Konzil („die Heilige und Große Synode"), das im Juni 2016 auf Kreta stattfand, das dort verabschiedete Dokument über die „Beziehungen der Orthodoxen Kirche zur übrigen christlichen Welt" und die diesbezüglichen Diskussionen und Kontroversen in der Orthodoxie und in anderen Kirchen bleiben in diesem Artikel außer Betracht.

päischen Union zum Beispiel betonen zurzeit stark die Identität ihres Landes und empfinden wenig Affinität zu ‚Brüssel'. Einerseits wird die Welt im Zuge der Globalisierung immer mehr ein ‚globales Dorf', andererseits reagieren zahlreiche Menschen dagegen und sehnen sich nach ihren eigenen Wurzeln und Traditionen. Gleichzeitig verstehen – besonders im Westen – viele Menschen nicht mehr, warum die Kirchen noch immer nicht eins sind; sie scheinen sich mehr für die Kontakte und den Dialog mit dem Islam als für die innerchristliche Ökumene zu interessieren. Es ist Außenstehenden nicht leicht zu erklären, warum die theologischen Ost-West-Dialoge nicht schneller ‚erfolgreich' sind.

Zudem stellen die Prozesse der Individualisierung, Entkirchlichung und Pluriformisierung, welche die europäische Gesellschaft vielerorts kennzeichnen, auch für die Ökumene eine Herausforderung großen Formats dar. Insbesondere in Europa sind die Kirchen kaum noch allgegenwärtige Festkörper, sondern ähneln Ruinen vergangener Machtsysteme. In einem unsicher gewordenen Gelände müssen sie sich neu kontextualisieren, ohne in die Versuchung zu geraten, in eine imaginäre großartige Vergangenheit zu fliehen und sich von der Gesellschaft und anderen religiösen und nicht-religiösen Gruppierungen abzuschotten (vgl. Bucher 2017).

Epilog

Meine bisherigen Ausführungen haben hoffentlich klargemacht, dass Protestanten und Orthodoxe, trotz langwieriger Entfremdung, theologischer Divergenzen, Kommunikationsprobleme und einiger ‚Schusswechsel', viel voneinander gelernt haben und dass dieser Prozess noch immer weitergeht. Aufgeschlossene orthodoxe Theologen sehen jetzt zum Beispiel ein, dass es in der Reformation nicht in erster Linie um die Positionen Martin Luthers, Johannes Calvins und anderer Reformatoren, sondern um das in der Bibel und der Frühkirche Verwurzelt-Sein geht; Luther, Calvin und ihre Mitstreiter/innen waren Instrumente Gottes, um dies der Gesamtkirche wiederum zu erläutern. Andererseits sehen evangelische am Dialog Teilnehmende jetzt ein, dass Orthodoxe auf ihre eigene Weise bibeltreu sind und dass die orthodoxe starke Betonung der apostolischen Überlieferung nicht das Festhalten an verbrannter Asche, sondern das Weitergeben der Flamme beabsichtigt.[12] Freiheit, individuelle Autonomie und der hohe Stellenwert des eigenen Gewissens sind keine ausschließlich evangelischen Konzepte gegenüber orthodoxer Hierarchie, monastischer Askese und der Sakramentalität der kirchlichen Feiern. Weder sind Protestanten tro-

---

[12] Dieser Spruch wird dem englischen Staatsmann und katholischen Märtyer, Sir Thomas More (1478-1535), sowie einigen anderen zugeschrieben.

ckene Rationalisten, noch sind Orthodoxe abergläubische Ritualisten; beide stellen andachtsvolle und lebendige Glaubensgemeinschaften dar. Sowohl in der Orthodoxie als auch im Protestantismus geht es um das Geschenk der Freiheit in Christus, dem Herrn der Kirche.

Univ.-Prof. Dr. Basilius J. Groen,
Institut für Liturgiewissenschaft, Christliche Kunst und Hymnologie
der Karl-Franzens-Universität Graz, bert.groen[at]uni-graz.at

Literaturangaben

Aagaard, Anna Marie, und Peter Bouteneff. *Beyond the East-West Divide: The World Council of Churches and the "Orthodox Problem"*. Risk Book Series 95. Genf: WCC Publications, 2001.

Aebi, Beatrice u.a. (Hg.). *Sinfonia Oecumenica: Feiern mit den Kirchen der Welt*. Im Auftrag des Evangelischen Missionswerk in Deutschland, Hamburg, und der Basler Mission, Basel. Gütersloh: Gütersloher Verlagshaus; Basel: Basileia, 1998.

Alencherry, Joseph Roby. "The Rite of Trisagion in the Syro-Malabar Liturgy". *Christian Orient* Bd. 32 (2011): 137-152.

Argárate, Pablo, "Ökumenisches Christsein und der Weg zur vollen Katholizität der Kirche: Das konziliare Dekret über den Ökumenismus *Unitatis Redintegratio*". In Peter Ebenbauer, Rainer Bucher und Bernhard Körner (Hg.). *Zerbrechlich und kraftvoll: Christliche Existenz 50 Jahre nach dem Zweiten Vatikanum*. Theologie im kulturellen Dialog 28. Innsbruck: Tyrolia, 2014. 181-199.

Assembly Workbook: Harare 1998. Genf: WCC Publications, 1998.

Außenamt der Evangelischen Kirche in Deutschland (Hg.). *Wort und Mysterium: Der Briefwechsel über Glauben und Kirche 1573 bis 1581 zwischen den Tübinger Theologen und dem Patriarchat von Konstantinopel*. Witten: Luther-Verlag, 1958.

Baptism, Eucharist and Ministry. Faith and Order Paper 111. Genf: WCC Publications, 1982.

Baschkirow, Wladimir u.a. (Hg.). *Was ist orthodox? Was ist evangelisch?* Theologie Interdisziplinär 13. Neukirchen-Vluyn: Neukirchener Verlagsgesellschaft, 2011.

Basdekis, Athanasios (Hg.). *Orthodoxe Kirche und Ökumenische Bewegung: Dokumente, Erklärungen, Berichte 1900-2006*. Frankfurt am Main: Lembeck; Paderborn: Bonifatius, 2006.

Basioudis, Georgios. Ἡ δύναμη τῆς λατρείας: Ἡ συμβολὴ τοῦ π. Ἀλεξάνδρου Σμέμαν στή Λειτουργική Θεολογία. Athen: Εν Πλω, 2008.

Berger, Teresa. "Lima Liturgy". In Nicholas Lossky u.a. (Hg.). *Dictionary of the Ecumenical Movement*. Genf: WCC Publications, ²2002. 694-695.

Best, Thomas F., und Dagmar Heller (Hg.). *Eucharistic Worship in Ecumenical Contexts: The Lima Liturgy – and Beyond*. Genf: WCC Publications, 1998.

Birmelé, André. "Die Rezeption des Zweiten Vatikanischen Konzils in der Ökumene: Ein evangelischer Beitrag". In Peter Hünermann (Hg.). *Das Zweite Vatikanische Konzil und die Zeichen der Zeit heute*. Freiburg i.B.: Herder, 2006. 405-416.

"Botschaft der Dritten Europäischen Ökumenischen Versammlung". *Ökumenische Rundschau* Bd. 56 (2007): 555-559.

Bouteneff, Peter C. "Ecclesiology and Ecumenism". In Augustine Casiday (Hg.). *The Orthodox Christian World*. London/New York: Routledge, 2012. 369-382.

Bräker, Jürg. *Kirche, Welt, Mission: Alexander Schmemann – Eine ökumenisch relevante Ekklesiologie*. Kirche-Konfession-Religion 60. Göttingen: Vandenhoeck & Ruprecht, 2013.

Bremer, Thomas. "The Orthodox Churches and the Ecumenical Challenges of Today: Reflections on a Difficult Relationship". In Freek Bakker (Hg.). *Rethinking Ecumenism: Strategies for the 21st Century*. IIMO Research Publications 63. Zoetermeer: Meinema, 2004. 153-166.

Bremer, Thomas, Johannes Oeldemann und Dagmar Stoltmann (Hg.) in Verbindung mit Miguel María Garijo Guembe (†). *Orthodoxie im Dialog: Bilaterale Dialoge der orthodoxen und der orientalisch-orthodoxen Kirchen 1945-1997 – Eine Dokumentensammlung*. Sophia: Quellen östlicher Theologie 32. Trier: Paulinus, 1999.

Bremer, Thomas, Assaad Elias Kattan und Reinhard Thöle (Hg.). *Orthodoxie in Deutschland*. Münster: Aschendorff, 2016.

Briskina-Müller, Anna. "Apophatische' Ökumenik? Oder: Warum wir uns immer noch nicht verstehen …". *Una Sancta* Bd. 62 (2007): 35-51.

Brock, Sebastian. "The Thrice-Holy Hymn in Liturgy". *Sobornost/Eastern Churches Quarterly* Bd. 7 (1985): 24-34.

Bucher, Rainer. "In ‚neuen Gegenden': Theologie in Zeiten des Kapitalismus". In Brand, Cordula u.a. (Hg.). *Ethik in den Kulturen – Kulturen in der Ethik: Eine Festschrift für Regina Ammicht Quinn*. Tübinger Studien zur Ethik 8. Tübingen: Narr Francke Attempto: 2017. 157-168.

Bunge, Gabriel. *Der andere Paraklet: Die Ikone der Heiligen Dreifaltigkeit des Malermönchs Andrej Rublov*, mit einem Geleitwort von Sergej S. Averintsev. Würzburg: Der Christliche Osten, 1994.

"Charta Oecumenica: Leitlinien für die wachsende Zusammenarbeit unter den Kirchen in Europa". *Ökumenisches Forum* Bd. 23-24 (2000-2001): 389-398.

Conomos, Dimitri E. *Byzantine Trisagia and Cheroubika of the Fourteenth and Fifteenth Centuries: A Story of Late Byzantine Liturgical Chant*. Thessaloniki: Patriarchal Institute for Patristic Studies, 1974.

Dantine, Johannes. "Die Achte Vollversammlung des Weltrates der Kirchen in Harare". *Ökumenismus im Wandel*. Pro Oriente XXV. Innsbruck: Tyrolia, 2001. 57-62.

Davids, Adelbert. "Van Canberra tot Harare: Het traject van de orthodoxe kerken". *Het Christelijk Oosten* Bd. 51 (1999): 1-18.

Davey, Colin, und Mark Langham. "Dialogue: Anglican Communion – Eastern Orthodox Church. 1. Background". In Edward G. Farrugia (Hg.). *Encyclopedic Dictionary of the Christian East*. Rome: Pontifical Oriental Institute, ²2015. 614-616.

Die Kirche: Auf dem Weg zu einer gemeinsamen Vision – Eine Studie der Kommission für Glauben und Kirchenverfassung des Ökumenischen Rates der Kirchen. Gütersloh: Gütersloher Verlagshaus, 2014.

Dienstboek: Een proeve – Schrift, Maaltijd, Gebed. Zoetermeer: Meinema, ²2001.

"Evaluations of New Facts in the Relations of Orthodoxy and the Ecumenical Movement". In Thomas FitzGerald and Peter Bouteneff (Hg.). *Turn to God, Rejoice in Hope: Orthodox Reflections on the Way to Harare – The Report of the WCC Orthodox Pre-Assembly Meeting and Selected Resource Materials*. Genf: WCC Publications, 1998. 136-138.

Evangelisches Gesangbuch: Ausgabe für die Evangelische Landeskirche Anhalts [...] die Evangelische Kirche der Kirchenprovinz Sachsen. Leipzig: Evangelische Verlagsanstalt; Berlin: Wichern, 1995.

Fagerberg, David W. *What Is Primary Theology (Good For)? The Challenging Legacy of Alexander Schmemann and Aidan Kavanagh*. In Joris Geldhof (Hg.). *Mediating Mysteries, Understanding Liturgies: On Bridging the Gap between Liturgy and Systematic Theology*. Bibliotheca Ephemeridum Theologicarum Lovaniensium 278. Leuven: Peeters, 2015. 231-248.

Fedorov, Vladimir. "Ökumenisches Porträt: Erzpriester Vladimir Fedorov – Interview Thomas Bremer." *Una Sancta* Bd. 73 (2018): 69-78.

Felmy, Karl Christian. *Einführung in die orthodoxe Theologie der Gegenwart*. Lehr- und Studienbücher zur Theologie 5. Berlin: LIT, ³2014.

Φιλοκαλία τῶν ἱερῶν νηπτικῶν πατέρων. Athen: Ἀστήρ, 1957-1963.

Fischer, Helmut. *Die Ikone: Ursprung, Sinn, Gestalt*. Hannover: C. Albrecht, 2001.

Fischler, Hermann. "Antike". In Hermann J. Busch und Matthias Geuting (Hg.). *Lexikon der Orgel*. Laaber: Laaber, ³2011. 55-57.

Fischler, Hermann. "Mittelalter". In Hermann J. Busch und Matthias Geuting (Hg.). *Lexikon der Orgel*. Laaber: Laaber, ³2011. 480-483.

Fiseisky, Alexander. "Rußland". In Hermann J. Busch und Matthias Geuting (Hg.). *Lexikon der Orgel*. Laaber: Laaber, ³2011. 677-681.

Föller, Christian. "‚Neue Konstellation' statt ‚altem Dialogmodell'? Zur ‚Strategischen Allianz' zwischen Orthodoxer und Katholischer Kirche." *Una Sancta* Bd. 73 (2018): 47-60.

Fortino, Eleuterio F., und Mark Langham. "Dialogue: Anglican Communion – Eastern Orthodox Church. 2. Current Phase". In Edward G. Farrugia (Hg.). *Encyclopedic Dictionary of the Christian East*. Rome: Pontifical Oriental Institute, ²2015. 616-620.

Ganzer, Klaus u.a. (Hg.). *Conciliorum Oecumenicorum Generaliumque Decreta*, Bd. III, *The Oecumenical Councils of the Roman Catholic Church, From Trent to Vatican II (1545-1965)*. Turnhout: Brepols, 2010.

Gennadios, Metropolitan of Sassima (Hg.). *Grace in Abundance: Orthodox Reflections on the Way to Porto Alegre*. Genf: WCC Publications, 2005.

Gerhold, Ernst-Christian, Ralf Höfer und Matthias Opis (Hg.). *Konfession und Ökumene: Die christlichen Kirchen in der Steiermark im 20. Jahrhundert*. Wien: Styria, 2002.

Groen, Bert. "Ökumenischer Gottesdienst, eucharistische Kommunion und die Orthodoxe Kirche". In Johannes Brosseder und Evah Ignestam (Hg.). *Die Ambivalenz der Moderne – The Ambivalence of Modernity – Modernitetens ambivalens*. Tro & Tanke 1999. 7-8. Uppsala: Svenska kyrkans forskningsråd, 1999. 161-170.

Groen, Bert. "De deelname van de orthodoxe kerken aan de assemblee van de Wereldraad van Kerken in Harare". *Het Christelijk Oosten* Bd. 51 (1999): 19-68.

Groen, Basilius J. "Verfolgung und Neuanfang: Die Religionsgemeinschaften in Bulgarien nach dem Zweiten Weltkrieg". In ders. und Valery Stojanow (Hg.). *Pătjat na Bălgarija: Cărkva, Dăržava, Obštestvo – Bulgarien auf dem Weg: Kirche, Staat, Gesellschaft*. Varna: Omophor; Wien: Pro Oriente, 2008. 469-530.

Groen, Basilius J. "Der Stellenwert heiliger Bilder in der christlichen Liturgie". In Christoph Dohmen und Christoph Wagner (Hg.). *Religion als Bild – Bild als Religion*. Regensburger Studien zur Kunstgeschichte 15. Regensburg: Schnell & Steiner, 2012. 83-101.

Groen, Basilius J.. *'How Long It Was and How Far': A Catholic and Ecumenical View on the Arduous Way to a Common Easter Date*. Allgemeine Wissenschaftliche Reihe 35. Graz: Grazer Universitätsverlag – Leykam, 2013.

Groen, Basilius J. "Realsymbol und Verhüllung, Schönheit und Finsternis, Vermischung und Abgrenzung: Betrachtungen angesichts der ostkirchlichen Ikonographie". In Christian Wessely und Peter Ebenbauer (Hg.). *Frage-Zeichen: Wie die Kunst Vernunft und Glauben bewegt – Festschrift für Gerhard Larcher. Regensburg: Pustet, 2014. 117-141.*

Groen, Basilius J. *Aufstieg, Kampf und Freiheit: Nikos Kazantzakis, seine Asketik: Die Retter Gottes und die griechisch-orthodoxe spirituelle und liturgische Tradition*. Studies on South East Europe 18. Berlin: LIT, 2015.

Groen, Bert. "Oosterse liturgie in het Westen: Behoud van eigen identiteit en de uitdaging van inculturatie". *Collationes: Vlaams Tijdschrift voor Theologie en Pastoraal* Bd. 48 (2018): 75-93.

Harnoncourt, Philipp. "Eucharistisches Fasten". *Gottesdienst* Bd. 43 (2009): 72-73.

Haspelmath-Finatti, Dorothea. *Theologia prima: Liturgische Theologie für den evangelischen Gottesdienst*. Göttingen: Vandenhoeck & Ruprecht, 2014.

Heinz, Andreas. *Licht aus dem Osten: Die Eucharistiefeier der Thomas-Christen, der Assyrer und der Chaldäer mit der Anaphora von Addai und Mari*. Sophia 35. Trier: Paulinus, 2008.

Heller, Dagmar. "Verstehen und Nicht-Verstehen, Verständnis und Unverständnis: Barrieren und Brücken im Dialog zwischen Protestanten und Orthodoxen." *Una Sancta* Bd. 62 (2007): 19-34.

Heller, Dagmar. "Der Dialog zwischen der Orthodoxie und den Kirchen der Reformation: Probleme und Perspektiven." *Una Sancta* Bd. 66 (2011): 31-41.

Heller, Dagmar. "Menschenrechte zwischen Ost und West: Die Debatte zwischen der Russischen Orthodoxen Kirche und der Gemeinschaft Evangelischer Kirchen in Europa". *Catholica* Bd. 68 (2014): 224-238.

Heller, Dagmar, und Barbara Rudolph (Hg.), *Die Orthodoxen im Ökumenischen Rat der Kirchen: Dokumente, Hintergründe, Kommentare und Visionen*. Beiheft zur Ökumenische Rundschau 74. Frankfurt a.M.: Lembeck, 2004.

Horn, Werner. "Griechische Spuren im Evangelischen Gesangbuch". In Georgios Chr. Tsigaras (Hg.). Σκεῦος εἰς τιμήν: *Festschrift für den Metropoliten von Austria Michael Staikos*, Athen: Φοίνικας, 2011. 315-329.

Hryniewicz, Wacław. "Ecumenical Lessons from the Past: Soteriological Exclusivism at the Basis of Uniatism". In Karl Felmy (Hg.). *Kirchen im Kontext unterschiedlicher Kulturen: Auf dem Weg ins dritte Jahrtausend*. Göttingen: Vandenhoeck & Ruprecht, 1991. 521-533.

Hryniewicz, Wacław. "Towards a More Paschal Christianity: Ecumenism and Kenotic Dimensions of Ecclesiology". *Internationale Kirchliche Zeitschrift* Bd. 91 (2001): 22-43.

Internationale Kirchliche Zeitschrift Bd. 92 (2002): 137-244. http://www.oikoumene.org (Zugang am 1. März 2018).

Iff, Markus. "Das Zweite Vatikanische Konzil in freikirchlicher Sicht". *Catholica* Bd. 66 (2012): 193-212.

Janeras, Sebastià. "Le Trisagion: une formule brève en liturgie comparée". In Robert F. Taft und Gabriele Winkler (Hg.). *Acts of the International Congress "Comparative Liturgy Fifty Years After Anton Baumstark (1872-1948)"*, Rome, 25-29 September 1998. Orientalia Christiana Analecta 265. Rom: Orientalia Christiana, 2001. 495-562.

Jonson, Jonas. "Die Bedeutung des II. Vatikanischen Konzils angesichts der heutigen ökumenischen Situation: Aus der Perspektive des Ökumenischen Rates der Kirchen". In Peter Hünermann (Hg.). *Das Zweite Vatikanische Konzil und die Zeichen der Zeit heute*. Freiburg i.B: Herder, 2006. 385-390.

Kadelbach, Ulrich. *Mit Kazantzakis auf den Athos: Kretische Spuren*. Sedones 8. Mähringen: Thomas Ballistier, 2006.

Kalaitzidis, Pantelis, u.a. (Hg.). *Orthodox Handbook on Ecumenism: Resources for Theological Education*. Oxford: Regnum Books International, Oxford Centre for Mission Studies, 2014.

Kallis, Anastasios. *Brennender, nicht verbrennender Dornbusch: Reflexionen orthodoxer Theologie*. Hg. Ines und Ursula Kallis. Münster: Theophano, 1999.

Kallis, Anastasios. *Auf dem Weg zu einem Heiligen und Großen Konzil: Ein Quellen- und Arbeitsbuch zur orthodoxen Ekklesiologie*. Orthodoxe Perspektiven 10. Münster: Theophano, 2013.

Kapsalis, Athanasios, and Makarios (Metropolitan of Kenia). "Γερμανός Στρηνόπουλος, μητρ. Θυατείρων". *Μεγάλη Ορθόδοξη Χριστιανική Εγκυκλοπαιδεία* Bd. 5 (2011): 119-120.

Kessler, Diane (Hg.). *Together on the Way: Official Report of the Eighth Assembly of the World Council of Churches*. Genf: WCC Publications, 1999.

Kinnamon, Michael (Hg.). *The Ecumenical Movement: An Anthology of Key Texts and Voices*. Genf: WCC Publications, ²2016.

Kok, Kees. *De vleugels van een lied: Over de liturgische poëzie van Huub Oosterhuis*. Baarn: Ambo, 1990.

Konstantinidis, Ioannis Ch. "Μελέτιος: Ὁ Μεταξάκης". *Θρησκευτικὴ καὶ Ἠθικὴ Ἐγκυκλοπαιδεία* Bd. 8 (1966): 965-969.

Larentzakis, Grigorios. "Katholisch in Europa: Orthodoxe Bemerkungen zur europäischen Ökumene". In Gerhard Larcher (Hg.). *Theologie in Europa – Europa in der Theologie*. Theologie im kulturellen Dialog 10. Graz: Styria, 2002. 95-105.

Larentzakis, Grigorios. "Ökumene in der Steiermark: Ein orthodoxer Beitrag". In Joseph Desput (Hg.). *Vom Bundesland zur Europäischen Union: Die Steiermark von 1945 bis heute*. Graz: Styria, 2004. 725-736.

Larentzakis, Grigorios. "Die Bedeutung des Zweiten Vatikanums: Die Position der Orthodoxen Kirche". In Peter Hünermann (Hg.). *Das Zweite Vatikanische Konzil und die Zeichen der Zeit heute*. Freiburg i.B.: Herder, 2006. 391-404.

Larentzakis, Grigorios. *Die orthodoxe Kirche: Ihr Leben und ihr Glaube*. orientalia-patristica-oecumenica 4. Wien und Berlin: LIT, ³2012.

Lange, Dietz. *Nathan Söderblom und seine Zeit*. Göttingen: Vandenhoeck & Ruprecht, 2011.

Lathrop, Gordon W. "The Study of Liturgy: An Ecumenical Rejoinder." *Worship* 92 (2028) 46-53.

Liantas, Grigorios. "Metropolitan Germanos of Thyatira". In Pantelis Kalaitzidis u.a. (Hg.). *Orthodox Handbook on Ecumenism: Resources for Theological Education*. Oxford: Regnum Books International, Oxford Centre for Mission Studies, 2014. 216-218.

Liedboek voor de kerken: Psalmen en Gezangen voor de Eredienst in kerk en huis aangeboden door de Interkerkelijke Stichting voor het Kerklied. Den Haag: Boekencentrum; Leeuwarden: Jongbloed-Zetka, 1973.

Liedboek: Zingen en bidden in huis en kerk. Zoetermeer: Boekencentrum; Heerenveen: Jongbloed; Utrecht: Kok, 2013.

Limouris, Gennadios (Hg.). *Orthodox Visions of Ecumenism: Statements, Messages and Reports of the Ecumenical Movement 1902-1992*. Genf: WCC Publications, 1994.

Louth, Andrew. *Modern Orthodox Thinkers: From the* Philokalia *to the Present*, London: Society for Promoting Christian Knowledge, 2015.

Lurz, Friedrich. *Einführung in das neue Gotteslob*. Kevelaer: Butzon & Bercker, 2015.

Maliaras, Nikos. *Die Orgel im byzantinischen Hofzeremoniell des 9. und des 10. Jahrhunderts: Eine Quellenuntersuchung*. Miscellanea Byzantina Monacensia 33. Doktorarbeit Ludwig-Maximilians-Universität München, 1991.

Meyer, Harding u.a. (Hg.). *Dokumente wachsender Übereinstimmung: Sämtliche Berichte und Konsenstexte interkonfessioneller Gespräche auf Weltebene. Bd. 1:1931-1982*. Paderborn: Bonifatius; Leipzig: Evangelische Verlagsanstalt, ²1991.

Meyer, Harding u.a. (Hg.). *Dokumente wachsender Übereinstimmung: Sämtliche Berichte und Konsenstexte interkonfessioneller Gespräche auf Weltebene. Bd. 2:1982-1990*. Paderborn: Bonifatius; Leipzig: Evangelische Verlagsanstalt, 1992.

Meyer, Harding u.a. (Hg.). *Dokumente wachsender Übereinstimmung: Sämtliche Berichte und Konsenstexte interkonfessioneller Gespräche auf Weltebene. Bd. 3:1990-2001*. Paderborn: Bonifatius; Leipzig: Evangelische Verlagsanstalt, 2003.

Murre-van den Berg, Heleen L. (Hg.). *New Faith in Ancient Lands: Western Missions in the Middle East in the Nineteenth and Early Twentieth Centuries*. Leiden: Brill, 2006.

Nanakis, Andreas, "Ἑλληνορθόδοξη Ἐκκλησία καὶ Ἐλευθέριος Βενιζέλος". In Panagiotis I. Skaltsis und Nikodimos A. Skrettas (Hg.). *Γηθόσυνον σέβασμα: Ἀντίδωρον τιμῆς καὶ μνήμης εἰς τὸν καθηγητὴν τῆς Λειτουργικῆς Ἰωάννην Φουντούλην († 2007)*, Bd. II. Thessaloniki: Kyriakidis 2013. 1367-1386.

Nasrallah, Rima. *Moving and Mixing: The Fluid Liturgical Lives of Antiochian Orthodox and Maronite Women within the Protestant Churches in Lebanon*. Doctoral Thesis Theologische Faculteit, Vrije Universiteit Amsterdam 2014.

Nüssel, Friederike. ",…nicht nur Anpassung, sondern Aufbruch?' Notizen zum Zweiten Vatikanischen Konzil aus evangelischer Sicht im Abstand von fünfzig Jahren". *Catholica* Bd. 66 (2012): 180-192.

Oeldemann, Johannes. "Die Komplementarität der Traditionen: Grundlagen, Problemfelder und Perspektiven des ökumenischen Dialogs mit der Orthodoxie". *Catholica* Bd. 56 (2002): 44-67.

Oeldemann, Johannes. *Orthodoxe Kirchen im ökumenischen Dialog: Positionen, Probleme, Perspektiven*. Paderborn: Bonifatius, 2004.

Oeldemann, Johannes. "Die Orthodoxe Kirche im ökumenischen Dialog". In Thomas Bremer, Hacik Rafi Gazer und Christian Lange (Hg.). *Die orthodoxen Kirchen der byzantinischen Tradition*. Darmstadt: Wissenschaftliche Buchgesellschaft, 2013. 163-182.

Oeldemann, Johannes u.a. (Hg.). *Dokumente wachsender Übereinstimmung: Sämtliche Berichte und Konsenstexte interkonfessioneller Gespräche auf Weltebene. Bd. 4: 2001-2010*. Paderborn: Bonifatius; Leipzig: Evangelische Verlagsanstalt, 2012.

Oosterhuis, Huub. *Licht dat aan blijft: 30 jaar liturgie-verniewing – Kees Kok in gesprek met Huub Oosterhuis*. Kampen: Kok Agora; Kapellen: Patmos/Pelckmans, 1990.

Ouspensky, Leonid, und Vladimir Lossky. *The Meaning of Icons*. Crestwood NY: St. Vladimir's Seminary, 1982.

Peace with Justice: The Official Documentation of the European Ecumenical Assembly, Basel, Switzerland, 15-21 May, 1989. Genf: Conference of European Churches, 1989.

Πεντηκοστάριον χαρμόσυνον. Athen: Ἀποστολικὴ Διακονία, ³1984.

Philokalia der heiligen Väter der Nüchternheit, Bd. 1-5. Würzburg: Der Christliche Osten, ²2007.

Plank, Peter. "Der Ökumenische Patriarch Meletios IV. (1921-1923) und die orthodoxe Diaspora". *Orthodoxes Forum* Bd. 21 (2007): 251-269.

Podskalsky, Gerhard. *Griechische Theologie in der Zeit der Türkenherrschaft (1453-1821): Die Orthodoxie im Spannungsfeld der nachreformatorischen Konfessionen im Westen*. München: C.H. Beck, 1988.

Pricop, Cosmin. "Reformation und Reformationsjubiläum aus orthodoxer Perspektive". *Una Sancta* Bd. 72 (2017): 184-194.

Pringkipakis, Evangelos. "Μελέτιος: Πατριάρχες Κωνσταντινουπόλεως. 4. Δ' ο Μεταξάκης (1921-1923)". *Μεγάλη Ὀρθόδοξη Χριστιανική Ἐγκυκλοπαιδεία* Vol. 11 (2014): 310-312.

Programme Book: Ninth Assembly, Porto Alegre, February 2006. Genf: WCC Publications, 2005.

"Rede des Ökumenischen Patriarchen Bartholomaios bei der Verleihung der Ehrendoktorwürde seitens der Evangelisch-Theologischen Fakultät der Universität Tübingen". *Ökumenische Rundschau* Bd. 66 (2017): 405-414.

Resource Book: World Council of Churches 10th Assembly, Busan, 2013. Genf: WCC Publications, 2013.

Rivera-Pagán, Luis N. (Hg.). *God in your Grace ...: Official report of the Ninth Assembly of the World Council of Churches*. Genf: WCC Publications, 2007.

Roth, Norbert, ",Neu sehen lernen': Die Dritte Europäische Ökumenische Versammlung Sibiu/Hermannstadt Rumänien 4.-9. September 2007". *Ökumenische Rundschau* Bd. 56 (2007): 560-566.

Saarinen, Risto, Sarah H. Wilson und Eleuterio F. Fortino. "Dialogue: Eastern Orthodox Church – Lutheran Church". In Edward G. Farrugia (Hg.). *Encyclopedic Dictionary of the Christian East*. Rom: Pontifical Oriental Institute, ²2015. 635-640.

Schuegraf, Oliver. *Der einen Kirche Gestalt geben: Ekklesiologie in den Dokumenten der bilateralen Konsensökumene*. Jerusalemer Theologisches Forum 3. Münster: Aschendorff 2001.

Semaan, W., und Anton Wessels. "De protestantse kerken". In Herman Teule und Anton Wessels (Hg.). *Oosterse christenen binnen de wereld van de islam*. Heerlen: Open Theologisch Onderwijs; Kampen: Kok, 1997. 256-260.

Sozialwort des Ökumenischen Rates der Kirchen in Österreich. Wien: Ökumenischer Rat der Kirchen in Österreich, 2003.
Špidlík, Tomáš. *La spiritualité de l'Orient chrétien*, I-II. Orientalia Christiana Analecta 206 und 230. Rom: Orientalia Christiana, 1978 und 1988.
Stefan, Hans-Jürg. "Gesänge aus ostkirchlichen Traditionen in deutschsprachigen Gesangbüchern westlicher Kirchen". *I.A.H. Bulletin: Publikation der Internationalen Arbeitsgemeinschaft für Hymnologie* Bd. 30-31 (2002-2003): 97-126.
Stransky, Tom. "World Council of Churches". In Nicholas Lossky u.a. (Hg.). *Dictionary of the Ecumenical Movement*. Genf: WCC Publications, ²2002. 1223-1231.
Stubenrauch, Bertram, und Erzpriester Andrej Lorgus (Hg.). *Handwörterbuch Theologische Anthropologie, Römisch-katholisch – Russisch-orthodox: Eine Gegenüberstellung*. Freiburg im Breisgau: Herder, 2013.
Taft, Robert F. *Beyond East and West: Problems in Liturgical Understanding*. Rom: Orientalia Christiana, ²2001.
Tamcke, Martin. *Achtsamkeit in jedem Atemzug: Einführung in die ostkirchliche Spiritualität*. Topos Taschenbücher 616. Kevelaer: Butzon & Bercker, ²2015.
Tamcke, Martin. "Konstantinos Petrou Kavafis und die Griechen in Ägypten". In Heike Behlmer und Martin Tamcke (Hg.). *Christen in Ägypten*. Göttinger Orientforschungen: Ägypten 60. Wiesbaden: Harrassowitz, 2015. 89-102.
Thomas, T. "WCC, Basis of". In Nicholas Lossky u.a. (Hg.). *Dictionary of the Ecumenical Movement*. Genf: WCC Publications, ²2002. 1238-1239.
Thon, Nikolaus. *Ikone und Liturgie*. Sophia 19. Trier: Paulinus, 1979.
Thurian, Max. "'Baptism, Eucharist and Ministry' (the 'Lima Text')". In Nicholas Lossky u.a. (Hg.). *Dictionary of the Ecumenical Movement*. Genf: WCC Publications, ²2002. 90-93.
Una Sancta Bd. 63 (2008): 1-80.
Una Sancta Bd. 67 (2012): 169-257.
Varghese, Baby. *West Syrian Liturgical Theology*. Liturgy, Worship and Society. Aldershot: Ashgate, 2004.
Tussentijds: Aanvullend liedboek bij het Liedboek voor de Kerken. Kampen: Kok, 2005.
Van Beek, Huibert (Hg.). *A Handbook of Churches and Councils: Profiles of Ecumenical Relationships*. Genf: WCC Publications, 2006.
Van den Bercken, Wil. ",Orthodoxy or Death!': Anti-Ecumenical Voices in Russia". In Freek Bakker (Hg.). *Rethinking Ecumenism: Strategies for the 21st Century*. IIMO Research Publications 63. Zoetermeer: Meinema, 2004. 167-179.
Van der Bent, Ans, und Dietrich Werner. "Ecumenical Conferences". In Nicholas Lossky u.a. (Hg.). *Dictionary of the Ecumenical Movement*. Genf: WCC Publications, ²2002. 359-373.
Versöhnung: Gabe Gottes und Quelle neuen Lebens – Dokumente der Zweiten Europäischen Ökumenischen Versammlung in Graz. Graz: Styria, 1998.
Vletsis, Athanasios. "Das II. Vaticanum und die Orthodoxie: ein Beispiel zur Nachahmung?" *Catholica* Bd. 66 (2012): 161-179.
Vondey, Wolfgang. "Die Ökumene aus Sicht der Pfingstkirchen: Krise und Hoffnung der Ekklesiologie". *Una Sancta* Bd. 73 (2018): 11-20.

Ware, Timothy (Bishop Kallistos of Diokleia). *The Orthodox Church*. Harmondsworth: Penguin, ³1993.
Ware, Kallistos, und Emmanuel Jungclaussen. *Hinführung zum Herzensgebet*. Freiburg im Breisgau: Herder, ²2006.
Wendebourg, Dorothea. *Reformation und Orthodoxie: Der ökumenische Briefwechsel zwischen der Leitung der Württembergischen Kirche und dem Patriarch Jeremias II. von Konstantinopel 1573-1581*. Forschungen zur Kirchen- und Dogmengeschichte 37. Göttingen: Vandenhoeck & Ruprecht 1986.
Wenz, Gunther. "Den Griechen ein Grieche? Die Confessio Augustana Graeca von 1559 und der Briefwechsel der Leitung der Württembergischen Kirche mit Patriarch Jeremias II. von Konstantinopel in den Jahren 1573-1581 im Kontext der Konkordienformel von 1577". In ders., *Grundfragen ökumenischer Theologie: Gesammelte Aufsätze 2*. Forschungen zur systematischen und ökumenischen Theologie 131. Göttingen: Vandenhoeck & Ruprecht, 2010. 197-219.
Willibrord (Broeder). *Evangelische kloosters: Bruggen naar eenheid*. Herzogenbusch: St. Willibrord Vereniging, 1994.
Wilkens, Klaus (Hg.). *Gemeinsam auf dem Weg: Offizieller Bericht der Achten Vollversammlung des Ökumenischen Rates der Kirchen, Harare 1998*. Frankfurt am Main: Otto Lembeck, 1999.
Winkler, Gabriele. "Das Gloria in excelsis und Trishagion und die dem Yovhannēs Ōjnec'i zugeschriebene Konziliengeschichte". In Ephrem Carr u.a. (Hg). *Εὐλόγημα: Studies in Honor of Robert Taft, S.J.* Studia Anselmiana 110 – Analecta Liturgica 17. Rom: Pontificio Ateneo Sant'Anselmo, 1993. 537-569.
Wybrew, Hugh. *The Orthodox Liturgy: The Development of the Eucharistic Liturgy in the Byzantine Rite*. Crestwood NY: St. Vladimir's Seminary, 1990.

SUSANNE MOSER (Wien)

Über die Verwirrungen hinsichtlich der Genderfrage oder braucht die römisch-katholische Kirche eine Reformation?

On the Confusuions about the Gender Question or does the Roman Catholic Church need a Reformation?
Abstract

The main purpose of this article is to show that fivehundred years after Luther, the concept of gender bears the same power for reformation as Luther's theses did bevor. Through a discussion of the connection between the horrific cases of abuse in the Catholic Church and its anti-genderism it is pointed out, that, instead of using gender as a tool for preventing sexualized violence, Catholic Church attacks gender-studies as gender-ideology. In explaining the concept of gender in detail and by showing how power and sexuality is interwoven and hidden behind a veil of love mystic, it is made clear how the confrontation with gender would bring the necessary reform into the structures of the Catholic Church.

Keywords: Reformation, Katholische Kirche, Sex, Gender, Gender-Ideologie

"Die Kirche hat stets auf Erfordernisse und Denkvorstellungen der Zeit reagiert.
Sie ist ja vom Heiligen Geist durchwirkt und darf und soll dies auch tun.
Reform ist nicht Verrat. Tradition kann nichts Sklavisches sein.
Das wäre ein geistiges Gefängnis." (Stubenrauch/Just 25.04.2013)
"Ich halte diese Krise, wenn ich sie historisch anschaue,
für größer als das, was in der Reformation passiert ist." (KNA, 17.02.2019)

In *Die Verwirrungen des Zöglings Törless* beschreibt Robert Musil wie zwei Mitschüler einen dritten durch äußerst sadistische Machtspiele sexuell demütigen und vergewaltigen. Als Törless sieht, wie dieser sexuell missbrauchte Mitschüler nach dem Aufdecken der Affäre bestraft wird, während die Täter unbehelligt bleiben, verlässt er das Internat. (Musil 1981, 139) Die Tendenz des sexuellen Machtmissbrauches gegenüber Schwächeren ist nichts Neues. Bereits in der biblischen Erzählung von Sodom und Gomorra (Gen

19,1-29) wird gezeigt, wie die Männer von Sodom, ihre Gäste aus reinem Sadismus heraus vergewaltigen wollen. Obwohl es sich hier allesamt um heterosexuelle Männer handelt, stützt sich der Katechismus der römisch-katholischen Kirche bei der Beurteilung von Homosexualität immer noch auf diese und weitere Bibelstellen,[1] wo Homosexuelle mit Dieben, Räubern, Trunkenbolden, Muttermördern, Kinderschändern und Menschenhändler gleichgesetzt werden. Während römisch-katholische Theologen, welche diese unhaltbare Sichtweise anprangern, um ihre Lehrbefugnis bangen müssen[2], werden Bischöfe und Kardinäle, die in Missbrauchsskandale verwickelt sind, vor Bestrafung geschützt. Indem homosexuell veranlagte Personen der Grund für diese Misere zugeschrieben und ihnen der Zugang zum Priesteramt verweigert wird[3], findet eine Täter-Opfer Umkehr statt, so wie dies Robert Musil in *Die Verwirrungen des Zögling Törles* gezeigt hat.

Die Diskussionen rund um sexuellen Missbrauch in der römisch-katholischen Kirche und die diesbezügliche Rolle der Homosexualität sind dabei nur ein – wenn auch ein sehr gewichtiger – Teil einer sehr viel weitergehenden Diskussion, die sich rund um den Begriff "Gender" entwickelt hat. Mit der Einführung von Gender als Analysekategorie wird der Blick nämlich frei sowohl für geschlechtsspezifische Gewalt, als auch für die Strukturen, welche diese Gewalt begünstigen, wenn nicht sogar hervorbringen. Die Stigmatisierung wissenschaftlicher Geschlechterforschung als "Gender-Ideologie" durch die römisch-katholische Kirche stellt daher nicht nur eine Diskursverweigerung dar, welche eine inhaltliche Auseinandersetzung mit der Vielzahl von ‚Gender Studies'" unmöglich macht (Marschütz 2014, 457), sondern hindert die römisch-katholische Kirche daran, diejenigen Strukturen zu hinterfragen, die den sexuellen Missbrauch begünstigen.[4] Langezeit als mögliche Gefahr einer Entpolitisierung der Frauenfrage angesehen, zeigt sich spätestens seit dem Aufkommen des Anti-Genderismus die politische Brisanz des Begriffes "Gender", denn jetzt geht es längst nicht mehr nur um die Frauenfrage allein, sondern um die gesamte Bandbreite der Sexualität und den Zusammenhang von Sexualität und Macht.

Zunächst einmal möchte ich betonen, dass es nicht *die* Genderstudies gibt, sondern eine Vielzahl einander sogar widersprechender Ansätze. So gesehen macht es keinen Sinn, von *der* Gender-Ideologie zu sprechen. Ich gebe zu, dass es nicht so einfach ist, die kom-

---

[1] So im §2357 auf Römer 1,28, 1 Kor 6,10 und 1 Timotheus 10,

[2] So im Falle von Ansger Wucherpfennig (siehe KNA 10.10.2018)

[3] Der Papst warnte laut dem Internetportal "Vatican Insider" in seinem Gespräch mit Italiens Bischöfen über Homosexuelle: "Wenn es nur die geringsten Zweifel gibt, nehmt sie besser nicht auf." (KNA 25.5.2018)

[4] Vom Begriff Gender-Ideologie wird erstmal im Jahr 2000 beim Päpstlichen Rat für die Familie gesprochen (Hark/Villa, 2015, 220; siehe auch Frey et al. 2014, 40-50).

plexen Zusammenhänge, die mit dem Begriff Gender verbunden sind zu verstehen. Mit Edith Stein möchte ich die Bedeutung von Gender folgendermaßen beschreiben: Es geht darum all diejenigen Strukturen aufzuzeigen und zu überwinden, die zur spezifischen Entartung des Mannes im "*brutalen Herrentum* (allen Geschöpfen und speziell der Frau gegenüber)" und zur spezifischen Entartung der Frau in Form der "*sklavischen Bindung an den Mann"* geführt haben. (Stein 1959, 141) Während der Missbrauch an – zumeist männlichen – Jugendlichen in er katholischen Kirche schon seit Langem ein Thema in der Öffentlichkeit ist, ist das Ausmaß des sexuellen Missbrauchs an Nonnen durch Priester erst jetzt mit voller Wucht in der Öffentlichkeit angelangt.[5] In ihrem Artikel "#Nuns Too" stellt sich Doris Wagner, ehemalige Nonne und selber Opfer von Vergewaltigung, die Frage: "Wie kommt es, dass Ordensfrauen in einer so erschreckend hohen Zahl Opfer von sexuellem Missbrauch werden konnten (und vermutlich noch werden)? Und: Wie kommt es, dass niemand in der Kirche sich diese Frage ernsthaft zu stellen scheint?" (Wagner 2018, 381) Als Paradebeispiel für Missbrauchssysteme gibt sie Situationen in der Kirche an, in denen eine Person, die über andere praktisch absolut verfügen kann, ihre Machtfülle ausnützt, "um sich an den von ihr Abhängigen sexuell zu vergehen", wobei die wenigen Personen, die eigentlich eine Kontrollfunktion wahrnehmen könnten, auch noch bei diesem Missbrauch assistieren. (ebenda, 375)

Der Begriff "Gender" bietet ein Analyseinstrument, das dazu verhelfen kann, genau diese Macht- und Herrschaftsstrukturen aufzuzeigen und aufzubrechen. Fünfhundert Jahre nach Luthers Kritik an bestimmten Praktiken der katholischen Kirche, trägt die Genderfrage ein Veränderungspotential in sich, das zu einer neuen "Reformation" geradezu aufruft. Wie vor fünfhundert Jahren auch, befindet sich die römisch-katholische Kirche an einem Wendepunkt. Mit diesem Gedanken stehe ich nicht allein, denn immer mehr Verantwortliche in der Kirche erkennen den Preis, den die absolute und uneingeschränkte Machtentfaltung männlicher Herrschaft in der römisch-katholischen kostet. Es geht also keineswegs darum, der katholischen Kirche zu schaden, sondern die Glaubwürdigkeit der katholischen Lehre zu retten.

Ziel meines Beitrages ist es, Katholikinnen und Katholiken dazu einzuladen, sich mit dem Begriff Gender auseinanderzusetzen. Ich selbst positioniere mich von Beginn an als gläubige Christin und praktizierende Katholikin und als feministische Philosophin und Gendertheoretikerin. In meinen persönlichen Gesprächen habe ich immer wieder bemerkt wie das Bedürfnis besteht, mehr über diesen äußerst komplexen Sachverhalt zu erfahren.

---

[5] Die Kirchenspitze sei allerdings schon seit Längerem damit konfrontiert, gesteht Papst Franziskus im Februar 2019 ein (DW 05.02.2019).

Zugleich möchte ich vor den Gefahren warnen, die ich in einer zunehmenden Vereinnahmung der Kirchen durch die politische Rechte sehe. Während sich das Christentum – zumindest seinem Anspruch nach – für die Armen, Ausgeschlossen und Schwachen einsetzt, definiert sich die politische Rechte geradezu durch Abgrenzung von diesen, und verwirft alles angeblich Verweichlichte und Weibische – darunter insbesondere Männer mit femininen Anteilen – und legt den Fokus auf kriegerische Männlichkeit. Indem apokalyptische Visionen vom Untergang des Abendlandes propagiert werden, wobei die Feinde nicht nur im Islamismus, sondern auch im Genderismus gesehen werden, wird versucht eine Allianz zwischen der römisch-katholischen Kirche und der politisch Rechten herzustellen. So will Trumps ehemaliger Chefideologe Steve Bannon Europa mithilfe der Kirchen weiter nach rechts rücken. (Publik Forum 2018, 39) Kein Wunder also, dass die renommierte katholische *Herder Korrespondenz* zu einer seriösen "Debatte um die vermeintliche Gender-Ideologie" auffordert und darauf hinweist, dass der sogenannte Genderismus für einige in der Kirche offenbar den Kommunismus als ideologisches Feindbild abgelöst habe. (Herder Korrespondenz 2014)

Zu Beginn möchte ich mich den beiden Entstehungssträngen der Genderforschung zuwenden, nämlich der wissenschaftlichen Sexualforschung einerseits und der Frauenforschung andererseits. Danach werde ich auf verschiedene Vorwürfe eingehen, so z.B. auf den Vorwurf von Papst Franziskus, dass der Unterschied zwischen Mann und Frau in den *Genderstudies* grundlegend geleugnet und eine Gesellschaft ohne Geschlechterdifferenz in Aussicht gestellt werde[6]. Insbesondere jedoch möchte ich aufzeigen, dass der Vorwurf, man könne sein Geschlecht so einfach selber wählen, nicht haltbar ist. Es betrübt mich als Katholikin zutiefst, wenn dieses Unwissen auch noch zu Verleumdungszwecken verwendet wird, so etwa durch die Behauptung des Papstes, dass dies den Kindern in der Schule beigebracht werde.[7] Deshalb möchte ich die Verantwortlichen in der römisch-katholische

---

[6] "Eine weitere Herausforderung ergibt sich aus verschiedenen Formen einer Ideologie, die gemeinhin *Gender* genannt wird und die den Unterschied und die natürliche Aufeinander-Verwiesenheit von Mann und Frau leugnet. Sie stellt eine Gesellschaft ohne Geschlechterdifferenz in Aussicht und höhlt die anthropologische Grundlage der Familie aus. Diese Ideologie fördert Erziehungspläne und eine Ausrichtung der Gesetzgebung, welche eine persönliche Identität und affektive Intimität fördern, die von der biologischen Verschiedenheit zwischen Mann und Frau radikal abgekoppelt sind. Die menschliche Identität wird einer individualistischen Wahlfreiheit ausgeliefert, die sich im Laufe der Zeit auch ändern kann. (*Amoris laetitia* 2016, §56)

[7] So sagte Papst Franziskus Ende Juli bei einer Begegnung mit dem polnischen Episkopat in der Kathedrale auf dem Wawel (Krakau) im Juli 2016: "In Europa, in Amerika, in Lateinamerika, in Afrika, in einigen Ländern Asiens gibt es einen wahren ideologischen Kolonialismus. Und einer von diesen – ich nenne ihn unverhohlen beim Namen – ist die Gender-Theorie! Heute wird den Kindern – den Kindern! –

Kirche mit Edith Stein nicht nur dazu auffordern in Zukunft keine Verleumdungskampagnen mehr zu stützen, sondern sich darüber hinaus mit dieser Thematik ernsthaft und seriös auseinanderzusetzen. Bereits im Jahr 1932 weist Edith Stein in einem Vortrag auf die Erkenntnisse der wissenschaftlichen Sexualforschung hin und auf die Notwendigkeit, sich mit diesen kritisch auseinander zu setzen: Die traditionelle katholische Behandlung oder Nichtbehandlung dieser Fragen bedürfe einer Erneuerung, wenn sie dem Ansturm der Zeitfragen genügen wolle. Unter "kritisch" versteht Stein nicht einfach "negativ", sondern gründlich und ernstlich unterscheidend, was für uns annehmbar und was nicht annehmbar ist. (Stein 1959, 96)

1. Ursprünge des Genderbegriffes

Will man die Auseinandersetzung rund um den Begriff Gender besser verstehen, ist es hilfreich sich den beiden Entwicklungssträngen zuzuwenden, die zu diesem Begriff geführt haben. Zunächst ist dies einmal die im 19. Jahrhundert einsetzende wissenschaftliche Sexualforschung, die nach Erklärungen für Abweichungen im Bereich der anatomischen Ausstattung (Intersexualität), des Begehrens (Homosexualität) und des persönlichen Selbstverständnisses (Transidentität) sucht. Die zweite Linie entwickelt sich aus der Frauen- und Geschlechterforschung und hinterfragt die gängigen Rollenzuschreibungen, indem sie nicht nur beide Geschlechter in den Blick bringt, also auch die Männerforschung mitumfasst, sondern auch danach fragt, was denn überhaupt unter einer Frau bzw. einem Mann zu verstehen ist und welche Bedeutung der Geschlechtlichkeit im Allgemeinen zukommt. Die *Genderstudies* sind also nicht mehr auf die *Women's-Studies* beschränkt, sondern schließen auch die *Men's Studies* mit ein. Insbesondere geht es dabei um strukturelle Fragen und

---

in der Schule beigebracht, dass jeder sein Geschlecht selber wählen kann. Und warum wird das gelehrt? Weil die Lehrbücher von den Personen und den Institutionen kommen, die dir das Geld geben. Das sind die Formen von ideologischem Kolonialismus, die auch von sehr einflussreichen Ländern unterstützt werden. Und das ist schrecklich." (kath.net, 24 August 2016) So hat sich Erzbischof Kardinal Dominik Duka hinter Pfarrer Petr Pit'ha gestellt, der in einer Predigt im Prager Veitsdom am 28.9.2018 gegen die Istanbul-Konvention des Europarates zum Schutz vor Gewalt an Frauen folgendes sagte: "*Sie nehmen euch eure Kinder weg und verheimlichen euch, wohin sie sie verschleppt haben und wo sie sie gefangen halten. Dazu reicht dann nur eine falsche Behauptung. Die Bestimmung des Geschlechts durch einen Blick in den Schoß des Neugeborenen wird abgeschafft, das Kind soll dieses nämlich selbst bestimmen. Ihr werdet verpflichtet sein, euer Kind ohne Geschlecht zu erziehen, also auch ohne Namen. Solltet ihr dem nicht zustimmen, dann werdet ihr verschleppt in Erziehungs-, Arbeits- und Vernichtungslager.*" (Bućan, 15.10.2018)

Machtkonstellationen, wobei oft äußert kontroversielle Positionen aufeinanderprallen, weshalb keineswegs von einer einheitlichen Gendertheorie gesprochen werden kann.

1.1   Gender als Begriff der wissenschaftlichen Sexualforschung

In seinem 1968 erschienen Buch *Sex and Gender: The Development of Masculinity and Femininity* stellt der Psychiater Robert J. Stoller von Freud ausgehend die Frage: In welchem Ausmaß spielt die Biologie eine Rolle, wenn wir sexuelle Verhaltensweisen erklären wollen? Freud habe erkannt, dass es bei der Sexualität um weit mehr gehe als nur um ein Aufeinandertreffen männlicher oder weiblicher Genitalien. (Stoller 1968, 4) Um die Frage beantworten zu können, inwieweit soziale Lernprozesse sowie psychologische und kulturelle Faktoren die biologischen Faktoren beeinflussen und überformen können, müsse man zwischen "*sex and gender*" als zwei verschiedene Analysekategorien unterscheiden. (Stoller 1968, 9) Bei der Kategorie *sex* habe man es mit biologischen und anatomischen Phänomenen wie Chromosomen, externen und internen Genitalien (z.B. Uterus und Prostata), Gonaden (Keimdrüsen), Hormonen und sexundären Geschlechtsmerkmalen wie Brüsten und Bartwuchs zu tun. Auch wenn man herkömmlicherweise von zwei Grundformen von "sex", nämlich "weiblich (*female*)" und "männlich (*male*)" spreche, gebe es verschiedenste Zwischenformen und Überlappungen, die im Phänomen "Intersexualität" zusammengefasst seien. Bei "*gender*" hingegen kommen psychologische und kulturelle Konnotationen mit ins Spiel. Im Unterschied zu *sex* spricht Stoller bei *gender* von den Attributen "masculine" und "feminine", die er als vollkommen unabhängig von der jeweiligen biologischen Ausstattung ansieht: "If the proper terms of sex are ‚male' and ‚female', the corresponding terms *of gender are 'masculine' and 'feminine'; these latter may be quite independent of (biological) sex*". (Stoller 1968, 9)

Stoller führt neben den biologischen Eigenschaften "weiblich-männlich" also das Eigenschaftspaar "feminin" und "maskulin" ein. Unter g*ender* im Allgemeinen versteht er das Verhältnis der jeweiligen Männlichkeits- bzw. Weiblichkeitsanteile in einer Person. So könne sich ein biologischer Mann sehr maskulin oder auch sehr feminin verhalten, bzw. fühlen. Stoller stellt sich damit in die Tradition derjenigen Sexualforscher des 19. und beginnenden 20. Jahrhunderts, die – angefangen von Karl-Heinrich Ulrichs, über Otto Weiniger und Magnus Hirschfeld – Männlichkeit und Weiblichkeit als idealtypische Pole eines Kontinuums an Zwischenstufen zwischen "Mann" und "Frau" verstanden haben. (siehe Schmidt 1976, 174) Im Einleitungssatz des ersten *Jahrbuch für sexuelle Zwischenstufen* im Jahr 1899 betont Hirschfeld, dass "der bei oberflächlicher Betrachtung so groß erscheinende Unterschied der Geschlechter keine prinzipielle Trennung, sondern lediglich eine graduelle Verschiedenheit darstellt."(Hirschfeld 1899, 23, zitiert nach: Herzer 2017, 119) Er nimmt also so etwas wie eine Gradualität gegenüber den Idealtypen des Mann- bzw. Frauseins an. Später verzichtet er auf diese Ideale, indem er betont, dass es sich bei diesen nur um "imaginäre Gebilde" handle, die wir zur Hilfe nehmen müssten, "um für die Zwischenstufen Ausgangspunkte zu besitzen" (Hirschfeld 1903, 127, zitiert nach: Herzer 2017, 120).

Darüber hinaus unterscheidet Stoller zwischen *gender identity* und *gender role*. *Gender identity* ist für ihn das bewusste oder unbewusste Empfinden und Wissen (*knowledge and awareness*) darum, zu welchem Geschlecht im Sinne von *sex* man selber gehört (Stoller 1968, 10). Hier geht es also um die Selbstwahrnehmung und Selbstzuschreibung. Bei der *gender role* hingegen handelt es sich um Fremdwahrnehmung, um Rollen- und Verhaltenszuschreibungen von außen. Stoller weist darauf hin, dass *sex, gender identity* und *gender role* normalerweise übereinstimmen. Wenn dies nicht der Fall sei, dann liege eine *gender variance* vor.

Etwa zeitgleich geht auch John Money, ein amerikanischer Sexualforscher, der Frage nach, inwieweit die angeborene geschlechtliche Ausgangsposition das spätere soziale Verhalten determiniert. Auch er unterscheidet zwischen *sex und gender*. Bei seinen Recherchen kommt ihm ein spektakulärer Fall zugute. Aufgrund einer missglückten Operation einer Vorhautverengung verliert der acht Monate alte Bruce Reimer seinen Penis. In der Tradition Freuds stehend, rät Money den verzweifelten Eltern, das Kind als Mädchen zu erziehen, da er – von seinem Freud-Verständnis ausgehend – annimmt, dass der Penis für eine männliche Identität unentbehrlich ist. Da die Geschlechtsidentität sich jedoch, nach Freuds Verständnis, erst nach dem ersten Lebensjahr herauszubilden beginnt, nimmt Money an, dass das Kind ohne Penis problemlos eine weibliche Identität entwickeln wird, noch dazu wenn die entsprechenden hormonellen und operativen Begleitmaßnahmen gesetzt werden. Das Experiment scheitert. Brenda, so der Mädchenname von Bruce, fühlt sich nie wirklich wohl in ihrer Haut, hat das Gefühl, dass irgendetwas mit ihr nicht stimmt. Als sie erfährt, dass sie als Bub geboren wurde, beginnt sie den Grund für ihr Unbehagen zu verstehen und entscheidet sie sich im Alter von 14 Jahren für ein Leben als Mann, nimmt Maßnahmen zur Geschlechtsumwandlung vor und nennt sich fortan David Reimer. Bruce/Brenda ist ein Beispiel dafür, dass die *gender identity* nicht so leicht durch eine Änderung der Anatomie, also von *sex,* aber auch nicht durch Erziehung und äußere Einflüsse, d.h. durch die *gender role* beeinflussbar und abänderbar ist. Die *gender identity* scheint also von weitaus größerem Gewicht zu sein, als bisher angenommen. Daraus den Schluss zu ziehen, dass die Geschlechtsidentität immer von der biologischen Grundausstattung abhängig ist, wäre vorschnell und einseitig. Denn im Falle von Transidentität ist es gerade umgekehrt. Womit die *gender identity* wirklich zusammenhängt ist eine der großen wissenschaftlichen Herausforderungen der zeitgenössischen Sexualforschung, denn im Unterschied zu Bruce/Brenda, wo eine Übereinstimmung zwischen dem ursprünglichen sex und der *gender identity* besteht, liegt bei der Transidentität eine *gender variance* vor, d.h. sex und *gender identity* stimmen nicht überein, ja mehr noch, es besteht die Gewissheit, im falschen Körper (*sex*) geboren worden zu sein.

1.2. Von der Frauenforschung zur Genderforschung

Am Drehpunkt zwischen Frauen- und Genderforschung stehen zwei Philosophinnen, nämlich Edith Stein und Simone de Beauvoir, die philosophisch die Frage danach stellen, was wir denn darunter meinen, wenn wir sagen: Ich *bin* eine Frau? Was *ist* überhaupt eine Frau? Wie verhält sich das Frau-Sein zum Mensch-Sein und zu der je individuellen Berufung? Welche Konsequenzen bringt es mit sich, eine Frau in unserer Gesellschaft zu sein? Auf diese äußerst komplexen philosophischen Fragestellungen, die damit verbunden sind, kann ich hier nicht weiter eingehen.[8] Es sei nur so viel gesagt, dass Beauvoirs berühmter Satz:" Man kommt nicht als Frau zur Welt, man wird es." (Beauvoir 1992, 333) besagen will: Wir kommen als weiblicher (*female*) Säugling zur Welt und müssen verschiedene Stadien der Entwicklung durchlaufen, um vielleicht einmal eine Frau zu werden.[9] Bei Beauvoir geht es also keineswegs darum, sein Geschlecht frei zu wählen, wie dies immer wieder behauptet wird,[10] sondern darum, die eigene Geschlechtlichkeit im Sinne einer faktischen Gegebenheit (*Faktizität*) durch unsere Entwürfe mit einem "persönlichem Sinn"[11]

---

[8] Siehe dazu mein Buch *Freiheit und Anerkennung bei Simone de Beauvoir*.

[9] Denn nach Beauvoirs Verständnis ist man erst dann eine Frau, wenn man verheiratet ist. Dies entspricht einer Realität, die ich selber noch kannte, dass nämlich Unverheiratete als "Fräulein" bezeichnet wurden. Auch der Ausdruck "zur Frau-machen", womit gemeint ist, dass der Wechsel von der Jungfrau zur Frau durch einen Geschlechtsakt vollzogen wird, deutet darauf hin, dass mehr zum Frausein dazugehört, als die Tatsache als weiblicher (*female*) Säugling geboren zu werden.

[10] Papst Benedikt XVI sieht in Beauvoirs "*Man kommt nicht als Frau zur Welt, man wird*" die Grundlegung all dessen gegeben, was man heute unter dem Stichwort "gender" verstehe: "Das Geschlecht ist nach dieser Philosophie nicht mehr eine Vorgabe der Natur, die der Mensch annehmen und persönlich mit Sinn erfüllen muß, sondern es ist eine soziale Rolle, über die man selbst entscheidet, während bisher die Gesellschaft darüber entschieden habe. Die tiefe Unwahrheit dieser Theorie und der in ihr liegenden anthropologischen Revolution ist offenkundig. Der Mensch bestreitet, daß er eine von seiner Leibhaftigkeit vorgegebene Natur hat, die für das Wesen Mensch kennzeichnend ist. Er leugnet seine Natur und entscheidet, daß sie ihm nicht vorgegeben ist, sondern daß er selber sie macht." (Papst Benedikt XVI, 21.12.2012)

[11] Siehe die vorgehende Fußnote, wo dies geleugnet wird.

zu erfüllen, was nicht nur über eine reine Rollenzuschreibung von außen geschieht (*gender role*), sondern sehr wohl auch durch eine eigenständige Übernahme (*doing gender*) im Sinne eines Nachlebens von Vorbildern (*role models*). Denn für Beauvoir steht fest: "Nicht jeder weibliche Mensch ist also zwangsläufig eine Frau; er muß an jener geheimnisvollen, bedrohten Realität, der Weiblichkeit, teilhaben." (Beauvoir 1992, 9)

Hanna-Barbara Gerl-Falkovitz bringt eines der Hauptanliegen der Frauen- und Genderforschung auf den Punkt, nämlich den "Unterschied zwischen dem Metaphysisch-Weiblichen im allgemeinen und der konkreten Frau" (Gerl-Falkovitz, 1996, 56) sichtbar zu machen. Der bestürzend festzustellende Frauenhass, der immer wieder aufflackere - auch unter PhilosophInnen – lasse vermuten, dass philosophisch etwas Wichtiges nicht verarbeitet worden sei. Gerl-Falkovitz stellt sich damit in die Reihe von Philosophinnen wie Simone de Beauvoir, Judith Butler und Yvanka Raynova, welche die Macht der Diskurse aufzeigen und die durch Mythen und gesellschaftliche Zuschreibungen hergestellte weibliche Minderwertigkeit nicht als etwas Naturgegebenes, sondern als etwas Konstituiertes annehmen. "Das heißt, es wird zuerst ein Unterschied gesucht, durch diesen wird dann ein Mythos erschaffen, durch diesen wieder gewisse mythische Spiegelbilder oder Simulakren, die einen 'Effekt der Wahrheit' erzielen sollen. Der Trug dieser Simulakren ist, dass sie sich als 'objektiv' geben und ihre Voreingenommenheit und ihre partikularen Interessen verschleiern." (Raynova 1999, 83)

Beauvoir betont, dass wir bisher nur auf Mythen über Weiblichkeit zurückgreifen können, die von Männern gemacht wurden. Nunmehr gehe es darum, "die eigenen Kleider zu schneidern". (Beauvoir 1992, 892) Deshalb trägt auch der gesamte zweite Teil ihres Werkes den Titel "Gelebte Erfahrung". Eines ihrer Hauptanliegen ist es, dass die Frauen ein Bewusstsein für die eigene – bisher zumeist unterdrückte – Sexualität bekommen und eigene Lebensentwürfe verwirklichen. 80 Jahre nach Erscheinen von Beauvoirs *Das andere Geschlecht* ist dieses Thema aktueller denn je, ja mehr noch, es geht nicht nur um Unterdrückung der eigenen Sexualität, sondern um Vergewaltigung und sexuellen Missbrauch, so z.B. im Dokumentarfilm *#Female Pleasure,* wo die diesbezüglichen Erfahrungen von fünf Frauen aus fünf verschiedenen Kulturen und Religionen gezeigt werden.[12]

---

[12] Für die römisch-katholische Kirche ist es die von einem Priester vergewaltigte Nonne Doris Wagner, die in einem Gespräch mit Kardinal Schönborn am 7. Februar 2019 im Bayrischen Rundfunk diesem dafür dankt, dass er ihren Ausführungen Glauben schenkt. In der Schweige- und Vertuschungskultur der römisch-katholischen Kirche habe sie bisher immer vergeblich darauf gewartet. Siehe dazu den Film von Stefan Meining (Meining 2019) und die die ORF-Sendung "Von Missbrauch bis Vertuschung – die Kirche zwischen Schuld und Sühne" (IM ZENTRUM 2019).

Mit der Einführung der aus der Sexualforschung entstandenen Unterscheidung von *sex* und *gender* in die Frauenforschung in den 1970er Jahren kommt es zur vertieften Analyse dieser Thematik. Gender wird hier als Analysekategorie im Sinne eines sozialen Geschlechts (*gender*) von dem als biologisch angesehenen Geschlecht (*sex*) unterschieden, mit der Absicht aufzuzeigen, dass in allen Kulturen und zu allen Zeiten, die biologische Gegebenheit mit Bedeutung versehen und in kulturelle Praktiken umgeformt wird. In einem der ersten Artikel zu Gender stellt die Anthropologin Gayle Rubin unter Bezugnahme auf Marx, Freud, Levi-Strauss und Lacan die Frage, wie das biologische Rohmaterial (*sex*) in ein kulturelles Produkt (*gender*) transformiert wird. Diesbezüglich gibt sie folgende Definition: "*A* ‚sex/gender system' is the set of arrangements by which a society transforms biological sexuality into products of human activity." (Rubin 1975, 159) Für eine Anthropologin sei es klar, dass die menschlichen Bedürfnisse nie nur rein natürlich seien. Hunger sei zwar Hunger, aber was man essen dürfe, wird sozial bestimmt. Auch bei der sexuellen Aktivität sei dies so.

Wir haben es hier also grundsätzlich mit zwei Termini zu tun, nämlich mit der Kategorie *sex* und mit der Kategorie *gender*. Entscheidend für die weiteren Überlegungen ist nicht nur, was diese beiden Begriffe bedeuten, sondern auch welche Beziehung zwischen ihnen besteht. In der traditionellen Sichtweise stimmt das biologische Geschlecht (sex) überein: 1. mit den von der Gesellschaft auferlegten Rollen und Aufgaben, die man übernimmt, 2. mit den Verhaltensweisen, die man an den Tag legt, 3. mit dem eigenen Selbstverständnis und 4. mit dem sexuellen Begehren, das man entwickelt. Wenn eine biologische Frau (*female*), die von Frauen erwarteten Rollen und Aufgaben erfüllt, den Vorstellungen von Weiblichkeit (*feminity*) entspricht, sich also weiblich verhält (*feminine*), sich selber auch als Frau wahrnimmt, d.h. eine weibliche Identität entwickelt (*gender identy*) und heterosexuell veranlagt ist, also Männer begehrt, dann liegt das vor, was Robert Stoller als *gender-invariance* bezeichnet. Das biologisch wahrgenommene Geschlecht (sex) bestimmt dann alle anderen Dimensionen, insbesondere jedoch das soziale Geschlecht (*gender*) das man mit Punkt 1 und 2 zusammenfassen könnte.

In den *Genderstudies* wird zunächst die traditionelle Beziehung zwischen dem biologischen Geschlecht (*sex*) und dem sozialen Geschlecht (*gender*) thematisiert. So werden die gängigen Rollenzuschreibungen (Punkt 1) und Verhaltensweisen (Punkt 2) daraufhin untersucht, inwieweit sie strukturelle Benachteiligungen für Frauen mit sich bringen. Auch wenn man davon ausgehen kann, dass das biologische Geschlecht den Ausgangspunkt der

Untersuchung darstellt, bleibt dennoch offen, inwieweit *gender* im Sinne des sozialen Geschlechtes nun seinerseits das Verständnis von Frau-Sein berührt.[13]

Kompliziert wird es jedoch erst, wenn die Punkte 3 und 4 mit ins Spiel kommen. Denn wenn die Selbstwahrnehmung, so wie dies bei der Transidentität der Fall ist, nicht mit dem biologischen Geschlecht übereinstimmt, dann bildet *gender* im Sinne von genderidentity den Ausgangspunkt und überformt damit auch das biologische Geschlecht. Kommt das Begehren ins Spiel, dann wird die bisherige Fragestellung überhaupt überschritten, denn die Beziehung zwischen dem biologischen und dem sozialen Geschlecht sagt noch nichts darüber aus, welche sexuelle Orientierung man hat. Die heterosexuelle Matrix in Form einer zweigeschlechtlichen Norm kommt also als eine weitere Spezifizierung noch zum sex/gender System hinzu.

Um diese äußerst komplexen Sachverhalte zu erhellen, werde ich im Folgenden zwischen fünf Fragestellungen unterscheiden: Sex ohne gender? Sex und gender? Gender ohne sex? Sex ohne sex? Weder sex noch gender?

2. Die Beziehung zwischen Sex und Gender

2.1. Sex ohne Gender?

> "We want sex, not gender!"
> *La Manif pour tous*

Die Trennung von *sex* und *gender* setzt nicht nur den Begriff Gender, sondern auch den von Sexualität voraus. Im Gefolge der Etablierung der Biologie, der Anthropologie, aber auch der Anatomie, der Physiologie und der Medizin entsteht die Sexualforschung als eigene Wissenschaftsdisziplin am Ende des 18. Jahrhunderts. Es ist wichtig darauf hinzuweisen, dass die Vorstellung von Sexualität, wie wir sie heute vertreten, davor nicht existiert hat. Erstmals wird der Begriff "Sexualität" im Jahr 1735 von Carl von Linne in seinem Werk *Systema Naturae* erwähnt, indem er ein neues Klassifizierungssystem für Pflanzen einführt, nämlich den *methodus sexualis*.[14] Im 19. Jahrhundert wird der Begriff der Sexuali-

---

[13] Ob und wieweit Abweichungen im Verhalten und in den Rollenübernahmen das Verständnis von Frau-Sein tangieren, sind Fragestellungen, die sowohl von Beauvoir als auch Edith Stein gestellt haben.

[14] Dieser wurde heftig angegriffen, denn bei vielen Blüten waren mehrere männliche (*male*) und weibliche (*female*) Sexualorgane, nämlich weibliche (*female*) Staubgefäße und männliche (*male*) Stempeln zugleich vorhanden. Dies wurde als Verleumdung Gottes angesehen, da er unmöglich so eine Unkeuschheit hatte erschaffen können. Linne, der ganz im Sinne Aristoteles die Welt zu klassifizieren versuchte, stellte fest, dass nicht eindeutig aussagbar ist, ob die Pflanzen weiblich (*female*) oder männ-

tät auch auf Tiere und Menschen ausgeweitet und hier insbesondere mit Fortpflanzung und Fruchtbarkeit in Verbindung gebracht. Der Fokus auf die Biologie führt im 19. Jahrhundert nicht nur zur Entwicklung des Rassebegriffes mitsamt seinen verheerenden Folgen, sondern auch dazu, dass der Frau aufgrund ihrer Biologie eine Andersheit zugeschrieben wird und es dadurch zu einem Biologismus und Rassismus kommt.[15] Rosa Mayreder bringt es auf den Punkt, wenn sie sagt, dass "die Menschheit im Vergleich zur Tierheit ‚oversexed'" sei. (Mayreder 1998, 51) Man müsste hinzufügen: Nicht die Menschheit sei oversexed, sondern das Frausein. Die Fokussierung auf den sexuellen Bereich, - sei dies nun bei der Gebärfähigkeit oder beim Phänomen der sexuellen Belästigung oder der Prostitution - die Frau ist der Gefahr ausgesetzt "oversexed", das heißt auf ihr Geschlecht (*sex*) reduziert und damit verdinglicht und instrumentalisiert zu werden. Die Reduzierung und Festlegung auf *sex* führt z.B. in Indien und in China aufgrund der Pränataldiagnostik immer öfter dazu, dass weibliche (*female*) Embryos abgetrieben werden, weil Mädchen unerwünscht sind. Diejenigen, die dennoch auf die Welt kommen, bekommen sehr oft am eigenen Leib zu spüren, dass sie wertlos sind. Für bestimmte Kinder kann die Biologie also sehr wohl in vielen Fällen ein Schicksal darstellen, dem sie nicht entrinnen können, ebenso wie für viele Frauen, die in die Prostitution oder in die Leihmutterschaft getrieben werden.

Die DemonstrantInnen der *La Manif pour tous* Bewegung, wie sie 2012 durch die Straßen von Paris gingen, hielten Transparente mit der Aufschrift: "*We want sex, not gender!*" in ihren Händen. Konkret ging es um einen Protest gegen die Einführung der "Ehe für Alle", also auch für gleichgeschlechtliche Paare. Die zumeist römisch-katholischen DemonstrantInnen brachten ihren Unmut zum Ausdruck, dass es etwas anderes als die biologische Geschlechtlichkeit im Sinne von *sex* geben könnte, das für das partnerschaftliche Zusammenleben von Menschen von Entscheidung sein könnte. Wie ist das zu verstehen? Reduziert die Lehre der römisch-katholische Kirche den Menschen auf seine biologische Sexualität im Sinne von *sex*? Wenn ja, ist das mit der Lehre Christi vereinbar, wenn er uns aufruft zur Neugeburt im Geiste? Durch Christus neu geboren zu sein betrifft die Transformation des gesamten Menschseins, auch unsere Sexualität, die zu Freude und Dankbarkeit

---

lich (*männlich*) sind. Zu seinem Erstaunen erkannte er, dass eine Blüte nicht nur sowohl weibliche (*female*) als auch männliche (*male*) Sexualorgane vorwies, sondern deren sogar mehrere hatte.

[15] Claudia Honegger zeigt, wie sich innerhalb weniger Jahre die Situation der Frau dramatisch verschlechtert. Während noch in der Mitte des 18. Jahrhunderts den großen Freiheiten zugestanden wurden und sie im Wesentlichen als Gleiche angesehen wurden, werden sie im 19. Jahrhundert aufgrund ihrer Biologie, ihrer sogenannten "Natur" sukzessive von allen öffentlichen Bereichen ausgeschlossen und – wie Beauvoir es dann formulieren wird – zur "wesentlich Anderen", zur "absolut Anderen" gemacht. (Honegger 1996, 126)

Anlass geben soll. Ein Sexualverständnis, welches rein auf sexuelle Vollzüge und Reproduktion beschränkt wird, könnte dem niemals gerecht werden. Allerdings scheint bei vielen Religionen Sexualität mit Triebhaftigkeit gleichgesetzt zu werden. Die Angst vor der angeblichen Triebhaftigkeit der Frau führt in manchen Kulturen immer noch zu Genitalverstümmelung oder zu anderen Formen der Unterdrückung, wie der Film *#Female Pleasure* sehr gut zeigt. Das Verhüllungsgebot für Frauen wiederum soll dafür sorgen, dass die Männer nicht durch die Reize der Frauen zu sexuellen Übergriffen verführt werden. Frauen seien selber schuld, wenn sie vergewaltigt werden, weil sie sich nicht darangehalten haben, sich zu verschleiern oder besser überhaupt zu Hause zu bleiben. Abgesehen davon, dass hier den Männern eine grundsätzlich pathologische Triebhaftigkeit zugesprochen wird, werden dabei die strukturellen Machtverhältnisse, die solche Verhaltensweisen ermöglichen bzw. begünstigen vollkommen außer Acht gelassen. Ein Festhalten an einem biologischen Geschlecht ohne jeglichen Bezug auf *gender* wird den komplexen Sachverhalten hinsichtlich des Geschlechterverhältnisses also keineswegs gerecht.

2.2. Sex und gender?

Die Gewalt und die Zwänge, denen Frauen ausgesetzt sind, gehen nicht vom anatomischen Geschlecht (*sex*) aus, sondern von den Wertvorstellungen der Gesellschaft, weshalb Judith Butler davon überzeugt ist, dass "das Geschlecht keine vordiskursive, anatomische Gegebenheit sein" kann. (Butler 1991, 26) Denn die Biologie kann für den Menschen nie zum alleine entscheidenden Maßstab werden – oder besser gesagt, sie darf es nicht sein, denn dann wird der Mensch seines Menschseins beraubt und zu einem Ding gemacht, das über keinerlei eigenständige Verhaltensweisen mehr verfügt. Er wird verdinglicht, zur Ware gemacht und unter Umständen sogar der Vernichtung Preis gegeben. Wenn es darum geht, gegen die Instrumentalisierung von Frauen anzukämpfen – sei es nun durch Prostitution, Leihmutterschaft oder Eizellenspende –, gibt es jetzt schon eine Allianz zwischen feministischen und christlichen Initiativen.[16]

---

[16] Die Initiative "Stoppt Leihmutterschaft" (siehe IEF 2018) erhält Unterstützung sowohl von christlicher Seite, wie z.B. von Susanne Kummer vom "Institut für Medizinische Anthropologie und Bioethik" (IMABE), Martina Kronthaler von der "Aktion Leben" und der Vorsitzenden der Katholischen Frauenbewegung, Veronika Pernsteiner, als auch von feministischer Seite, wie z.B. von Birge *Krondorfer* feministische Philosophin und Mitbegründerin der feministischen Bildungseinrichtung "Frauenhetz" und von Lisbeth N. *Trallori,* feministische Wissenschaftlerin und Autorin des Buches "Der Körper als Ware. Feministische Interventionen" (Trallori 2015). Siehe die Einladung zur Auftaktveranstaltung, an der Sheela Saravanan, Wissenschaftlerin und Autorin des Buches *A Transnational Feminist View of Surro-*

Das soziale Geschlecht (*gender*) im Sinne einer sozialen Eingebundenheit, einer Verhaltensweise, einer Rollenübernahme, aber auch einer bestimmten Rollenzuschreibung durch die Gesellschaft ist notwendigerweise an einen biologischen Körper gebunden. Die Frage, die sich hier stellt ist nur: auf welche Weise? Der Genderansatz geht davon aus, dass mit der Einführung der Analysekategorie *gender* der Blick frei wird für die strukturellen Benachteiligungen von Frauen und von Männern. Man bewegt sich hier also im Rahmen der Annahme einer grundsätzlichen Zweigeschlechtlichkeit. Im Großen und Ganzen geht es in den Genderstudies also darum, den Handlungsspielraum für Frauen und Männer zu erweitern. Für Männer hat sich innerhalb der Genderstudies eine eigene Disziplin etabliert, nämlich die Men's-Studies.

Nun soll an drei Beispielen kurz der Anwendungsbereich des Genderbegriffes kurz dargelegt werden.

2.2.1.Gendermedizin

Niemand würde leugnen, dass wir es bei der Medizin mit der biologischen Ausstattung des Menschen zu tun haben. Die Kategorie *sex* im Sinne einer Unterscheidung zwischen einer weiblichen (*female*) oder einer männlichen (*male*) Person müsste hier eigentlich von entscheidender Bedeutung sein. So gesehen müsste man eigentlich von "Sexmedizin" sprechen. Warum spricht man dann von Gendermedizin?

In *Die Geburt der Klinik. Eine Archäologie des ärztlichen Blicks* zeigt Michel Foucault, wie sich an der Wende vom 18. zum 19. Jahrhunderts ein völlig neuer Blick auf den Umgang mit Kranken herausbildet, der mit einem Wandel des menschlichen Selbstbildes und der damit verbundenen Sichtweise auf die Welt zusammenhängt (Foucault 1988). Dieser Blick ist der des männlichen Arztes, der die Frau als biologisch "ganz Andere" festschreibt und dennoch viele Symptome bei Frauen an der männlichen Norm misst. Leider besteht heute immer noch sehr wenig Bewusstsein dafür, dass die Symptome bei Frauen und Männern sehr verschieden sind, wie dies z.B. bei Herzinfarkten der Fall ist. Bei Männern hingegen werden Depressionen oft nicht erkannt.

Die Gendermedizin hinterfragt die von männlichen Ärzten erstellten Normen und Maßstäbe und lenkt die Aufmerksamkeit darauf, dass Frauen z.B. auf Medikamente oft anders reagieren als Männer, weshalb die Forderung erhoben wird, bei der Neuzulassung

---

gacy Biomarkets in India (Sarvanan 2018) referierte, sowie die anschließende Podiumsdiskussion <https://mailchi.mp/942173b152b1/einladung-behind-the-baby-bed>.

von Medikamenten nicht nur Testreihen an männlichen Versuchspersonen vorzunehmen, sondern auch an Frauen.

Darüber hinaus werden in der Gendermedizin auch strukturelle Themen in den Blick genommen, so z.B. ein fehlender Zugang zu medizinischer Versorgung für Frauen aufgrund von religiösen Vorschriften, bestimmte Rollenzuschreibungen und Abhängigkeitsverhältnisse, sowie fehlende Bildung. Die Weltgesundheitsorganisation (WHO) bringt es auf den Punkt, wenn sie darauf hinweist, dass es sehr wichtig ist, den Genderaspekt in die Überlegungen mit einzubeziehen: "gender norms, roles and relations influence people's susceptibility to different health conditions and diseases and affect their enjoyment of good mental, physical health and wellbeing. They also have a bearing on people's access to and uptake of health services and on the health outcomes they experience throughout the life-course." (WHO 2011) In Afrika, so die WHO sei die Situation der Frauen besonders prekär.

Die Aussage von Kardinal Sarah, dass die sogenannte Genderideologie die Realität von Männern und Frauen leugne und die soziale Ordnung in Afrika zerstöre,[17] gibt Zeugnis davon, wie sehr eine Lebenssituation von Frauen, die von Ausbeutung und Missbrauch geprägt ist, als selbstverständlich angesehen wird und Maßnahmen, die diesen Praktiken ein Ende setzen wollen als Eingriff in die als selbstverständliche angesehene sogenannte "soziale Ordnung" der Unterwerfung und des sexuellen Missbrauchs von Frauen verstanden werden. Bereits in den 1990er Jahren hatte Maur O'Donohue von den *Medical Missionaries of Mary* Berichte über weitverbreiteten Missbrauch an Nonnen durch Priester in Afrika nach Rom geschickt. "Priester fürchteten sich, bei Prostituierten und anderen sexuell aktiven Frauen mit AIDS anzustecken, und würden daher Schwestern als ‚sichere' Sexualpartnerinnen betrachten." (Wagner 2018, 377) Wenn sie schwanger werden, dann fordern diese Priester und die Oberin des Klosters die Frauen dazu auf, abzutreiben. Wehren sie sich dagegen, müssen sie das Kloster verlassen, der Priester hingegen kann bleiben.

Die Gendermedizin ermöglicht es, die strukturellen Hintergründe aufzudecken und den Blick frei zu bekommen für die tatsächliche Realität von Frauen, die in einer sozialen Ordnung leben müssen, die es als selbstverständlich annimmt, dass Frauen – und dazu zählen auch katholische Nonnen – jederzeit sexuell verfügbar sind, wobei das Kondomverbot der römisch-katholischen Kirche dem Selbstverständnis vieler afrikanischen Männer entgegenkommt, eine möglichst große Nachkommenschaft zu hinterlassen, unter völliger Außerachtlassung des hohen Risikos, sich mit AIDS zu infizieren.

---

[17] "Gender ideology conveys a crude lie denying the reality of the human being as man and woman. It deconstructs the human person and destroys the social order, with the objective of abolishing Christian civilization and constructing a new world." (Barreiro 10.12.2015)

2.2.2. Gendermainstreaming

Hier geht es darum, alle Maßnahmen die getroffen werden, seien dies nun im Rahmen der Gesetzgebung oder bei Bauprojekten, daraufhin zu untersuchen, welche Auswirkungen sie auf Frauen und Männer haben. Dabei müssen immer mehrere Faktoren mitberücksichtigt werden, nämlich erstens die "Gleichstellung" hinsichtlich Rechten und Chancen, zweitens die "Differenz" im Sinne der Mitberücksichtigung verschiedener Bedürfnisse und drittens die "Dekonstruktion" im Sinne des Abbaus von Vorurteilen und Geschlechterstereotypen. Wir haben es hier mit äußerst komplexen Fragestellungen zu tun, bei denen soziale, ökonomische, rechtliche und politische Faktoren in einander greifen. Dabei geht es nicht nur um Rollenübernahmen (*gender role*), d.h. wer welche gesellschaftlich notwendige Aufgaben übernimmt, sondern auch darum, wie sich diese Rollenübernahmen auswirken. Ein konkretes Beispiel hierfür ist die zunehmende Altersarmut der Frauen, da die Pensionsberechtigung an die eigene Erwerbstätigkeit gekoppelt ist und viele Frauen aufgrund von fehlenden Betreuungseinrichtungen entweder gar nicht arbeiten oder nur in Teilzeit. Die Frage, welche gesellschaftlich notwendigen Tätigkeiten überhaupt als Arbeit gelten, wie der Zugang zum Arbeitsmarkt geregelt ist und ob es gleichen Lohn für gleiche Arbeit gibt (*gender gap*), all dies und vieles mehr fällt in den Bereich von Gendermainstreaming?[18]

Auch die Forderung nach einer gendergerechten Sprache folgt der Logik der Sichtbarmachung, denn zumeist wurden die Frauen sprachlich nicht miterfasst und oft auch gar nicht mitgedacht. So umfasst im griechischen Urtext des Neuen Testamentes die Anrede sowohl Brüder als auch Schwestern, später sind die Schwestern ebenso verloren gegangen wie die Apostelinnen.[19]

2.2.3. Die Istanbul-Konvention

Das im Jahr 2011 in Istanbul beschlossene Übereinkommen des Europarats zur Verhütung und Bekämpfung von Gewalt gegen Frauen und häuslicher Gewalt, kurz Istanbul-Konvention genannt, ist das erste internationale Abkommen, das eine Definition des Begriffes Gender beinhaltet. Sie lautet: "'gender' shall mean the socially constructed roles, behav-

---

[18] "Was haben Uruguay, die Mongolei, Honduras, Costa Rica, Albanien, Mosambik, Moldawien, Bulgarien, Burundi, Kasachstan, Bangladesch und insgesamt 56 Länder weltweit gemeinsam? Sie sind Österreich bei der Gleichstellung von Frauen voraus." Österreich befindet sich an 57. Stelle im *Global Gender Gap Report* (KIV-Redaktion, 08.03.2018)

[19] Papst Franziskus hat 2016 Maria Magdalena zur "Apostola Apostolorum" erhoben und damit den zwölf Jüngern gleichgesetzt.

iours, activities and attributes that a given society considers appropriate for women and men" (Council of Europe, 2011, Article 3c).

Geschlechtsspezifische Gewalt an Frauen wird als eine Gewalt verstanden, die gegen eine Frau gerichtet ist, *weil* sie eine Frau ist, oder die Frauen unverhältnismäßig stark betrifft" (Artikel 3d) In Artikel 4.3 wird gefordert, dass die jeweiligen Maßnahmen ohne Diskriminierung wegen des biologischen (*sex*) oder sozialen Geschlechts (*gender*), der Rasse, der Hautfarbe, der Sprache, der Religion, der politischen oder sonstigen Anschauung, der nationalen oder sozialen Herkunft, der Zugehörigkeit zu einer nationalen Minderheit, des Vermögens, der Geburt, der sexuellen Ausrichtung, der Geschlechtsidentität, des Alters, des Gesundheitszustands, einer Behinderung, des Familienstands, des Migranten- oder Flüchtlingsstatus oder des sonstigen Status sicherzustellen.

Abgesehen davon, dass unter Punkt 3f extra erwähnt wird, dass der Begriff "Frauen" auch Mädchen unter achtzehn Jahren mitumfasst, werden aufgrund des Diskriminierungsverbotes von Artikel 4.3. explizit auch Lesben und Transfrauen als Frauen mit in die Konvention aufgenommen.

Die Konvention führt den Genderbegriff ein, weil sie die strukturelle Gewalt sichtbar machen möchte, welche Frauen trifft, *weil* sie Frauen sind. Sie entspricht damit einem der Hauptanliegen der Gender-Studies, nämlich der Sichtbarmachung von Benachteiligungen von Frauen, aber auch von Männern, die nicht "naturgegeben" sind, sondern auf bestimmte gesellschaftliche Strukturen zurückzuführen sind. Forschungsarbeiten haben gezeigt, dass gewisse Rollen und Stereotype unerwünschte und schädliche Verhaltensweisen multiplizieren und somit dazu beitragen, Gewalt gegen Frauen als hinnehmbar erscheinen zu lassen. Diese Form von Gewalt ist tief in den Strukturen, Normen und sozialen sowie kulturellen Werten verwurzelt, welche die Gesellschaft prägen, und wird häufig von einer Kultur des Leugnens und des Schweigens aufrecht erhalten.

Zur Überwindung dieser Frauen und Männern zugeordneten Rollen wird in Artikel 12 (1) die Beseitigung von Vorurteilen, Bräuchen, Traditionen und sonstigen Praktiken, die auf dem Konzept der Unterlegenheit der Frauen oder auf stereotypen Rollen der Geschlechter basieren, als eine allgemeine Verpflichtung zur Verhütung von Gewalt gegen Frauen definiert.

Gemäß dem binären Verständnis von Geschlecht (*gender*) wird eindeutig zwischen Frauen und Männern unterschieden und darauf hingewiesen, dass geschlechterbasierte Gewalt an Männern hier nicht von Relevanz ist, was zu heftigen Protesten seitens homosexueller Männer geführt hat. Die Behauptung des Papstes, dass Gender "den Unterschied und die natürliche Aufeinander-Verwiesenheit von Mann und Frau leugnet", und dass "eine Gesellschaft ohne Geschlechterdifferenz in Aussicht" gestellt werde (*Amoris Laetitia* 2016,

§56), ist also keineswegs haltbar. Vielmehr geht es gerade darum, das Gewaltpotential innerhalb dieses "Aufeinander-Verwiesenseins" in den Blick zu bekommen und nicht hinter einem verklärten Idealbild von Familie zu verbergen unter dem Motto: Was nicht sein darf, kann nicht sein. Auch geht es in der Instanbul-Konvention keineswegs darum, eine Gesellschaft ohne Geschlechterdifferenz in Aussicht zu stellen, sondern - mit den Worten von Edith Stein – der Frau endlich einen Eigenwert zuzusprechen.[20] Denn viele Konflikte und Gewaltdelikte gegenüber Frauen sind heute darauf zurückzuführen, dass die Frauen mittlerweile den Anspruch auf eben diesen Eigenwert erheben, etwas das für viele Männer nach wie vor unerträglich ist.

2.3. Gender ohne sex?

In der Istanbul-Konvention werden auch Transfrauen zu den Frauen gezählt. Transfrauen verstehen sich als Frauen im Sinne einer eindeutig weiblichen Identität: Ich *bin* eine Frau! Ich bin nicht erst eine Frau geworden, sondern war es immer schon. Beauvoirs Feststellung, dass man nicht als Frau zur Welt komme, sondern dies erst werden müsse, wird von Transfrauen kategorisch abgelehnt. Es liegt hier ein Phänomen vor, so wie es sich die römisch-katholische Kirche besser nicht wünschen könnte, nämlich eine klare Verortung

---

[20] Die sich auf Bildungsmaßnahmen beziehende Verpflichtung impliziert zum Beispiel nicht, dass die Vertragsparteien Lernmittel über die sexuelle Ausrichtung und die Geschlechtsidentität in die offiziellen Lehrpläne aufnehmen müssen. Ein verbreiteter Irrglaube lautet, dass die Istanbul-Konvention die Staaten zu Schulunterricht über sexuelle Ausrichtung verpflichtet. Sie verpflichtet sie nicht dazu. Einige behaupten zudem, dass das Übereinkommen die gleichgeschlechtliche Ehe fördere, obwohl darin die gesetzliche Anerkennung dieser Eheform gar nicht erwähnt wird. Der Europarat unterstützt selbstverständlich die Rechte von LGBTI-Personen, und das Übereinkommen richtet sich gegen jegliche Diskriminierung; die gleichgeschlechtliche Ehe fällt jedoch nicht in den rechtlichen Geltungsbereich der Istanbul-Konvention. Sie verpflichtet die Staaten genauso wenig dazu, im innerstaatlichen Recht ein drittes Geschlecht gesetzlich anzuerkennen, wie manche irrtümlich annehmen. "Drittes Geschlecht" im biologischen oder sozialen Sinn oder "Intersexualität" bezieht sich auf Menschen, die nicht eindeutig dem weiblichen oder männlichen Geschlecht zugeordnet werden können. Laut einem weiteren Irrglauben, der bisweilen verbreitet wird, fordert das Übereinkommen einen neuen "Flüchtlingsstatus" für Transgender und intersexuelle Menschen. Das entspricht nicht der Wahrheit. Dem Übereinkommen zufolge sollen die Asylverfahren so gestaltet sein, dass Frauen ihre Fluchtgründe erklären können. Ob die Ursache eine Vergewaltigung war, um sie politisch zum Schweigen zu bringen, oder die Angst vor Genitalverstümmelung – es braucht Zeit, bis man dies zu äußern vermag. In dieser Hinsicht möchte die Istanbul-Konvention den Frauen lediglich die Möglichkeit zusichern, sich mittzuteilen, da ihre Erzählungen und Erfahrungen möglicherweise einen Flüchtlingsstatus laut dem Abkommen über die Rechtsstellung der Flüchtlinge von 1951 begründen. (Europarat, 07.03.2018)

innerhalb der Zweigeschlechtlichkeit: Ich *bin* eine Frau, ich *bin* ein Mann. Allerdings stimmt hier etwas Anderes nicht, nämlich dass das Frau-Sein und das Mann-Sein notwendigerweise mit der biologischen Grundausstattung (sex) gekoppelt ist. Vielmehr trifft hier dasjenige zu, was Judith Butler in *Das Unbehagen der Geschlechter* folgendermaßen formuliert: "Müssen "weiblich" (*feminine*) und "männlich" (*masculine*) wirklich als "expressive Attribute des biologischen ‚Männchen' (*male*) und ‚Weibchen' (*female*) verstanden werden?" (Butler 1991, 38) Was passiert, wenn die Geschlechtsidentität nicht mit dem anatomischen Geschlecht übereinstimmt, bzw. sich von diesem herleiten lässt? Denn Transfrauen haben einen eindeutig biologisch männlichen Körper (sex), der jedoch nicht mit ihrem Selbstverständnis, ihrer Identität zusammenpasst. Das Selbstverständnis transidenter Menschen lässt sich nicht von ihrem anatomischen Geschlecht (*sex*) her ableiten.[21] Die Transidentität kommt bei Männer dreimal so oft vor wie bei Frauen, d.h. es gibt dreimal so viele "Transfrauen" wie "Transmänner". Butler weist darauf hin, dass die "personale Identität", von derjenigen Identität unterschieden werden müsse, die "ein normatives Ideal" darstelle, zu der auch die geschlechtlich bestimmte Identität (*gender identity*) gehöre. (Butler 1991, 38,39) Entspricht ein Verhalten nicht diesem Ideal, dann werde es als Entwicklungsstörung oder logische Unmöglichkeit dargestellt. Langezeit überwog in den medizinisch-psychologischen Debatten die Tendenz zu einer Pathologisierung. In den letzten Jahren ist es jedoch zu einem Umdenken gekommen, indem man den Menschen die Definitionsmacht über ihre Geschlechtsidentität, d.h. ihr ureigenes geschlechtliches Empfinden und dessen Ausdrucksformen selbst überlässt.[22]

---

[21] Im Jahr 1930 findet die erste operative Geschlechtsumwandlung von männlich auf weiblich statt. Einar Wegener hatte sein Dasein als Mann wie eine Gefangenschaft in einem fremden Körper empfunden, nämlich als Frau gefangen zu sein in einem männlichen Körper und wollte diesen Umstand unbedingt durch eine Geschlechtsumwandlung bereinigen. In ihrer Autobiographie schreibt die nunmehrige Lilly Elbe: "Wie ich jetzt bin, so bin ich eine ganz gewöhnliche Frau." (Trauthwein s.a.) Leider gibt es keine deutsche Übersetzung, nur eine englische: *Man into Woman: The First Sex Change* (siehe Hoyer, 2004).

[22] Unter 'geschlechtlicher Identität' wird in den *Yogyakarta-Prinzipien zur Anwendung der Menschenrechte in Bezug auf die sexuelle Orientierung und geschlechtliche Identität* das tief empfundene innere und persönliche Gefühl der Zugehörigkeit zu einem Geschlecht verstanden, "das mit dem Geschlecht, dass der betroffene Mensch bei seiner Geburt hatte, übereinstimmt oder nicht übereinstimmt; dies schließt die Wahrnehmung des eigenen Körpers (darunter auch die freiwillige Veränderung des äußeren körperlichen Erscheinungsbildes oder der Funktionen des Körpers durch medizinische, chirurgische oder andere Eingriffe) sowie andere Ausdrucksformen des Geschlechts, z.B. durch Kleidung, Sprache und Verhaltensweisen, ein." (Hirschfeld-Eddy Stiftung 2008, 11)

In Österreich ist ein juristischer Geschlechtswechsel seit 1983 nach § 41 *Personenstandsgesetz* möglich. Mit dem Urteil vom 27.2.2009 wurde die Notwendigkeit einer operativen Anpassung des biologischen Geschlechts fallengelassen. Voraussetzung für den Geschlechtswechsel ist ein Gutachten einer Fachärztin beziehungsweise eines Facharztes für Psychiatrie oder einer Psychotherapeutin beziehungsweise eines Psychotherapeuten oder einer klinischen Psychologin beziehungsweise eines klinischen Psychologen, das Folgendes enthält: 1. die Diagnose "Transidentität", 2. die Erklärung, dass ein Zugehörigkeitsempfinden zum anderen Geschlecht besteht und dieses aller Voraussicht nach weitgehend irreversibel ist und 3. die Mitteilung, dass eine deutliche Annäherung an das äußere Erscheinungsbild des anderen Geschlechts zum Ausdruck kommt. (Siehe Magistrat der Stadt Wien, 2018) Es ist also keineswegs der Fall, wie immer wieder behauptet wird, man könne das Geschlecht so einfach selber wählen, unter dem Motto, am Morgen bin ich ein Mann und am Abend eine Frau. Vielmehr haben Transfrauen oder Transmänner das Gefühl, gar keine Wahl zu haben. Sie empfinden sich als Gefangene in ihrem eigenen Körper. Die einzige Entscheidungsmöglichkeit, die ihnen das Gesetz früher gab, bestand darin, diesen Körper durch geschlechtsumwandelnde Maßnahmen angleichen zu lassen, etwas, das jetzt nicht mehr gesetzlich vorgeschrieben ist. (Siehe Bioethikkommission 2017)

Liegt hier also so etwas vor wie *gender* ohne *sex*? Ich glaube nicht, dass man das so sehen kann, denn das biologische Geschlecht (*sex*) ist für Transfrauen und Transmänner sehr wichtig. Allerdings fühlen sie sich in dem falschen Körper gefangen. Was hier jedenfalls vorliegt, ist eine Umkehr in der Zuschreibungspraxis von Geschlecht. Während herkömmlicherweise das biologische Geschlecht (*sex*) für die geschlechtliche Identität und damit auch für das soziale Geschlechterverständnis (*gender*) maßgebend ist, findet hier eine Umkehr statt, indem die geschlechtliche Identität zum Maßstab, zumeist auch für das biologische Geschlecht wird. Allerdings kann man sagen, dass das Phänomen der Transidentität sich eindeutig innerhalb des binären Geschlechterverständnisses bewegt, ja dieses geradezu bestätigt und untermauert, etwas das vielen Queer-Anhängern nicht gefällt.

Zusammenfassend kann gesagt werden, dass die Istanbul-Konvention einem Genderansatz folgt, der von einer grundlegenden Zweigeschlechtlichkeit, also einer binären Konzeption, ausgeht. Allerdings – und das mag der Grund dafür sein, warum die Konvention in der katholischen Kirche auf so heftigen Widerstand stößt – haben wir es hier mit einer Gender-Varianz zu tun, so wie sie Robert Stoller formuliert hat. Das biologische Geschlecht stimmt im Falle von Transfrauen nicht mit dem ursprünglichen biologischen Geburtsgeschlecht und im Falle von lesbischen Frauen nicht mit der Forderung nach einem heterosexuellen Begehren überein.

2.4. Sex ohne sex?

2.4.1 Intersexualität (Differences of Sex Development, DSD)

Der Begriff der Intersexualität wurde 1915 vom Biologen und Genetiker Richard Goldschmith geprägt. Intersexualität umfasst eine Vielzahl möglicher Formen, welche eine eindeutige Trennung zwischen männlichem (*male*) und weilblichen (*female*) Geschlecht nicht zulässt. Dies ist der Fall, wenn Varianzen des Chromosomen-, Keimdrüsen- oder Hormongeschlechts vorkommen (Klapper 2015, 360). Uneindeutigkeiten des Körpergeschlechts sind möglich, weil die Geschlechtsorgane aus denselben Anlagen hervorgehen. 2005 wurden in Chicago drei Hauptgruppen klassifiziert. Die erste Gruppe umfasst alle Personen mit den Geschlechtschromosomen XX, die sich aufgrund eines Androgenüberschusses äußerlich zu einem Mann entwickelt haben (Androgenital-Syndrom), jedoch innerlich über weibliche Genitalien verfügen. In der zweiten Gruppe kommt es aufgrund einer Androgenresistenz bei Personen mit XY Geschlechtschromosomen dazu, dass sie ein weibliches Erscheinungsbild entwickeln und daher auch als XY-Frauen bezeichnet werden, obwohl sie von ihren Chromosomen her männlich sind. Hier gibt es auch die Möglichkeit einer partiellen Androgenresistenz, sodass intersexuelle Genitalien ausgebildet werden. (Androgenresistenz-Syndrom). Die dritte Gruppe umfasst Personen, welche eine numerische Veränderung der Geschlechtschromosomen aufweist.[23]

Die Mitte des 20. Jahrhundert von Money vertretene Ansicht, dass intersexuelle Säuglinge schnellstmöglich einem bestimmten Geschlecht zugewiesen werden sollte, hat sich in dem eingangs erwähnten Fall Bruce/Brenda als falsch erwiesen, sodass seither von einer vorgeburtlichen Prägung im Gehirn ausgegangen wird. Dennoch werden bis heute

---

[23] Daher kann es zu chromosomalen, gonadalen Variationen (Keimdrüsen), hormonellen und anatomische Variationen kommen. Intersexuelle "Syndrome" bestehen zumeist nicht nur aus einer einzigen nachweisbaren Variation, sondern entstehen im Zusammenspiel mehrerer Faktoren, so zum Beispiel beim Androgenrezeptor-Defekt (AIS, Androgenresistenz). Hier sind komplette Androgenresistenz bzw. vollständiger AIS (CAIS, von complete AIS), partielle Androgenresistenz bzw. partieller AIS (PAIS) und minimale Androgenresistenz bzw. minimaler AIS (MAIS) zu unterscheiden. Bei kompletter Androgenresistenz (CAIS) entwickeln sich zum Beispiel bei einem Fötus mit XY-Chromosomen Hoden, die im Körper verbleiben können. Die Rezeptoren für Testosteron fehlen jedoch, so dass sich ein "weiblich aussehendes" äußeres Genital (allerdings ohne weibliche innere Organe) entwickelt; das Erziehungsgeschlecht ist dann meist weiblich. Intersexuelle Menschen mit CAIS werden – anders als bei PAIS – oft erst in der Pubertät erkannt. Bei weniger ausgeprägter Resistenz kommt zu unterschiedlichen Ausbildungen der männlichen Sexualorgane (Hypospadie, Kryptorchismus, Azoospermie) und körperlicher Feminisierung (z. B. Gynäkomastie, siehe Reifenstein-Syndrom).

geschlechtsangleichende Operationen an Säuglingen und Kindern vorgenommen, mit dem Argument, dass sie sonst in der Gesellschaft nicht angenommen werden dürfen. Seit den 1990er Jahren treten Intersexuelle vermehrt in der Öffentlichkeit auf und erzählen davon, wie traumatisierend und mit anhaltenden Leiden verbunden die Genitaloperationen für sie waren.

Die Bioethik-Kommission vertritt in Österreich die Sichtweise: "Geschlechtszuordnende Maßnahmen im Neugeborenen- oder Kindesalter sind daher nach heutigem Stand möglichst zu unterlassen." (Bioethik-Kommission 2017, 37)

2.5. Weder sex noch gender?

2.5.1. Der Queer-Ansatz

Queer bedeutet im Englischen so viel wie eigenartig, schwul, komisch, suspekt, verdächtig, verrückt. Zunächst als Schimpfwort gegen all diejenigen verwendet, welche den gesellschaftlichen Normen der Heterosexualität nicht entsprachen, wurde der Begriff in den 1980er in den USA zur provokativen und ironischen Selbstbezeichnung alldlerjenigen, die Kritik an festen Identitätszuschreibungen im Bereich der Sexualität und des Geschlechts üben. Während sich im anglo-amerikanischen Raum im Laufe der 1990er Jahre die *Queer Studies*[24] an vielen Universitäten als eigenständiges Fach etablieren konnten, werden im deutschsprachigen Raum queere Forschungsprojekte zusammen mit den *Gender Studies* in interdisziplinären Zentren organisiert.[25] Wie bei den Gendertheorien, so gibt es auch bei den Queertheorien eine Fülle von Ansätzen, Praxen und Denkrichtungen, die zwar Analogien aufweisen, sich aber sehr unterscheiden.

Im deutschsprachigen Raum werden Queer-Theorien in erster Linie mit der Philosophin Judith Butler in Verbindung gebracht. In ihrem performativen Ansatz fordert sie dazu auf, Abwertungen die man erfährt zu "unterlaufen", kategoriale und identitätspolitische Einschränkungen zu überschreiten, Begriffe neu zu besetzen und so zum Diskutieren und Nachdenken zu zwingen. Butler wird vorgeworfen, dass sie das Geschlecht als ausschließlich soziale Kategorie verstehe, durch welche auch das biologisches Geschlecht bestimmt werde. (Kramar 2012) Butler bestreitet jedoch keineswegs, dass es biologische Unterschie-

---

[24] Eine ausführliche Besprechung zu Queer-Theorien findet sich bei Perko 2005.
[25] So z. B. das Zentrum für transdisziplinäre Geschlechterstudien der Humboldt-Universität zu Berlin, das Interdisziplinäre Zentrum für Frauen- und Geschlechterforschung der Universität Greifswald und ähnliche Einrichtungen der Universitäten in Bremen und Marburg.

de zwischen den Geschlechtern gibt. Vielmehr fordert sie dazu auf, über die Konsequenzen nachzudenken, die damit verbunden sind. Denn wenn wir sagen, dass es biologische Unterschiede zwischen den Geschlechtern gibt, dann "müssen wir auch präzisieren, was sie sind und dabei sind wir in kulturelle Deutungsmuster verstrickt." (Butler 2013) Butler hinterfragt nicht die biologische Grundausstattung des Menschen, sondern das Strukturprinzip, das hinter dem bisher üblichen sex/gender System steht, nämlich die heterosexuelle Matrix. Dadurch werden Menschen, welche nicht in das herkömmliche heterosexuelle Raster fallen abgewertet und ausgeschlossen, ja mehr noch, sie werden als nichtexistent angesehen. So weist Judith Butler darauf hin, dass "die ‚Personen' erst intelligibel, d.h. lesbar und erfassbar werden, wenn sie in Übereinstimmung mit wiedererkennbaren Mustern der Geschlechter-Intelligibilität (*gender intelligibility*) geschlechtlich bestimmt sind." (Butler 1991, 27) Damit will sie sagen, dass die Zuordnungskategorie "männlich" (*male*) oder "weiblich" (*female*) im Sinne von *sex* eine notwendige Voraussetzung dafür ist, als Person überhaupt wahrgenommen zu werden.

Das deutsche Bundesverfassungsgericht hat mit Beschluss vom 10. Oktober 2017 das Personenstandsrecht[26] dahingehend verändert, dass nunmehr darauf verzichtet wird, das Geschlecht ausschließlich binär zu regeln. Das Grundgesetz, so die Begründung, zwinge nicht dazu, das Geschlecht als Teil des Personenstandes zu normieren, was nicht heißen solle, dass all diejenigen, die sich als weiblich und männlich verstehen, nicht nach wie vor dieses Geschlecht angeben können. Vielmehr gehe es darum, dass intersexuelle Menschen, bei denen eine eindeutige Geschlechtszuordnung nicht möglich ist, sowie bei Transgender-Personen aber auch bei all denjenigen, die sich nicht aufgrund ihrer Sexualität festlegen wollen, die Möglichkeit offen zu halten, sich nicht binär, oder auch gar nicht festlegen zu müssen.[27]

In Österreich ist es ab 1.1.2019 möglich, einen alternativen Geschlechtseintrag, nämlich "divers", vorzunehmen. Allerdings bedarf es dafür eines ärztlichen Fachgutachtens.

---

[26] Im *Preußischen Allgemeinen Landrecht* von 1794 gibt es einen Zwitterparagraphen, der vorsieht, dass Eltern bei Uneindeutigkeit selber bestimmten können, mit welchem Geschlecht sie das Kind erziehen wollen. Ab dem 18. Lebensjahr sollte der Mensch dann selber wählen können, zu welchem Geschlecht er gehören wolle. Dies Möglichkeit wird am Ende der 19. Jahrhunderts aufgehoben. Mit der Einführung des Personenstandsrechts Ende des 19. Jahrhunderts wird aus dem Wahlrecht ein Zuweisungsrecht in die Kategorien "männlich" und "weiblich".

[27] In anderen Ländern, wie z.B. Indien, Brasilien, Kosovo, Nordamerika und Indonesien gibt es entsprechende diesbezügliche Möglichkeiten schon länger. In Australien wird 2011 eine dritte Kategorie für Geschlecht (X für "unbestimmt") im Pass eingeführt. In Belgien kann das Geschlecht nach der Geburt eines Kindes als unbestimmbar eingetragen werden.

2.5.2. Homosexualität

Der Begriff der Homosexualität – wie übrigens auch der Begriff der Heterosexualität – wird erstmals im Jahr 1869 von dem Arzt Karl-Maria Benkert, alias Kerbeny geprägt und findet 1887 Aufnahme in die *Psychopathia Sexualis* des Psychiaters, Neurologen und Rechtsmediziners Krafft-Ebing. Die Homosexualität wird zum Hauptthema der sich neu etablierenden Sexualwissenschaft, die zumeist von Ärzten betrieben wird. Die Humanwissenschaften, zu denen auch die Medizin zählt, tritt in Deutungskonkurrenz zu den etablierten Instanzen der Normsetzung, dem Recht und der Religion: Man will "die Schuldigen und Sünder von den Kranken trennen" (Fiedler 2004, 4). Aus dem zu bestrafenden Sünder wird der zu behandelnde Kranke. In den 1970er Jahren lösen die Sozial- und Kulturwissenschaften die Medizin und die Psychologie als Leitwissenschaften ab, wodurch es zu einer Hinterfragung bisheriger Normsetzungen kommt. Homosexualität wird nicht mehr als Abweichung von der als Norm angesehenen Heterosexualität verstanden. Daher wird seit 1973 die Homosexualität von der *American Psychiatric Association* nicht mehr als psychische Krankheit oder Störung klassifiziert und aus dem *Diagnostic and Statistical Manual of Mental Disorders* (DSM) gestrichen. 1994 folgt die WHO mit der Streichung aus der *International Statistical Classification of Diseases and Related Health Problems* (DSM).

Mit 1. Jänner 2019 gilt in Österreich, so wie bereits in anderen 16 Ländern Europa auch, die Ehe für Alle. Ermöglicht wird dies aufgrund eine Erkenntnis des Verfassungsgerichtshofes.[28] Österreich ist damit das 26. Land weltweit, das die Ehe für gleichgeschlechtliche Paare öffnet.

In den Sammelband *Wer bin ich, ihn zu verurteilen. Homosexualität und die Katholische Kirche* (Goertz 2013) prüfen die Autoren die biblischen Grundlagen der Beurteilung der Homosexualität[29]. Dabei betonen sie, dass sich die römisch-katholische Lehre zwar ausdrücklich gegen die Diskriminierung Homosexueller ausspreche, weil dies die Würde der Person verletze, diesen zugleich jedoch grundsätzlich abspreche, eine verantwortliche, partnerschaftliche und liebevolle Sexualität leben zu können. (Goertz 2013, 7) Diese Be-

---

[28] Erkenntnis des Verfassungsgerichtshofes vom 04.12.2017: "Verfassungswidrigkeit der Voraussetzungen der Verschiedengeschlechtlichkeit für den Zugang zur Ehe und der Gleichgeschlechtlichkeit für die eingetragene Partnerschaft; Verstoß der gesetzlichen Trennung verschiedengeschlechtlicher und gleichgeschlechtlicher Beziehungen" (Siehe: Verfassungsgerichtshof G258/2017)

[29] Die wörtliche Formulierung des Papstes auf dem Rückflug aus Brasilien am 28. Juli 2013 lautete: "Wenn einer Gay ist und den Herrn sucht und guten Willen hat – Wer bin ich denn, ihn zu verurteilen." (Goertz 2013, 9)

wertung von Homosexualität erweise sich als ein Relikt einer Sexualmoral, "die an der Oberfläche sexueller Vollzüge klebt und darüber den Beziehungsaspekt von Sexualität aus den Augen verliert." (Goertz 2013 7) Das Prinzip der Sexualmoral, so wie es seit dem *Zweiten Vatikanum* verstanden werde, verbinde hingegen mit sexuellen Akten, "wenn diese human vollzogen werden" (Gaudium et spes, §49) eine gegenseitige Verbundenheit, die reich an Freude und Dankbarkeit macht. Bei der Beurteilung der Homosexualität bleibe man jedoch einem Verständnis verhaftet, das in der Antike im gleichgeschlechtlichen genitalen Analverkehr zwischen Männern ("Penetration") eine bisweilen mit expliziter Gewalt verbundene Machtdemonstration des "überlegenen" penetrierenden Mannes gegenüber dem "unterlegenen", die geschlechterstereotype Rolle der Frau einnehmenden penetrierten Mannes angesehen habe. (Goertz 2013, 23)

Die biblischen Beispiele, angefangen mit Sodom und Gomorra, so wie sie der Katechismus heute immer noch enthält, verweisen auf männlichen Machtdemonstrationen, die leider auch heute immer noch anzutreffen sind, und dies nicht nur in den Missbrauchsfällen der römisch-katholischen Kirche.[30] Es bedarf also dringend einer Reformation innerhalb der römisch-katholischen Kirche, indem die negative Bewertung der Homosexualität "humanwissenschaftlich aufgeklärt, sowie theologisch offen zur Diskussion gestellt wird." (Goertz 2013, 9) Denn nur auf diese Weise werde es einerseits möglich, die wahren Ursachen der Missbrauchsskandale in den Blick zu bekommen und andererseits der Liebespraxis vieler Menschen, auch in der römisch-katholischen Kirche, gerecht zu werden und damit die Glaubwürdigkeit der christlichen Botschaft zu entsprechen.

2.5.2.1 Der apokalyptische Diskurs: Sodom und Gomorra

Im römisch-katholischen Katechismus werden Homosexuelle immer noch mit Vergewaltigern und Verbrechern gleichgesetzt, indem auf Genesis 19,1-29 Bezug genommen wird. Dies verdankt sich einer Sichtweise von Männlichkeit, die mit dem sexuellen Akt der Penetration aufs engste verbunden ist, der seinerseits dafürsteht, den jeweils Penetrierten, der das Weibliche symbolisiert, zu unterwerfen und zu erniedrigen. Das Paradigma dafür ist die Erzählung von Sodom und Gomorra, wo heterosexuelle Männer andere heterosexuelle Männer vergewaltigen und damit unterwerfen wollen. Dass es sich hierbei nicht um einen

---

[30] So wird unter anderem Homosexualität als Sodomie bezeichnet und die Rechte von LGBTI Personen (Lesben, Schwule, Transgenderpersonen, Intersexuellen) als "perverse Ideologie" der westlichen Gesellschaften gebrandmarkt. (Siehe EPF 2018).

reinen Akt der Lust handelt, zeigt sich darin, dass die Männer den Vorschlag, statt der fremden Männer eigene Frauen zu vergewaltigen, empört ablehnen.

Der Mythos von der Vernichtung Sodoms wird, beginnend mit Kaiser Justinian (542 und 559 n. Chr.) bis hin zu den heutigen christlichen Neofundamentalisten und neuen Rechten dazu verwendet Katastrophen nachträglich "als Strafen Gottes für begangene Sünder zu deuten." (Brinkschröder 2015, 298). In den USA schrecken die christlich-fundamentalistischen Wortführer der neuen Rechten nicht davor zurück, den Anschlag vom 11. September 2001 als Folge von Gottes Zorn gegen die USA zu interpretieren, "weil es den Feminismus und die Homosexualität akzeptiert habe." (Brinkschröder 2015, 301) Ausgehend von den USA kommt es durch milliardenschwere globale Missionskampagnen der Evangelikalen und Neofundamentalisten in zahlreichen Ländern Afrikas, Osteuropas, Ostasiens und der Karibik zu einer Radikalisierung des homophoben Klimas und zur Verschärfung von Strafgesetzen. (ebd. 302) Auf römisch-katholischer Seite ist es Tony Anatrella, der die Sorge um die "Homosexualisierung" der Gesellschaft mit der "Überbewertung der Frau" in den westlichen Gesellschaften in Folge von Feminismus und "Gender-Ideologie" in Verbindung bringt.[31] So spricht er davon, "dass eine gewisse Verachtung des Mannes und Überbewertung der Frau, wie sie zumal in den westlichen Gesellschaften unserer Tage zu beobachten ist, gegenwärtig die (weibliche, S.G.) homosexuelle Kompensation geradezu herausfordert." (Goertz 2015, 179)

Homosexuelles Verhalten bei Frauen war zwar bekannt, wurde aber in der Bibel nicht thematisiert.[32] Auch Paulus nimmt in *Römer 1,26* nimmt nicht so etwas wie eine lesbische Liebe an. Vielmehr geht es darum, dass "Frauen den natürlichen Verkehr vertauscht haben mit dem widernatürlichen" (Römer 1,26)[33], indem sie einen nicht-koitale Geschlechtsverkehr zum Zweck der Empfängnisverhütung praktizierten. Wolfgang Stegemann weist darauf hin, dass das Verbot der Homosexualität fast in allen Ländern der Welt nur für Männer und nicht für Frauen galt. Dies habe seinen Ursprung darin, dass die weibliche Homosexualität nicht den gesellschaftlichen Status von Männern tangiere, denn "Männlichkeit" wäre mit Penetration, Aktivität, Dominanz und sozialem Vorrang in Zusammen-

---

[31] Stephan Goertz weist zurecht darauf hin, daher hier klar ersichtlich werde, woher die Kritik an der vermeintlichen Gender-Ideologie ihre Vehemenz bezieht. Denn Tony Anatrella vertrete die Sichtweisen, dass, wer Geschlechterunterscheidungen zum Thema wissenschaftlicher Reflexion mache, wie diese die Geschlechterforschung tue, die Homosexualisierung der Gesellschaft unterstütze. (Goertz 2015, 179)

[32] "The Holiness Code never mentions women's homoeroticism, nor does the Hebrew Bible anywhere." (Martti 1998, 43)

[33] Im griechischen Original wird nicht von Frauen, sondern, von den "Weiblichen" gesprochen, die den "natürlichen Gebrauch mit einem solchen gegen die Natur vertauschten" (Theobald 2015, 71)

hang gebracht, während "Weiblichkeit" bedeute, "penetriert zu werden, Passivität, Unterwerfung und soziale Unterordnung." (Stegemann 1998, 62) Das Verbot der männlichen Homosexualität leite sich daher von der Sorge einer "Feminisierung" des Mannes ab, die sich daraus ergebe, dass ein anderer mit ihm "wie mit einer Frau liegt". (Lev 18,22; 20,13)

2.5.2.2 Der Naturrechtliche Diskurs: Contra Naturam

Als Hauptargument gegen die Homosexualität wird vom katholischen Lehramt heute immer noch die Vereitelung des Naturzweckes der Sexualität im Sinne der Zeugung von Nachkommenschaft angeführt. Homosexuelle Handlungen seien *contra naturam*, d.h. gegen die Natur, weil sie zu keiner biologischer Fortpflanzung führen und dem Prinzip der von Gott bestimmten Untrennbarkeit zwischen ehelicher sexueller Hingabe und Fortpflanzung widersprechen. Grundlegend für diese Sichtweise ist Thomas von Aquin, der diese Thematik mit Keuschheitsfragen in Verbindung bringt: "Den Unkeuschen verlangt es nicht nach menschlicher Zeugung, sondern nach der Geschlechtslust, die man ohne ein Tun gewinnen kann, aus dem Zeugung eines Menschen folgt. Und gerade diese Lust wird in der Sünde wider die Natur gesucht." (Thomas v. Aquin, *Summa Theologiae I-II*, q.154, a11) Auch der römisch-katholische Katechismus behandelt die Homosexualität noch unter der Überschrift der Keuschheit und spricht vom Verstoß gegen das natürliche Gesetz (*Katechismus* 2015, S. 596, §2357). Allerdings wird auf den Sündenbegriff verzichtet und davon gesprochen, dass Homosexualität "in sich nicht in Ordnung" (ebenda) sei, da die Weitergabe des Lebens ausgeschlossen sei.[34]

Mit dem *Zweiten Vaticanum* kommt es zu einer generellen Neubewertung der Sexualität. Sexualität wird nunmehr von der römisch-katholischen Kirche, wenn sie "human vollzogen" wird im Rahmen einer "menschlichen Liebe (...) in frei bejahter Neigung von Person zu Person", als wertvoll bejaht. (*Gaudium et spes* §49) Damit wird dem modernen Verständnis von Sexualität Rechnung getragen, das eine Beziehung zur Liebe annimmt, wodurch Sexualität "nicht länger als notwendige(s) Übel oder als irdische Last gesehen und Idealen gegenübergestellt" wird (Goertz 2015, 181)

Allerdings wird diese Liebesfähigkeit den gleichgeschlechtlich liebenden Menschen abgesprochen, indem angenommen wird, dass homosexuelle Handlungen "nicht einer wah-

---

[34] "Nicht auf Zeugung offen", sind jedoch auch unfruchtbare und ältere Paare, weshalb sich Papst Pius XI im Jahr 1930 genötigt sah folgende Aussage zu treffen: "Auch kann man nicht sagen, dass diejenigen Gatten wider die Ordnung der Natur handeln, die in rechter und natürlicher Weise von ihrem Recht Gebrauch machen, auch wenn aus den natürlichen Gründen der Zeit oder irgendwelcher Mängel daraus kein neues Leben entstehen kann. (Pius XI, 1930)

ren affektiven (...) Ergänzungsbedürftigkeit" entsprechen können. (Katechismus 2015, §2357). Homosexualität werde, so Goertz, als reine sexuelle Handlung, als "genitaler Kontakt" verstanden, dem keine "personale Begegnung" zugrunde liege. (Goertz 2015, 192) Im Letzten werde der Homosexuelle als liebesunfähig und gottlos dargestellt (ebenda, 196).[35]

2.5.2.3. Die Verklärung der Liebe: Die Brautmystik

Der Diskurs der Brautmystik wurzelt in der alttestamentarischen Metapher des ehelichen Bundes zwischen Gott und Israel, "wobei Gott als Bräutigam bzw. enttäuschter Ehemann imaginiert wird und Israel als Braut bzw. als Ehebrecherin, die mit anderen Göttern fremdgeht." (Brinkschröder 2015, 309) Im Neuen Testament wird dieses Verhältnis auf Christus und die Kirche als Braut Christi (Epheser 5,32) übertragen. Die Kirche ist dabei ihrerseits kein Realsymbol wie eine menschliche Braut, sondern eine Allegorie – die weibliche Figuration eines aus Männern, Frauen bestehenden Kollektivs. Die Metapher von der Kirche als Braut Christi beinhaltet daher logischerweise die gleichgeschlechtliche Ehe als eines ihrer Momente. Andernfalls wären die Männer entweder aus der Kirche ausgeschlossen oder müssten im Gegensatz zu ihrem biologischen Geschlecht ein weibliches Gender – gewissermaßen als ihr Kirchengeschlecht – annehmen. Brinkschröder weist darauf hin, dass hier bereits so etwas wie eine Gender-Theologie vorliege: "Wenn die Synodalen schon die 'Gender-Ideologie' aufs Korn nehmen wollen, dann sollten sie das gleiche Geschütz auch auf die katholische Gender-Theologie richten." (Brinkschröder 2015, 431)

3. Schluss

Seit Jahrzehnten wird die römisch-katholische Kirche von Missbrauchsfällen gegenüber - zumeist männlichen – Jugendlichen erschüttert. Durch die Veröffentlichung von Vergewaltigungen an katholischen Nonnen ist ein bisher noch nie dagewesener Tiefpunkt erreicht worden. Damit steckt die römisch-katholische Kirche in der schwersten Krise seit der Reformation, wie dies der Kirchenhistoriker und Priester Hubert Wolf betont: "Ich halte diese Krise, wenn ich sie historisch anschaue, für größer als das, was in der Reformation passiert ist. Eine Religion, die keine Glaubwürdigkeit hat, ist am Ende." (KNA, 17.02.2019)

---

[35] Siehe dazu Streitfall Liebe, wo Valeria Hinck der Frage nachgeht, ob es sich vereinbaren lässt, eine homosexuelle Partnerschaft zu leben und Christ zu sein. (Hinck 2016)

Viele Nonnen brechen ihr bisheriges Schweigen und zeigen Machtmechanismen auf, die den systematischen Missbrauch ermöglichen: Ständige Erniedrigung durch den männlichen Klerus, Unterwerfungsrituale, abwertende Sprache, ein in sich geschlossenes totalitäres System, Sprechverbot, radikale Leidensmystik, Verbots- und Schuldmoral, und vor allem ein Umgang "von oben herab", der eine Begegnung auf Augenhöhe verunmöglicht.[36] Immer mehr Verantwortliche in der römisch-katholische Kirche weisen darauf hin, dass es sich bei den Missbrauchsskandalen nicht nur um einzelne schwarze Schafe handelt, sondern um ein Strukturproblem. Bischof Heiner Wilmer spricht in Anlehnung an Eugen Drewermann von "'Strukturen des Bösen' in der Kirche als Gemeinschaft". (siehe: Drewermann 2018). Um diese Strukturen zu verändern, brauche es eine wirksame Kontrolle der Macht in der Kirche. Es sei mehr als bedauerlich, dass das Problem von sexualisierter Gewalt und Machtmissbrauch in der Kirche immer noch nicht ernst genommen werde.

Stattdessen führt die römisch-katholische Kirche, gemeinsam mit der orthodoxen und den evangelikalen Kirchen, einen wahren Kreuzzug gegen die von der Europäischen Union initiierte Instanbul-Konvention gegen sexualisierte Gewalt an Frauen und häusliche Gewalt, mit der das erste rechtverbindliche Instrument vorliegt, das mit dem Konzept von Gender arbeitet. Anstatt dieses Instrumentarium zur Bekämpfung jeglicher Formen von sexualisierter Gewalt in den eigenen Reihen zu verwenden, findet – ausgehend von der römisch-katholischen Kirche seit den 2000er Jahren – eine immer aggressiver werdende Verleumdungskampagne gegenüber einer vermeintlichen "Genderideologie" statt. Es ist daher an der Zeit, den von der breiten Öffentlichkeit kaum wahrgenommenen Anti-Genderismus der römisch-katholischen Kirche mit den Missbrauchsfällen in Verbindung zu bringen und als Ausdruck des Unwillens und der Unfähigkeit zu entlarven, sich mit den eigenen Strukturen von sexualisierter Macht und Gewalt auseinanderzusetzen.

Der Zusammenhang von Sexualität und Macht ist sehr komplex und oft nicht auf den ersten Blick erkennbar, da er hinter einem Schleier von Mythen verborgen bleibt, die in der römisch-katholischen Kirche von einer Liebes- und Brautmystik und einer Sakralisierung der Ehe genährt werden, in welcher die Verbindung von Christus als Bräutigam und der Kirche als Braut auf das menschliche Paar übertragen wird, wodurch die Ehe zu einer Heilsgröße wird, in der Erlösung und Heiligung erlangt werden kann. Dem steht ein Verständnis von Sexualität gegenüber, das auf genitalen Akten der Penetration von Frauen zwecks Hervorbringung von Nachkommenschaft beruht, das erst mit dem *Zweiten Vatika-*

---

[36] Siehe dazu das Gespräch zwischen Doris Wagner und Kardinal Schönborn "Missbrauch in der katholischen Kirche: Eine Frau kämpft um Aufklärung" (Meining 2019), sowie die ORF-Sendung (IM ZENTRUM 2019).

num entschärft und durch die Möglichkeit einer "human" vollziehbaren Sexualität in einer frei bejahten Liebesziehung zwischen zwei Personen ergänzt wurde. (*Gaudium et spes* §49) Der Vorschlag einer Gradualitätsthese, d.h. der graduellen Teilhabe von gleichgeschlechtlichen Partnerschaften an der Heilsgröße der heterosexuellen Ehe, so wie sie von Kardinal Schönborn bei der Familiensynode 2014 eingebracht wurde (Brinkschröder 2015, 425), zeugt jedoch davon, dass das Heilsverständnis immer noch von sexuellen Akten her und nicht vom gemeinsamen Weg zweier Personen mit Christus in einer frei bejahten Liebesbeziehung verstanden wird. Darüber hinaus wird völlig ausgeblendet, dass dadurch, dass sich die römisch-katholische Kirche als Braut Christi und damit als grundsätzlich weiblich versteht, alle Männer in dieser Kirche, auch die Priester und Mönche, zu Bräuten werden und damit in einer Art gleichgeschlechtlichen Liebe zu Christus leben. Es wäre daher die Frage zu stellen, ob die so vehemente Ablehnung der vermeintlichen Gender-Ideologie nicht mit der Abwehr gegen die eigene "Gender-Theologie" (Brinkschröder 2015, 431) zusammenhängen könnte.

Um den Zusammenhang zwischen Sexualität, Unterwerfung und Macht in den Blick zu bekommen, wäre es für die römisch-katholische Kirche von fundamentaler Bedeutung, wenn sie sich mit der Genderthematik detailliert auseinandersetzen würde. Ursprünglich von der Sexualforschung als Gegenbegriff zum Begriff "Sex", der für die biologische Ausstattung des Menschen steht entwickelt, wurde der Begriff "Gender" von der Frauenforschung in 1970er Jahren übernommen, um das Verhältnis von Biologie und kulturellen Faktoren genauer zu untersuchen. Dadurch wurde der Blick frei zunächst einmal für eine naturwissenschaftliche Auseinandersetzung mit den mannigfaltigen Erscheinungen von Sexualität beim Menschen, aber auch im Tier- und Pflanzenreich. Die Sichtbarkeit der Vielfalt an Ausprägungsformen in der biologischen Ausstattung löste zunächst Verwunderung darüber aus, dass es Pflanzen gibt, an denen sowohl männliche als auch weibliche Sexualorgane vorhanden sind. Auch stellte sich heraus, dass Homosexualität im Tierreich weit verbreitet ist – so leben Teile der Pinguinpopulationen in lebenslangen gleichgeschlechtlichen Partnerschaften und unterstützen tatkräftig brütende Paare und später die Aufzucht deren Kinder. Wenn in *Homosexualitatis problema* (1986) darauf hingewiesen wird, "dass die umfassende katholische Wahrheit die Erkenntnisse der Wissenschaften überbietet," (Goertz 2015, 220) ist dies keine Bestätigung für die Naturwidrigkeit homosexuelle Handlungen, sondern ein Zeugnis dafür, dass die jeweilige kulturelle Sichtweise bzw. Ordnungsstruktur die Wirklichkeit überformt und damit all das ausblendet, was nicht ihren Vorstellungen entspricht.

Mit der Übernahme von *sex* und *gender* als Analysekategorie in die Frauenforschung findet derjenige "*cultural turn*" statt, der nunmehr den Blick dafür freigibt, wie kulturelle Ordnungsstrukturen unsere Sicht der Wirklichkeit bestimmen. Das Feld das sich hierbei geöffnet, ist äußerst weit gespannt und komplex, weshalb es überhaupt keinen Sinn macht von *der* Genderideologie zu sprechen, wie dies immer wieder getan wird. Vielmehr gibt es eine Vielzahl an einander oft wiedersprechender Gendertheorien. Ausgehend von der Frauenforschung und der feministischen Theoriebildung, der es primär um Geschlechtergerechtigkeit geht, widmen sich große Teile der Genderforschung der Frage, welche Mechanismen dazu führen, dass Frauen ausgeschlossen, abgewertet, missachtet und benachteiligt werden. Um nur einige konkrete Beispiele zu nennen: Gendermainstreaming, Gendermedizin und das Genderkonzept der Istanbul-Konvention gegen geschlechtsspezifische Gewalt an Frauen zeigen die komplexen Machtstrukturen auf, die hinter einer sich als neutral ausgebenden männlichen Norm verschleiert sind und entwerfen konkrete Maßnahmen für ein menschenwürdiges, gewaltfreies und gerechtes Leben von Frauen. Der weitaus größte Bereich der *Genderstudies* beschäftigt sich also mit Fragen der Geschlechtergerechtigkeit zwischen Frauen und Männer und den strukturellen Machtverhältnissen, die zu sexualisierter Gewalt und zu Ausbeutung führen. Es geht hier also keineswegs darum, das biologische Geschlecht auflösen zu wollen, sondern ganz im Gegenteil, zu untersuchen, welche Auswirkungen die jeweilgen Machtstrukturen auf Frauen und Männer haben. Denn auch Männer können zu Opfern werden, nämlich dann, wenn sie den Macht- und Dominanzgelüsten anderer Männer ausgesetzt sind, wie dies am Fall von Sodom und Gomorra oder am Beispiel von Robert Musils *Verwirrungen des Zöglings Törles* ersichtlich ist.

Gerade am Beispiel von Sodom und Gomorra und dem davon abgeleiteten Umgang mit Homosexualität wird das Konzept von Gender besonders deutlich: Männliche Sexualität, verstanden als Akt der Penetration macht den penetrierten Mann zur Frau. Es ist also nicht die biologische Ausstattung, die einen Mann zu einem Mann macht, sondern die Art und Weise wie er seine Sexualität lebt, nämlich als Penetration Anderer, auch gegen deren Willen. Dieses Verständnis von Männlichkeit findet ihren Ausdruck nach wie vor in der weltweit verbreiteten Vergewaltigungskultur,[37] die allerdings zumeist Frauen trifft – und dies nicht nur in Indien, sondern weltweit und wie die jüngsten Ereignisse zeigen auch in katholischen Nonnenklöstern. Homosexualität ist nicht deshalb so verpönt, weil dadurch keine Nachkommenschaft gezeugt wird, sondern weil sie einer Feminisierung Vorschub leistet, welche die Machtposition des Mannes in Frage stellt. In *Der gemachte Mann* zeigt Robert W. Connell, dass auch heute noch jede Männlichkeit, welche die herrschende Vor-

---

[37] Siehe dazu: Zoja 2018. Nach einem Jahrhundert des Feminismus sei der Westen zwar post-patriarchal, jedoch nicht post-sexistisch. Gruppenvergewaltigungen an Frauen seien weltweit immer noch an der Tagesordnung. Es bedürfe daher dringend einer neuen Debatte über männliche Gewalt.

stellung von Männlichkeit untergraben könnte, wie z.B. schwule Männlichkeit, abgelehnt und dem Vorwurf der Weiblichkeit ausgesetzt wird. (Cornell 1995, 165)

Für gewöhnlich gehen wir davon aus, dass die biologische Gegebenheit, also "sex", darüber bestimmt, wie man sich verhält, welche Rollen man übernimmt und welche Identität man hat. Als biologische Mann (*sex*) hat man sich *maskulin* zu verhalten (*gender*), die von der Gesellschaft vorgeschriebenen Rollen auszufüllen (*genderrole*) und eine männliche Identität zu entwickeln (*gender-identity*). In den Anfängen der Sexualforschung wurden unter *gender* die Männlichkeits- und Weiblichkeitsanteile einer Person verstanden und die verschiedenen Zwischenstufen betrachtet, die zu einer wissenschaftlichen Erklärung und Entkriminalisierung der Homosexualität von Männern beitragen sollten. In den Genderstudies wird der Blick frei für die Frage, ob das Verhältnis von *sex* und *gender* nicht weitaus komplexer ist als bisher angenommen, ja mehr noch, ob *gender* nicht immer schon darüber bestimmt, was unter *sex* zu verstehen ist. Denn im Grunde genommen bestimmen die soziale Rolle und die jeweiligen Verhaltensweisen darüber, was unter "*sex*" im Sinne des Mann-Seins oder Frau-Sein zu verstehen ist, etwas das im Übrigen in vielen außereuropäischen Kulturen schon immer eine soziale Praxis darstellte.

Gegen genau diese Sichtweise, die zunächst von Judith Butler aufgeworfen wurde, wendet sich der Unmut der Anti-Genderisten. Konkreten Ausdruck findet dieser Protest im Jahr 2012 in Transparenten mit der Aufschrift: "We want sex, not gender!", mit dem DemonstrantInnen in Frankreich gegen die Ehe für Alle protestieren. Ihrer Meinung nach ist "sex" als biologische Ausstattung alleine ausschlaggeben. Genau genommen bedeutet dies, dass das im sexuellen, männlichen Akt der Penetration enthaltene Vergewaltigungspotential die Richtschnur für das Zusammenleben von Mann und Frau bildet. Daraus lässt sich zwar erklären, dass es bis vor Kurzem Zeit das Delikt der Vergewaltigung in der Ehe nicht gab und dass Vergewaltigung heute in vielen Ländern immer noch als Ausdruck und Manifestation wahrer Männlichkeit verstanden wird, es passt allerdings weder mit den zentralen Botschaften des Christentums zusammen, noch mit den Menschenrechten, die größtenteils dem Christentum entstammen.

Papst Franziskus spricht in der Generalaudienz zum Neujahr 2019 davon, dass dort, wo das Evangelium ist, Revolution ist: "Das Evangelium lässt uns nicht ruhig, es drängt uns: Es ist revolutionär." (Papst Franziskus 2019) Wie lange noch wird es dauern, bis die christliche Botschaft in der römisch-katholischen Kirche ankommt und der Ausschluss, die Unterdrückung und Verachtung von Frauen, Homosexuellen, Transgenderpersonen und Intersexuellen ein Ende nimmt? Wie lange noch wird es dauern bis man einander auf gleicher Augenhöhe begegnet im Sinne von Galater 3.28: "Da ist weder Jude noch Grieche, da ist weder Sklave noch Freier, da ist nicht Mann und Frau."

Galater 3.28 beinhaltet die zentrale Fragestellung, welche die *Genderstudies* in zwei große Blöcke teilt, nämlich auf der einen Seite das Gender-Mainstreaming, welches eine natürliche Zweigeschlechtlichkeit voraussetzt und auf der anderen die Queer-Theorien, welche diese in Frage stellt. Brinkenschröder weist mit Recht darauf hin, dass die Bischöfe in ihren Hirtenbriefen vor *der* Gender-Ideologie warnen, ohne zu wissen, was sie da eigentlich sagen, weil sie beide Ansätze in einen Topf werfen, "obwohl beide auf geradezu gegensätzlichen Gender-Theorien basieren." (Brinkenschröder 2015, 420) Die Queer-Theorien gehen davon aus, dass das Verhältnis Mann-Frau genauso überwunden werden muss, wie dasjenige von Freien und Sklaven, wie es in Galater 3.28 gefordert wird, da die Herrschafts- und Machtverhältnisse so stark verfestigt sind, dass sie nur durch die Überwindung der kategorialen Zuschreibungen von Mann und Frau aufgelöst werden können. Die meisten Gender-Ansätze nehmen jedoch an, dass es möglich wäre, das "wahre" Mann- bzw. Frausein in Erscheinung treten zu lassen, wenn erst einmal alle geschlechtsspezifischen Herrschaftsstrukturen abgebaut sind. Mit Edith Stein könnte man diese Frage folgendermaßen formulieren: Können all diejenigen Strukturen überwunden werden, die "zur spezifischen Entartung des Mannes im ‚*brutalen Herrentum* (allen Geschöpfen und speziell der Frau gegenüber)' und zur spezifischen Entartung der Frau in Form der '*sklavischen Bindung an den Mann*'" geführt haben? (Stein 1959, 141) Oder mit Worten Simone de Beauvoirs: "Erst wenn die Versklavung der einen Hälfte der Menschheit mitsamt dem ganzen verlogenen System, das dazugehört, einmal abgeschafft ist, wird die ‚Unterteilung' der Menschheit ihre authentische Bedeutung offenbaren, wird das von zwei Menschen gebildete Paar seine wahre Gestalt finden." (Beauvoir 1992, 899)

Viele Frauen, aber auch zunehmend mehr Männer, hoffen darauf, dass diese Revolution in der Kirche stattfindet. Dafür bedarf es mehr als einer Reform, nämlich eine Umkehr, um den Blick frei zu bekommen für die Botschaft Jesu, denn Christus hat uns – und zwar jede und jeden von uns - zur Freiheit befreit.[38] Christus ermächtigt uns, gegen alle Verhältnisse, die den Menschen klein und verächtlich machen aufzustehen, sich zu wehren und sich für eine menschenwürdige Welt einzusetzen, in der niemand mehr ausgeschlossen, verfolgt und getötet wird, sei dies aufgrund seines Geschlechtes, seiner sexuellen Orientierung oder seiner Geschlechtsidentität. Es ist längst an der Zeit für den überfälligen Aufbruch, den Papst Franziskus immer wieder einfordert – in Dialog zu treten, mit all denjenigen die längst schon außerhalb der Kirche das Christentum und mehr Gerechtigkeit in der Welt zu verwirklichen versuchen. Dazu gehören maßgeblich auch die *Genderstudies* in all

---

[38] Der Lebensbericht von Doris Wagner macht in schonungsloser Klarheit deutlich: "In der Kirche beanspruchen Denken- und Lebensweisen Geltung, die dem widersprechen." (Wagner 2014, 17)

ihren zum Teil auch widersprüchlichen Positionen. Als Papst Franziskus sich mit dem chilenischen Missbrauchsskandal intensiv auseinanderzusetzen begann, erkannte er, dass es sich nicht um einzelne Straftäter, sondern um ein ganzes Missbrauchssystem handelt. Ich wünsche mir, dass der Papst von eben diesem tiefen "Erschrecken (...) über die eigene Blindheit", wie er es selbst formuliert (Wagner 2019, 7), erfasst wird und sich ernsthaft mit der Genderfrage auseinandersetzt, damit ihm dadurch die Augen geöffnet werden für das tiefgehende und allumfassende Missbrauchssystem an Frauen und sexuellen Minderheiten.

Dr. Susanne Moser, Institut für Axiologische Forschungen, Wien /
Karl Franzens-Universität Graz, susanne.moser[at]univie.ac.at

Literaturangaben

Aquin, Thomas von. *Summa Theologiae I-II*, Graz: Styria Verlag, 1933.

Barreiro, Ignacio. "Review of Robert Cardinal Sarah's 'God or Nothing'", Human Life International 10.12.2015 <https://www.hli.org/2015/12/review-of-god-or-nothing-robert-cardinal-sarah/>

Beauvoir, Simone de. *Das andere Geschlecht. Sitte und Sexus der Frau*. Reinbek bei Hamburg: Rowohlt, 1992.

Stubenrauch, Bertram. "Kein Stellvertreter mehr? Theologe Stubenrauch will einen Papsttitel streichen". Ein Interview mit Bertram Stubenrauch, 25.04.2015 <https://www.katholisch.de/aktuelles/aktuelle-artikel/kein-stellvertreter-mehr>

Bibel, <https://www.bibleserver.com/start>

Bioethikkommission beim Bundeskanzleramt. *Intersexualität und Transidentität. Stellungnahme der Bioethikkommission*. Wien: Bundeskanzleramt, 2017.

Brinkschröder, Michael. "Die christliche Artikulation gleichgeschlechtlicher Sexualität. Theologische Diskurse und hegemoniale Konstellationen", in: Goertz, Stephan. (Hrsg.) *"Wer bin ich, ihn zu verurteilen?" Homosexualität und katholische Kirche*. Freiburg: Herder, 2015, 279-324.

Brinkschröder, Michael. "Neue Offenheit oder alte Ängste? Homosexualität und gleichgeschlechtliche Partnerschaften als Thema der Familiensynode," in: in: Goertz, Stephan. (Hrsg.) *"Wer bin ich, ihn zu verurteilen?" Homosexualität und katholische Kirche*. Freiburg: Herder, 2015, S. 279-324.

Bućan, Strahinja. "Heiliger Krieg gegen Istanbul-Konvention", Czech Radio, 15.10.2018 <https://www.radio.cz/de/rubrik/tagesecho/heiliger-krieg-gegen-istanbul-konvention>

Butler, Judith. *Das Unbehagen der Geschlechter*. Frankfurt am Main: Suhrkamp, 1991.

Butler, Judith. "Heterosexualität ist ein Fantasiebild", in: *Philosophie Magazin* Nr. 1, 2013, 64-69.

Council of Europe. "Convention on preventing and combating violence against women and domestic violence", Istanbul, 11.05.2011 <https://www.coe.int/en/web/conventions/full-list/-/conventions/rms/090000168008482e>

Drewermann, Eugen. *Strukturen des Bösen – Die jahwistische Urgeschichte in exegetischer/psychoanalytischer/philosophischer Sicht*. Paderborn: Schöningh, 1988.

DW (Deutsche Welle). "Nonnen von Priestern als Sexobjekt missbraucht", dw.com, 05.02.2019 <https://www.dw.com/de/nonnen-von-priestern-als-sexobjekt-missbraucht/a-47375379>

Europarat. "Istanbul-Konvention: Den Nebel aus falschen Vorstellungen lichten", Strassburg 07.03.2018 <https://www.coe.int/de/web/portal/-/istanbul-convention-clearing-away-the-fog-of-misconceptions>

European Parliament Forum on Population and Development. *Restoring the Natural Order. The religious extremists' vision to mobilize European societies against human rights on sexuality and reproduction*. Brussels: EPF, 2018.

Fiedler, Peter. *Sexuelle Orientierung und sexuelle Abweichung*. Basel: Weinheim, 2004.

Foucault, M. *Die Geburt der Klinik. Eine Archäologie des männlichen Blickes*. Frankfurt am Main: Fischer, 1988.

Frey et al. (Hrsg.) *Gender, Wissenschaftlichkeit und Ideologie. Argumente im Streit um Geschlechterverhältnisse*. Berlin: Gunda-Werner-Institut der Heinrich-Böll-Stiftung. Berlin, 2014.

Gerl-Falkovitz, Hanna-Barbara. "Gleichheit und Unterschied. Wo ist die Frauenfrage angelangt?", in: Das Weibliche. Edith Stein Jahrbuch, Bd. 2, Würzburg: Echter Verlag 1996, 55-67.

Goertz, Stephan. (Hrsg.) *"Wer bin ich, ihn zu verurteilen?" Homosexualität und katholische Kirche*. Freiburg: Herder, 2015.

Goertz, Stephan. (Hrsg.) "Zwischen himmelschreiender Sünde" und "Geschenk der Liebe". Konzepte und Bewertungen der Moraltheologie und im römischen Lehramt", in: Goertz, Stephan. (Hrsg.) *"Wer bin ich, ihn zu verurteilen?" Homosexualität und katholische Kirche*. Freiburg: Herder, 2015.

Hark, Sabine und Paula-Irene Villa. *Anti-Genderismus. Sexualität und Geschlecht als Schauplätze aktueller politischer Auseinandersetzungen*. Bielefeld: transcript Verlag, 2015.

Herzer, Manfred. *Magnus Hirschfeld und seine Zeit*. Oldenburg: De Gruyter, 2017.

Herder Korrespondenz. "Die Debatte um die vermeintliche Gender-Ideologie", herder-korrespondenz.de 2014, online abgerufen am 03.01.2018 <https://www.herder-korrespondenz.de/theologie/theologie-aktuell/gendertheorie-zur-debatte-um-die-vermeintliche-gender-ideologie>, siehe im archive.org <https://web.archive.org/web/20150722164354/https://www.herder-korrespondenz.de/theologie/theologie-aktuell>

Hinck, Valeria. *Streitfall Liebe*. Hamburg: WDL Verlag 2016 (online Version: http://www.streitfall-liebe.de/online-version.html)

Hirschfeld-Eddy- Stiftung. *Yogyakarta-Prinzipien zur Anwendung der Menschenrechte in Bezug auf die sexuelle Orientierung und geschlechtliche Identität.* Berlin: 2008,

Hirschfeld, Magnus. *Jahrbuch für sexuelle Zwischenstufen.* Leipzig und Berlin: Max Spohr, 1899.

Honegger, Claudia. *Die Ordnung der Geschlechter. Die Wissenschaften vom Menschen und das Weib 1750-1850.* München: dtv Verlag, 1996.

Hoyer, Niels. (Hrsg.) *Man into Woman: The First Sex Change.* London: Blue Boat Books Ltd, 2004.

IEF (Institut für Ehe und Familie). "Leihmutterschaft: Initiative 'Stoppt Leihmutterschaft' fordert internationales Verbot", 7.3.2018 (online: https://www.ief.at/initiative-stoppt-leihmutterschaft-fordert-internationales-verbot/)

IM ZENTRUM: "Von Missbrauch bis Vertuschung - die Kirche zwischen Schuld und Sühne", Eine Sendung von Claudia Reiterer, So, 10.02.2019, <https://www.youtube.com/watch?v=Q0a658QwrvA>

Katechismus der katholischen Kirche, Berlin: De Gruyter, 2015.

kath.net. "Papst Franziskus: Gender-Ideologie für Kinder 'ist schrecklich'" kath.net, 24 August 2016 <http://kath.net/news/mobile/56428>

KIV-Redaktion. "Österreich verliert bei Gleichberechtigung", kiv.at 8.3.2018 <http://www.kiv.at/oesterreich-verliert-bei-gleichberechtigung/>

KNA (Katholische Nachrichten Agentur). "Papst-Aussagen zur Homosexualität unter der Lupe, 'Gott liebt dich so'", domradio.de, 25.05.2018 <https://www.domradio.de/themen/vatikan/2018-05-25/papst-aussagen-zur-homosexualitaet-unter-der-lupe>

KNA (Katholische Nachrichten Agentur). "Jetzt spricht Wucherpfennig: Vatikan verletzt Schwule und Lesben", katholisch.de, 10.10.2018 <https://www.katholisch.de/aktuelles/aktuelle-artikel/jetzt-spricht-wucherpfennig-vatikan-verletzt-schwule-und-lesben>

KNA (Katholische Nachrichten Agentur). "Kirchenhistoriker: Missbrauchsskandal größere Krise als Reformation. Religion sei ohne Glaubwürdigkeit 'am Ende'", katholisch.de, 17.02.2019 <https://www.katholisch.de/aktuelles/aktuelle-artikel/kirchenhistoriker-missbrauchsskandal-groere-krise-als-reformation>

Kramar, Thomas. "Gender Trouble: Wie die "Queer-Theorie' das Geschlecht umdeutet", Die Presse 03.09.2012 <https://diepresse.com/home/meinung/marginalien/1286021/Gender-Trouble_Wie-die-QueerTheorie-das-Geschlecht-umdeutet>

Magistrat der Stadt Wien. "Personenstandsänderung", Wien: Magistrat der Stadt Wien, 2018 <https://www.wien.gv.at/menschen/queer/transgender/geschlechtswechsel/rechtlich/personenstand.html>

Marschütz, Gerhard. "Wachstumspotential für die eigene Lehre", in: *Herder Korrespondenz* 68, Nr. 9, 2014, 457-462.

Mayreder, Rosa. *Zur Kritik der Weiblichkeit.* Wien: Mandelbaum Verlag, 1998.

Meining, Stefan. "Missbrauch in der katholischen Kirche: Eine Frau kämpft um Aufklärung." Doris Wagner und Kardinal Schönborn im Gespräch, Bayrischer Rundfunk 07.02.2019 <https://www.youtube.com/watch?v=PfF_ArkQzFY>

Moser, Susanne. *Freiheit und Anerkennung bei Simone de Beauvoir*. Tübingen: edition discord, 2002.

Musil, Robert. *Die Verwirrungen der Zöglings Törless*. In: *Gesammelte We*rke, Bd. 6, Reinbeck bei Hamburg: Rowohlt, 1981, 7-140.

Nissinen, Martti. *Homoeroticsm in the Biblical World: A Historical Perspective*. Minneapolis 1998.

Papst Benedikt XVI. "Ansprache von Papst Benedikt XVI. beim Weihnachtsempfang für das Kardinalskollegium, die Mitglieder der römischen Kurie und der päpstlichen Familie", Sala Clementina, Freitag, 21, Dezember 2012, <http://w2.vatican.va/content/benedict-xvi/de/speeches/2012/december/documents/hf_ben-xvi_spe_20121221_auguri-curia.html>

Papst Franziskus. *Amoris Laetitia*, Freiburg: Herder, 2016.

Papst Franziskus. "Generalaudienz", Mittwoch, 02.01.2019 <http://w2.vatican.va/content/ francesco/de/audiences/2019/documents/papa-francesco_20190102_udienza-generale.html>

Perko, Gudrun. *Queer-Theorien. Über ethische, politische und logische Dimensionen des pluralqueeren Denkens*. Köln: PapyRossa Verlag, 2005.

Publik Forum, Nr. 15, 2018.

Pius XI. "Enzyklika Casti connubii über die christliche Ehe im Hinblick auf die gegenwärtigen Lebensbedingungen und Bedürfnisse von Familie und Gesellschaft und auf die diesbezüglich bestehenden Irrtümer und Mißbräuche", 31. Dezember 1930 https://stjosef.at/dokumente/casti_connubii.htm

Raynova, Yvanka B. Raynova, Yvanka B. "Das andere Geschlecht, eine postmoderne Lektüre", in *L'Homme, Zeitschrift für feministische Geschichtswissenschaft*, Heft 8, 1999, 79-90.

Rubin, Gayle. "The Traffic in Women: Notes on the 'Political Economy' of Sex", in: Reiter, Rayna R. (Hrsg.) *Toward an Anthropology of Women*, New York: Monthly Review Press, 1975, 157-210.

Sarah, Robert. *God or Nothing – A Conversation on Faith*. Francisco: Ignatius Press, 2015.

Saravanan, Sheela. *A Transnational Feminist View of Surrogacy Biomarkets in India*. Berlin: Springer, 2018.

Schmid, Gunter. "Sexualwissenschaft", in: Von Braun, Christina und Inge Stephan (Hrsg.). *Gender-Studien. Eine Einführung*. Stuttgart: Metzler 2006.

Stegemann, Wolfgang. "Homosexualität – ein modernes Konzept", in: *Zeitschrift für Neues Testament 1 (1998)*,

Stein, Edith. *Die Frau. Ihre Aufgabe nach Natur und Gnade*, Freiburg: Herder, 1959.

Stoller, Robert. *Sex and Gender: The Development of Masculinity and Femininity*. London: Karnac, 1968.

Stubenrauch, Bertram und Barbara Just. "Kein Stellvertreter mehr? Theologe Stubenrauch will einen Papsttitel streichen", katholisch.de, 25.04.2013 <https://www.katholisch.de/aktuelles/aktuelle-artikel/kein-stellvertreter-mehr>

Trallori, Lisbeth N. *Der Körper als Ware. Feministische Interventionen.* Wien: Mandelbaum Verlag, 2015.

Trauthwein, Niki. "Lili Elbe", Bundesstiftung Magnus Hirschfeld, s.a. <https://mh-stiftung.de/biografien/lili-elbe/>

Verfassungsgerichtshof. G258/2017, 4.12.2017, https://www.ris.bka.gv.at/Dokumente/Vfgh/JFR_20171204_17G00258_01/JFR_20171204_17G00258_01.pdf

Wagner, Doris. *Nicht mehr ich. Die wahre Geschichte einer jungen Ordensfrau.* München: Knaur, 2014.

Wagner, Doris. "#NonsToo. Sexueller Missbrauch an Ordensfrauen. Fakten und Fragen", in: *Stimmen der Zeit*, Nr. 6, 2018, 374-384.

WHO (World Health Organization). "Gender, equity and human rights. Glossary of terms and tools", Source: WHO, Gender mainstreaming for health managers: a practical approach, 2011 <https://www.who.int/gender-equity-rights/knowledge/glossary/en/>

Zoja, Luigi. *Männlichkeit und kollektive Gewalt: Vom Mythos bis zur Gegenwart.* Gießen: Psychosozialverlag, 2

FROM THE ARCHIVES

JAN PATOČKA (Prag)
Das Urchristentum im Rahmen der antiken Religionen[1]

In dieser kleinen Schrift bietet der Meister der Neutestamentarischen Kritik und Interpretation seinen Lesern einen umfassenden Überblick über die Verortung des Urchristentums auf der geistigen Landkarte der alten Welt. Es ist das Werk von einem der heute herausragenden Forscher, verwurzelt in der Schule der deutschen Theologie und der deutschen philosophischen Strömungen der ersten Hälfte unseres Jahrhunderts. Den Ausgangspunkt seiner Interpretation bilden die allgemeinen Grundhaltungen, in denen sich das Selbstverständnis des antiken Menschen ausdrückt und – insofern diese Haltungen auch uns berühren – das Selbstverständnis des Menschen überhaupt. In fünf Kapiteln analysiert er hier das Alttestamentarische Erbe (die Grundlagen des jüdischen Monotheismus), das Judentum der Zeit Jesu, die griechische Weltanschauung, den Hellenismus und schließlich das Urchristentum (vor allem Paulus und das Johannesevangelium).

Die Achse des Buches bildet, sachlich wie auch methodisch, der Kontrast zwischen dem judaistischen und dem hellenischen Verständnis des Menschen. Deutlich werden die Züge des altjüdischen Theismus herausgearbeitet, sein supranaturaler und voluntativer Charakter, in dem weder der Begriff noch das Problem von Natur und Natürlichkeit vorkommen. Wesentlich ist in der jüdischen Haltung die historische Auffassung der Welt, die Unvermeidlichkeit eines historischen Ausdrucks des Glaubens, der hier die unbedingte Abhängigkeit von der Macht Gottes meint. Die Geschichte selbst wiederum wird darin nicht *a tergo*, kausal, ausgelegt, sondern *a fronte,* final, von ihrem Ende und ihrer Erfüllung her, eschatologisch, nicht immanent historisch und politisch wie bei den Griechen. Das symbolisch-sinnliche Modell der Erkenntnis ist nicht das griechische Schauen, sondern das Hören, welches das Wort der Weisung vernimmt. Auch Wahrheit ist ursprünglich Weisung, die Anerkennung verlangt, keine Aussagewahrheit wie bei den klassischen Griechen. Ebenso wenig ist Weisheit theoretisches Wissen, vielmehr Gottesfurcht, zu unterscheiden von der Angst, von der sie befreit und so dem Leben Sicherheit verleiht. Die Gottesfurcht, der Respekt vor der göttlichen Weisung, gibt dem Menschen Sicherheit ganz ohne jeden seichten Optimismus; er weiß um das Leiden, er weiß um das menschliche Unterworfensein durch die Natur, um seine Nichtigkeit vor Gott; gegen das Leiden des Einzelnen hilft keine

---

[1] Rezension zu Rudolf Bultmanns gleichnamigem Buch (Zürich: Artemis Verlag, 1949).

allumfassende Harmonie. Vor Gott soll sich der Mensch nicht fühlen wie das Glied eines autonomen gesellschaftlichen Ganzen oder wie der spezielle Fall einer allgemeinen Regel, sondern er soll hoffen auf die Zukunft und sich dabei der unergründlichen göttlichen Ordnung unterwerfen. Dieses hoffende Warten, bei dem das Schicksal des Einzelnen eingelassen ist in die Schicksale des ganzen Volkes, sich verlassend auf den göttlichen Plan, ist der alt-testamentarische Glaube.

Im Unterschied zu anderen vorderasiatischen Religionen ist Gott hier nicht an einen Ort gebunden, sondern an eine Nation, an ein Volk. Dieses Volk aber ist keine Gemeinschaft Freier und Gleichberechtigter, hervorgebracht durch einen gemeinsamen Willen. Es entsteht vielmehr durch die Treue zur Geschichte und Tradition, d.h. durch Gottesfurcht. Die Feiertage vergegenwärtigen dieses Geschehen, die Geschichte des Bundes mit dem Herrn. Im subjektiven Erleben der Geschichte dieses Bundes begründet sich das Bewusstsein einer Erwählung als Volk, die allerdings scharf zu unterscheiden ist von aller Selbstgerechtigkeit: Gott hat erwählt, Gott kann auch aus freien Stücken verwerfen. Dadurch entsteht (bei den Propheten) die Tendenz zu einer Eschatologisierung der Idee des Bundes. Folglich liegt auch der Gedanke der göttlichen Herrschaft immer im Konflikt mit dem weltlichen Königreich, ebenso wie das Prophetentum von Beginn an in einen Konflikt zu den Tendenzen einer neuen Staatlichkeit und gesellschaftlichen Organisation des Königstums Davids tritt, wodurch aber es aber diese Staatlichkeit überleben und in die Theokratie Ezras übergehen kann.

Anthropologisch betrachtet kennt das Alte Testament nicht den typisch griechischen Dualismus von Körper und Seele. Stattdessen setzt es den Unterschied von Fleisch und Seele als zwei Seiten desselben Lebewesens. Es gibt keine Unsterblichkeit, erst spät dringt aus iranischen Quellen die Idee einer Auferstehung von den Toten ein. Das Sterben ist kein Akt, in dem das Leben harmonisch ausatmet, so wie in der griechischen Weisheitslehre. Es gibt nicht das Problem eines *eigentlichen* (wahren) Lebens wie bei den Hellenen, somit auch nicht das eines „geistigen" Lebens: ein langes und glückliches Leben natürlicher Art ist das höchste menschliche Gut. Deshalb müssen hier alle ethisch-erzieherischen Ideen und Ideale, die so typisch für das Griechische sind, fehlen. Keine Mystik, keine Persönlichkeit, natürlich auch keine kulturelle und literarische Tätigkeit, die sich darum drehen würde: So wird z.B. die Dichtung ausschließlich zum Ausdruck einer religiösen Tendenz, zu Lobpreis, Dank, Bitte, Klagelied. Gut und Böse entspringen nicht dem Ideal einer Autonomie der menschlichen Person, gehen nicht aus einer Gestaltung der menschlichen Natürlichkeit hervor, sondern aus der Beziehung zum Gesetz: Gerechtigkeit ist dessen aufrichtige Erfüllung. Die Ethik, formuliert in einer Reihe von Verboten ohne jedes Bemühen um rationale Systematisierung, ist sozial, aber nicht politisch. Die Grenze zwischen kultischen und moralischen Vorschriften ist fließend, was bei einigen Propheten zu der Auffassung führt, Gerechtigkeit sei die einzige Forderung der Frömmigkeit. Die Sünde besteht in Selbstverschließung, Eigensinn, Mangel an Vertrauen und Glauben (nicht erst im lästerlichen Hochmut). Der Mensch ist auf die Vergebung Gottes, auf seine Gnade angewiesen, und was zu ihr führt, ist die Anerkennung des göttlichen Urteils, dass wir den Verlust unseres Lebens verdienen: Buße. Die Gnade Gottes wird nicht dem Einzelnen gewährt, sondern dem israelischen Volk durch eschatologische Hoffnung auf göttliche Vergebung am Ende der Zeiten.

Es ist erkennbar, wie Bultmann in seiner Erfassung der typisch alt-testamentarischen Haltung einen gleich großen Abstand zu wahren sucht von der Ableitung der gesamten komplizierten Struktur aus einem einzigen Prinzip (wie das etwa einige Vertreter des deutschen Idealismus versuchten) wie auch von einem Versinken in der Endlosigkeit des Empirismus. Was fing man aber nun an mit diesem Erbe des historischen Judentums beim Kommen Jesu? Das Judentum dieser Zeit schuf die Frömmigkeit der Synagoge, die sich nicht auf das Kultische, sondern auf die Auslegung der Schrift konzentrierte. Dadurch gewann es zwar feste Zuversicht und Bindung an die historische Tradition, erlaubte aber zugleich einen Verfall. Denn die Geschichte, an die sie sich heftete, ist etwas Vergangenes, Totes, keine gegenwärtige, dringende Geschichte. Auch die Auffassung des Herrn und seines Gesetzes wird enthistorisiert. Gott wird zum Richter der ganzen Welt, zum Herrn aller Völker, seine unendliche Distanz bewirkt, dass er *von allen* gleich weit entfernt ist. Es wurde zwar das gesamte Leben zum Kult, als die großen Feiern ihre außerordentliche Bedeutung verloren und die Synagoge den Tempel ersetzte, aber man erleichterte sich dieses durch eine kodifizierende Formelhaftigkeit. Die Moral ist überwiegend negativ gefasst, und unter einem Übermaß von Reinigungsvorschriften sowie anderer Gebote und Verbote fällt ihr Sinn dem Vergessen anheim. Selbst wenn es nicht an gelegentlicher Reflexion fehlt, was die alles regulierende Einheit dieser Masse an Formeln ist und wo deren moralische Bedeutung liegt, verleiht es dem jüdischen Leben insgesamt doch einen Zug der Kleinlichkeit und Ängstlichkeit, durch den es sich unvorteilhaft von der griechischen *eleutheria* unterscheidet. Große und kleine Forderungen oder Vorschriften stehen unterschiedslos nebeneinander. Deren Umsetzung erlangt den Charakter des Erfüllens einer rechtlichen Verpflichtung, die sich am Buchstaben der Formulierung orientiert, nicht aber ein radikaler Gehorsam, der sich mit dem göttlichen Willen identifiziert. Damit stimmen auch solche Vorstellungen überein, wie dass sich anderweitige Fehltritte durch gewisse Taten kompensieren ließen, ebenso wie die von einer Art Heimzahlung (*ius talionis*), und weiterhin gehört dazu auch die Ungewissheit der Erlösung und das quälende Gefühl der Sündhaftigkeit, mit dem die Selbstgerechtigkeit der Abkehr von den „Sündern und Zöllnern" kontrastiert, sowie schließlich der Umstand, dass die Buße selbst als eine verdienstvolle Tat angesehen wird.

Die Botschaft Jesu ist nun, wie Bultmann schon in seinem „Jesus"-Buch (1926) aufzeigte, ein großer Protest gegen diese dekadente jüdische Religiosität des Ritualismus, der juristischen Äußerlichkeit und der abergläubischen Bußfertigkeit, ein Protest im Rahmen der jüdischen Frömmigkeit selbst. Diesen Protest charakterisiert Bultmann als eine Radikalisierung des alt-testamentarischen Glaubens im Sinne des Gehorsams vor Gott: Gott verlangt den ganzen Willen des Menschen, nicht nur die äußerliche Erfüllung von Geboten – und das bedingungslos, ohne Erleichterung. Angesichts der göttlichen Forderung in ihrer Gesamtheit gibt es keinerlei Freiheit. Der Lohn ist bar jeder Anmessung an die Verdienste. Die Aktualität des alt-testamentarischen Prophetentums erneuernd unterscheidet Jesus kritisch zwischen wesentlichen und nebensächlichen Geboten des Alten Testaments. Nicht die wörtliche Erfüllung, sondern der Geist der Liebe gibt ihnen Sinn und Wert. Die Forderung der Liebe wendet sich an den Einzelnen, doch von großem Gewicht sind ihre sozialen *Konsequenzen*. Sie ist nicht *von vornherein* ein Plan zur Reform der Gesellschaft und der Welt, keine Sozialphilosophie, noch stützt sie sich auf dergleichen. Die Forderung ist gegenwärtig, absolut dringlich und in diesem Sinne eschatologisch. Es ist das aber keine Eschatologie der Weltflucht und der Askese, sondern ein unaufhörlicher Verweis auf die direkte Begegnung mit dem Nächsten und eine Hinwendung zur konkreten Lebenssituation. Ihre Botschaft ist vor allem ein Aufruf zur Buße; in ihr wird die Allmacht Gottes anders als in der abstrakten jüdischen Transzendenz wieder zu einer aktuellen, gegenwärtigen Kraft. Gottes Gebot, seine Forderung erlangt dadurch einen neuen Sinn, ebenso aber auch seine Gnade und die Buße – eine Buße, die eng mit der Forderung der Liebe verknüpft ist: zu vergeben, so wie auch wir Vergebung wünschen. Aus dem späten Judentum dringt aber die Enthistorisierung, die Loslösung von der kollektiven Volksgebundenheit der alttestamentarischen Hoffnung, in die Botschaft Jesu ein. Während allerdings die göttliche Transzendenz im Judentum eine Abstraktion des Gemeinwesens ist und die menschliche Transzendenz durch den rituellen Gehorsam gegenüber dem Gesetz gebildet wird, ist Gott bei Jesus transzendent im Sinne des Zukünftigen, des kommenden Herrn, der ständig vor uns steht und durch dessen Forderung die weltliche Verankerung des Menschen bis in ihre Grundfesten erschüttert wird.

Das Hoffen Jesu gehört in den Rahmen der jüdischen Apokalyptik, welche selbst stark aus dem Osten beeinflusst ist, besonders aus dem Iranischen: der Dualismus zweier Äonen. Anzeichen für die Erfüllung der Zeit ist sein eigenes Kommen, auch seine Taten – nicht aber in einer objektiv mythischen Bedeutung, sondern nur für den Blick des verinnerlichten Glaubens. Die Austreibung von Dämonen als Wundertat ist natürlich zeitbedingt;

dahinter steht aber der Aufruf zur Entscheidung angesichts der offenbaren Ankunft des Reiches Gottes: Jesus selbst ist Zeichen und Zeugnis dafür. Der Aufruf zur radikalen Entweltlichung ist hier etwas anderes als Askese: Aufruf, vorbereitet zu sein für das absolute Gebot Gottes. Die Erwartung eines nahen Endes der alten Welt ist keineswegs Voraussetzung, sondern Folge und Indiz für die übergeordnete Bedeutung der Botschaft Jesu: der Anspruch Gottes an den Menschen ist absolut, und deshalb muss der Mensch sich entscheiden. Aus seiner Botschaft entsteht dann dadurch, dass Jesus selbst als der erwartete „Mensch", als eschatologischer Messias in ihre inhaltliche Bedeutung einbezogen wird (was er nach Bultmann selbst nicht tat), das Christentum. Während also die jüdische Diaspora durch die Übernahme der griechischen Ideen von Kosmos und Paideia die Grundlagen einer Theologie auf metaphysischer Basis vorbereitet, vollzieht sich auf dem Boden Judas selbst die radikalste verinnerlichende Bereinigung des alt-testamentarischen Erbes – mit unabsehbaren geschichtlichen Konsequenzen.

Der Überzeugung von der menschlichen Ohnmacht, die im Alten Testament außerordentlich stark blieb, stellt Bultmann den hellenischen Geist im Sinne der Entwicklung menschlicher Überlegenheit gegenüber. Dies natürlich nicht im modernen Sinne praktischer Herrschaft über die Natur, sondern in der rein griechischen Überlegenheit des Geistes über die restliche Physis. So deutet er schon die homerische Religion als eine des Geistes, noch mehr aber die Religiosität der griechischen Polis und das religiöse Fundament der politischen Institutionen. Das Gebot, die Grenze des Menschlichen nicht zu überschreiten, ist auch und vor allem ein Gebot der Selbsterhaltung der Polis, die von jederlei eigenmächtigem Individualismus bedroht wird. Deshalb ist auch die griechische Aufklärung für die religiösen Vorstellungen ebenso ruinös wie für die traditionelle Gesellschaftsordnung. Die Aufklärung setzt an die Stelle göttlicher Autoritäten die Autorität der Wissenschaft, der Lehre von der Physis. Sokrates versucht, die Gemeinschaft mit denselben Mitteln wiederherzustellen, mit denen die übrigen Aufklärer ihren Zerfall bewirken. Bultmann bewegt sich hier im Rahmen traditioneller Ansichten, die von der neueren philosophischen Geschichtsschreibung ziemlich erschüttert wurden: Die ursprüngliche Philosophie ist eine primitive Protophysik, Sokrates lenkt ihre Aufmerksamkeit weg vom Himmel auf die Erde, er vollzieht dies mit Hilfe des Logos als einer Möglichkeit, die Normen menschlichen Handelns zu definieren. Von dort nimmt dann der platonische Idealismus mit dem zentralen Problem des Aufbaus der Polis seinen Ausgangspunkt. Der Logos ist gestützt auf die Schau der ewigen Ideen – dieses geistige Reich ist Platons neue Religion. Die Transzendenz jedoch, von der Platon spricht, ist eine von Grund auf andere als die transzendente Tradition des Alten Testaments. Die Transzendenz der Idee, könnte man sagen, bedingt die Metaphysik der Idee und deren moralisch-politische Ableitung: den vollkommenen Staat. In einer schönen, idealtypischen Skizze schildert Bultmann die Grundlagen der griechischen Weltanschauung: ihren Objektivismus und Rationalismus, die rationale Ethik und das Ideal der Bildung, ihr Konzept der Arbeit an sich selbst, die systematische Ethik, ihren mangelnden Sinn für die konkrete, reale Individualität und für die Geschichte – in exakter Opposition zu dem, was oben von der alt-testamentarischen Welt ausgeführt wurde.

Das Christentum aber traf schon gar nicht mehr auf diese klassische griechische Welt – sie war tot, und ihr Erbe überlebte in Form des Hellenismus. Von den hellenistischen Positionen untersucht Bultmann vor allem den Stoizismus. Die Stoa versucht, den klassischen Dualismus wieder in eine Einheit zu überführen, und bringt damit den inneren Konflikt und Zwiespalt des stoischen Weisen hervor. Die stoische Freiheit begreift er als Parallele zur christlichen paulinischen Freiheit: während diese allerdings bei Paulus in der Anerkenntnis der Sündhaftigkeit und der Verantwortlichkeit vor Gott besteht, ist die stoische Freiheit eine vollständige Dehistorisierung, das gänzliche Verlassen allen menschlichen Geschehens, der Rückzug auf den ewigen Kern der Weltsubstanz. Das Problem der Befreiung vom geschichtlichen Fatum, das sich also schon im Stoizismus zeigt, steigert sich weiter in den astrologischen Überzeugungen und Fatalismen des spätrömischen Hellenismus. Ebenso wie das Christentum könnte man Gnosis und Mysterienreligion deshalb als verschiedene Antworten auf dieselbe Frage einer Befreiung vom weltlichen Fatum verstehen. Stoa, Mysterien, Gnosis stellen Etappen einer fortschreitenden Entfremdung des Menschen von der Welt bis hin zum radikalen Dualismus dar. Die Gnosis ist ein vorchristliches Gebilde, eine dualistische Heilsreligion, in ihr zeigt sich zum ersten Mal (im Unterschied zur griechischen Seelenauffassung) die Idee einer radikalen Verschiedenheit der Seele von allem Weltlichen – jedoch ohne die christliche Konkretion und Positivität (d.h. im Grunde ohne Historizität, Zeitlichkeit).

In dieser Hinsicht erweist sich das ursprüngliche Christentum als eine synkretistische Religion, wozu natürlich vor allem die Frömmigkeit und der Kult Jesu beigetragen haben, aber auch die hellenistische Philosophie und Religion, die Dämonologie und die Gnosis. Gleichwohl jedoch – und das ist eigentlich Bultmanns These – zeigt sich am Grunde dieses scheinbaren Konglomerats eine einheitliche, eine neue und originäre Auffassung vom Sinn des Menschlichen – insbesondere eine neue Beziehung zur Zeit, ein neues Weltverhältnis und eine neue Vorstellung der Erlösung. Die radikalste Frage, die sich der antike Mensch stellte, erfährt eine grundsätzliche Veränderung und begründet so die neue Auffassung der Zeit. Auch wenn Sokrates in seinem Wissen des Nicht-Wissens aufweist, dass der Mensch nicht weiß, was – positiv und thematisch – das letzte und umfassende Gute ist, so setzt er doch immer voraus, dass der menschliche Wille wesentlich ein Wollen des Guten ist. Für den hellenischen Menschen ist das Wollen synonym damit, das Gute zu wollen, und die Gleichung zwischen beiden bildet das analytische Urteil. Der christliche Mensch hingegen weiß von den wesenhaften Disharmonien des Willens, er weiß, dass es möglich ist, das Gute zu hassen, und dass man sich keineswegs auf ein inneres Erfassen dessen, was richtig und gut ist, verlassen kann – der Mensch verfügt einfach nicht darüber, niemals und auch nicht auf dem sokratischen Umweg über die *docta ignorantia*, über die Enthüllung und Erniedrigung dessen, der mit seinem vermeintlichen Wissen von Gut und Böse prahlt. Ohnmächtig vor der Frage von Gut und Böse stehend ist der Mensch deshalb immer dem Verfall preisgegeben. Und so wie beim stoischen Weisen besteht auch für den christlichen Menschen die Hauptaufgabe in der Befreiung von der Bürde, die schon immer auf dem Menschen lastet, in der Befreiung von der Verflechtung in die Schicksale dieser Welt. Nur ist es so, dass der Stoiker dieses Problem löst durch eine Entweltlichung, durch Leugnung der Zeit und Verewigung, wohingegen der christliche Mensch sich auf die Zukunft stützt, das Leben in die Zukunft öffnet: Denn nicht in dem, was schon ist, was gegeben ist, sondern in dem, was kommt und uns noch bevorsteht, liegt die eigentliche Erfüllung des Lebens, die es uns möglich macht, auch den schwierigsten Lebenssituationen zu begegnen und sich mit ihnen abzufinden, ja sogar gerade allem Schmerzhaften und Schwierigen eine positive Seite zu entlocken – denn hilft uns dieses Kommende etwa nicht, all das zu überwinden, was schlicht gegeben, fertig, weltlich und vergangen ist? In seiner Annahme der Botschaft dessen, was immer künftig ist, überwindet der christliche Mensch das Gewicht der Welt wie auch seine eigene weltliche Schwere, er transzendiert, aber *in* der Welt: er fällt nicht in die Ewigkeit des Geistes wie der Platoniker, nicht in die Ewigkeit der Weltsubstanz wie der Stoiker, nicht in eine Ewigkeit des Abtauchens in die überweltliche Unversehrtheit wie der Gnostiker oder Neuplatoniker – sondern er fällt in diese Welt, die in jedem Augenblick, in jeder Situation von der absoluten Kraft der göttlichen Forderung angehoben und durchleuchtet wird, in diese konkrete Welt, die er umgestalten soll in die neue, brüderliche Gemeinschaft vor dem Angesicht Gottes.

Mit der Entdeckung dieser konkreten historischen Zeit, einer ewig reinen Zukunft, unbelastet von jeder Bindung an das, was schon ist, kann der christliche Mensch dem Kampf mit der Welt einen anderen Sinn geben als die Stoiker und die Gnostiker. Der Kampf mit der Welt ist zwar ebenso wie in der Gnosis ein Kampf mit dämonischen Mächten, aber viel tiefer ein Kampf mit den begrenzenden und in die Vergangenheit hineinbannenden „Kräften" der Welt, wie Sinnlichkeit, Gesetzmäßigkeit, Sünde und Tod. Aber es ist dies kein Kampf um die Wiedergewinnung des seelischen Funkens hin zu einer uranfänglichen Reinheit, sondern ein Kampf, der in die Zukunft blickt, auf die Gnade Gottes. Und diese Gnade Gottes ist eben die Transzendenz Gottes: also keineswegs bloß irgendein objektives Bild, und sei es auch noch so großartig, sondern ein Aufruf dessen, was nie vergangen sein und so auch nie überwunden werden kann.

Göttliche Gnade und Erlösung werden zwar auch mit Hilfe eines traditionellen Gerüsts gedacht, das einesteils aus dem jüdischen Messianismus ererbt ist, anderntens und hauptsächlich aus der Gnosis mit ihrer Vorstellung vom Kommen des Erlösers, der einen neuen kosmischen Äon begründen wird. Aber dieses Gerüst dient allein dazu, die *Gegenwart* des Heilsgeschehens, die Gegenwart der Glaubensentscheidung zu betonen. (Mir scheint an dieser Stelle unzweideutig aufzuleuchten, dass Bultmann die kosmische Funktion Jesu für ein Moment der zeitgenössischen Mythologie hält, ohne welches das Hören der Botschaft und ihre menschliche Rezeption nicht auskäme; die Göttlichkeit Jesu muss dann also auch einen anderen Sinn als den traditionellen, mythisch-metaphysischen haben.) Diese Gegenwart des Heils zeigt sich nicht in irgendwelchen sinnlich-objektiven, kosmologischen Andeutungen, sondern durch einen insgesamt veränderten Weltbezug, der nicht bloße Negation ist, wie in den asketisch-mythischen Religionen, sondern Distanz – aber eine, bei der die konkrete Arbeit, das Tätigsein und Handeln, die Liebe, die Anstrengung, die Praxis wesentlich werden, nicht nebensächlich bleiben und unverbunden vor der Ewigkeit stehen. Die Welt verschwindet nicht, noch flieht der Mensch aus ihr – aber sie wird leicht.

Oft wird gegen Bultmann eingewandt, seine Lehre sei eher anthropologisch als theologisch. Ich meine, dass es eine echte Theologie ist, die allerdings indirekt über Gott spricht, indem sie nämlich ausdrückt, auf welche Art und Weise der Glaube den Menschen öffnet. Er gelangt so für das Christentum zu Formulierungen, die durch Einfachheit und Tiefe überraschen.

Vor einhundertfünfzig Jahren stellte ein großer deutscher Philosoph auf ziemlich ähnliche Weise die Frage nach der Beziehung zwischen Altem Testament, Hellenismus und Christentum: auf ähnliche Weise verfolgte er auch die Antithese von Judentum und griechischer Polis, in den Details sicher nicht so historisch gelehrt wie Bultmann, aber mit einer gewaltigen Kraft der Anschauung. Das Judentum galt ihm als die Religion menschlicher Unfreiheit, das Griechentum schien sich ihm auf eine Religion des Geistes und der Schönheit zu stützen, es war ihm eine Welt der Harmonie und der Freiheit des Menschen. Auch zwischen Stoizismus und Christentum sah er einen Zusammenhang, ebenso wie Bultmann eine Parallele zwischen der Freiheit des stoischen Weisen und des paulinischen Christen erkennt. Aber während sich Hegel von Anfang an für den griechischen Maßstab entschied – den Standpunkt der menschlichen Vorherrschaft über die Welt und in der Welt, was ihn mit Umwegen über das christliche Mittelalter, die Welt der Geknechteten, und über den Aufstand dieser Unterjochten zur Realisierung des verallgemeinerten griechischen Ideals einer herrschaftlichen politischen Freiheit führt – verfolgt Bultmann die Idee des Vorrangs des alt-testamentarischen Maßstabs, des Maßstabs der menschlichen Abhängigkeit und seiner Unfähigkeit, aus eigenen Kräften zu einer Beherrschung und Sinngebung des gesamten Universums zu gelangen. Auch hier rückt der Begriff der Geschichtlichkeit ins Zentrum, doch es wird daraus keine Metaphysik der Geschichte. Verständlich wird vielmehr das geschichtliche Wirken des Christentums wie auch all der Ideologien, die auf seiner Grundlage entstehen. Und es erhebt sich daraus der wiederholte Aufruf an die Philosophie, die Konsequenzen zu ziehen aus dem Problem, das sich zwischen den von Hegels *Phänomenologie des Geistes* und Bultmanns *Urchristentum* bezeichneten Polen aufgetan hat, und dieses einer Lösung näherzubringen.

Übersetzung aus dem Tschechischen: Ludger Hagedorn

REFORMATION TROUGH CULTURE AND THE PROTECTION OF CULTURAL VALUES

The Roerich Pact: Three Documents

Nicholas Roerich: A Brief Biographical Note

The famous Russian painter, writer, archaeologist and philosopher Nicholas Roerich was born on October 9, 1874 in St. Petersburg. 1897 he graduated from the Academy of Arts, and 1898 from the Faculty of Law of the University of St. Petersburg. After his graduation, he became secretary of the Society for the Advancement of the Arts, in 1906 director of the Art School, and in 1910 director of the art association "World of Art". Nicholas Roerich was one of the founders and most active members of the Society for the Revival of the Arts in Russia and the Society for the Protection and Preservation of Art and Antiques. After visiting ancient Russian cities from 1903 to 1904, he began an active struggle against the destruction of monuments and other cultural values. In 1914, he personally addressed the Supreme Command of the Russian Army, the governments of the United States and France with the idea to conclude an international agreement for the protection of cultural values in armed conflicts. In 1915, Roerich sent a report to Tzar Nicholas II calling for serious state action to protect cultural assets nationwide. The October Revolution impedes these plans, and he left Russia moving with his family to London and later to the USA. In 1920 he founded in Chicago the the "Cor Ardens" ("Burning Hearts") International Artists' Association, in 1921 the Institute of United Arts in New York, whose main purpose was the rapprochement of the peoples through culture and art, and in 1922 the International Cultural Center "Corona Mundi" ("Crown of the World"). In November 1923, the Roerich Museum was opened in New York, which became the first museum of a Russian artist abroad and has one of its richest collections. 1929 Roerich, together with G.G. Chklaver, Doctor of International Law and Political Sciences, Paris University, prepares a draft of the Pact for the Protection of Cultural Monuments, and also suggests a distinctive sign of identification of protected objects – the Banner of Peace.1935, the U.S.A. and representatives of 21 countries of the American continent ratify the Treaty "On the Protection of Artistic and Scientific Institutions and Historic monuments (Roerich Pact)", which is released by the U.S. President the 25 of October. The same year Roerich is nominated for the Nobel Peace Prize. In the years 1923-1928 Roerich undertook a scientific and artistic expedition through the Himalayas, Tibet, Altai and Mongolia. In the Indian city of Naggar, district Kullu, he settled from 1928 until his death in 1947 and founded the Himalayan Institute for Scientific Research "Urusvati".

1.
Formal draft of Roerich Pact and Banner of Peace, Prepared by Dr. Georges Chklaver, August 1928[1]
International Pact for the Protection of Artistic and Scientific Institutions, Historic Monuments, Missions and Gollections Originated by Nicholas Roerich

BETWEEN THE HIGH CONTRACTING PARTIES
The President of the United States of America.
The President of the German Republic.
His Majesty, the King of Great Britain, Ireland and of the
British Dominions beyond the seas, Emperor of India.
The President of the French Republic.
His Majesty, the King of Italy
His Majesty, the Emperor of Japan.
Etc., Etc., Etc.

Whereas their high offices impart on them the sacred obligation to promote the moral welfare of their respective Nations and the advancement of Arts and Sciences in the common interest of Humanity, Whereas the Institutions dedicated to the education of youth, to Arts and Sciences, constitute a common treasure of all the Nations of the World, Recalling the ideas sponsored by a wise and generous foresight which have guided the High Contracting Parties in framing the Geneva Convention of August 22nd, 1864, for the amelioration of the condition of the wounded, The General Act of the Conference of Berlin of February 26th, 1883, which provides for a special protection to be accorded to scientific Expeditions, The Final Acts of the Hague Conference of July 29th, 1899, and of October 18th, 1907, and especially Article 27 of the Annex of the IVth Convention of the Second Conference relative to the safety of buildings consecrated to Religion, to Arts, to Sciences and to Charity as well as to historic Monuments, in case of siege and bombardment.

---

[1] Published in the collection *The Roerich Pact and Banner of Peace* (New York: The Roerich Pact and Banner of Peace Committee, 1947, 33-35). See also the 1929 draft preserved by the Roerich-Museum: http://www.roerich.org/pact/1929_draft.html

Article II of the Convention of St. Germain-en-Laye of September 10th, 1919, confirming the above mentioned provisions of the General Act of Berlin of 1885, concerning the special solicitude to be granted by the High Contracting Parties to scientific Missions, to their equipment and tp their Collections, The Pact for the renunciation of War as an instrument of national policy signed at Paris on the 28th of August 1928;

Adopting the propositions of Professor Nicholas Roerich tending to create an efficient protection for all centers of Culture, have resolved to conclude a solemn Pact with the aim of perfecting the protection enjoyed by all civilized countries by Institutions and Missions dedicated to Arts and Sciences, as well as by artistic and scientific Collections, and historic Monuments, and have nominated for this purpose their respective Plenipotentiaries, to wit:_____ who, after having respectively presented their full powers in due and proper form, have agreed as follows:

ARTICLE I

The historic Monuments, educational, artistic and scientific Institutions, artistic and scientific Missions, the personnel, the property and collections of such Institutions and Missions above mentioned shall be deemed neutral and, as such, shall be protected and respected by belligerents.

Protection and respect shall be due to the aforesaid Institutions and Missions in the entire expanse of territories subject to the sovereignty of the High Contracting Parties, without any discrimination as to the State allegiance of any particular Institution or Mission.

ARTICLE II

Each of the High Contracting Parties may furnish to the Registrar of the Permanent Court of International Justice at the Hague, to the International Institute of Intellectual Cooperation at Paris or to the Educational Department of the Pan-American Union of the City of Washington, as it may choose, a list of Monuments, Institutions, Collections and Missions, either public or private, which it desires to place under the special protection provided for by the present Pact.

The Monuments, Institutions, Collections and Missions thus registered may display a distinctive flag (red circle with a triple red sphere in the circle on a white background) which will entitle them to the special protection and respect on the part of the belligerents, of Governments and Peoples of all the High Contracting Parties.

The aforesaid Monuments, Institutions, Collections and Missions shall cease to enjoy the privileges of neutrality in case they are made use of for military purposes.

ARTICLE III

In case of any act alleged to be in contradiction to the protection and respect due to artistic and scientific Institutions, Monuments, Collections and Missions, as stipulated in the present Pact, the complaining Institutions or Missions shall have the right to appeal, through the intermediary of its Government, to the International Institution with which it has been registered. The International Institution concerned shall then bring the complaint to the cognizance of all the High Contracting Parties who may decide to constitute an International Committee of Inquiry on the case. The findings of such an International Committee of Inquiry may be rendered public. The details regarding the constitution and functioning of the above mentioned Committee of Inquiry shall be regulated by a special agreement

ARTICLE IV

The Contracting Parties declare that it is their intention to provide by appropriated measures of internal legislation the enforcement of the protection enjoyed in their respective territories by artistic and scientific Institutions, Monuments, Collections and Missions, either National or Foreign.

The Present Pact shall be ratified by the High Contracting Parties in accordance with their respective constitutional methods.

The instruments of ratification shall be deposited with the State Department of the United States of America.

The present Pact shall go into force as soon as it has been ratified by the majority of the original signatories thereof.

The Powers who are not signatories to the present Pact shall have the right to join it, by means of a notification addressed to the Government of the United States of America.

In witness whereof the respective Plenipotentiaries have signed the present Pact and affixed their seals.

Done in duplicate (one copy in the English language and the other in the French language) both of which to be regarded as being equally authentic in the city of Washington, on the.................. day of._____ of the year...................

Signatures.

2.
Treaty for the Protection of Artistic and Scientific Institutions and Historic Monuments (Roerich Pact)[2]

The High Contracting Parties, animated by the purpose of giving conventional form to the postulates of the Resolution approved on December 16, 1933, by all the States represented at the Seventh International Conference of American States, held at Montevideo, which recommended to "the Governments of America which have not yet done so that they sign the 'Roerich Pact', initiated by the Roerich Museum in the United States, and which has as its object, the universal adoption of a flag, already designed and generally known, in order thereby to preserve in any time of danger all nationally and privately owned immovable monuments which form the cultural treasure of peoples", have resolved to conclude a treaty with that end in view, and to the effect that the treasures of culture be respected and protected in time of war and in peace, have agree upon the following articles:

ARTICLE I

The historic monuments, museums, scientific, artistic, educational and cultural institutions shall be considered as neutral and as such respected and protected by belligerents. The same respect and protection shall be due to the personnel of the institutions mentioned above. The same respect and protection shall be accorded to the historic monuments, museums, scientific, artistic, educational and cultural institutions in time of peace as well as in war.

ARTICLE II

The neutrality of, and protection and respect due to, the monuments and institutions mentioned in the preceding article, shall be recognized in the entire expanse of territories subject to the sovereignty of each of the signatory and acceding States, without any discrimination as to the State allegiance of said monuments and institutions. The respective Governments agree to adopt the measures of internal legislation necessary to insure said protection and respect.

ARTICLE III

In order to identify the monuments and institutions mentioned in article I, use may be made of a distinctive flag (red circle with a triple red sphere in the circle on a white background) in accordance with the model attached to this treaty.

---

[2] Cf. http://www.roerich.org/roerich-pact.php

ARTICLE IV

The signatory Governments and those which accede to this treaty, shall send to the Pan American Union, at the time of signature or accession, or at any time thereafter, a list of the monuments and institutions for which they desire the protection agreed to in this treaty. The Pan American Union, when notifying the Governments of signatures or accessions, shall also send the list of monuments and institutions mentioned in this article, and shall inform the other Governments of any changes in said list.

ARTICLE V

The monuments and institutions mentioned in article I shall cease to enjoy the privileges recognized in the present treaty in case they are made use of for military purposes.

ARTICLE VI

The States which do not sign the present treaty on the date it is opened for signature, may sign or adhere to it at any time.

ARTICLE VII

The instruments of accession, as well as those of ratification and denunciation of the present treaty, shall be deposited with the Pan American Union, which shall communicate notice of the act of deposit to the other signatory or acceding States.

ARTICLE VIII

The present treaty may be denounced at any time by any of the signatory or acceding States, and the denunciation shall go into effect three months after notice of it has been given to the other signatory or acceding States.

IN WITNESS WHEREOF, the Undersigned Plenipotentiaries, after having deposited their full powers found to be in due and proper form, sign this treaty on behalf of their respective governments, and affix thereto their seals, on the dates appearing opposite their signatures.

For the Argentine Republic:
FELIPE A. ESPIL
April 15, 1935For Bolivia:
ENRIQUE FINOT
April 15, 1935For Brazil:

OSWALDO ARANHA
April 15, 1935 For Chile:
M. TRUCCO
April 15, 1935 For Colombia:
M. LOPEZ PUMAREJO
April 15, 1935 For Costa Rica:
MAN. GONZALEZ
April 15, 1935 For Cuba:
GUILLERMO PATTERSON
April 15, 1935 For the Dominican Republic:
RAF. BRACHE
April 15, 1935 For Ecuador:
C. E. ALFARO
April 15, 1935 For El Salvador:
HECTOR DAVID CASTRO
April 15, 1935 For Guatemala:
ADRIAN RECINOS
April 15, 1935 For Haiti:
A. BLANCHET
April 15, 1935 For Honduras:
M. PAZ BARAONA
April 15, 1935 For Mexico:
F. CASTILLO NAJERA
April 15, 1935 For Nicaragua:
HENRI DE BAYLE
April 15, 1935 For Panama:
R. J. ALFARO
April 15, 1935 For Paraguay:
ENRIQUE BORDENAVE
April 15, 1935 For Peru:
M. DE FREYRE Y S.
April 15, 1935 For the United States of America:
HENRY A. WALLACE
April 15, 1935 For Uruguay:
J. RICHLING
April 15, 1935 For Venezuela:

PEDRO M. ARCAYA
April 15, 1935

AND WHEREAS the said Treaty has been duly ratified by the United States of America, whose instrument of ratification was deposited with the Pan American Union on July 13, 1935;

AND WHEREAS the said Treaty has been duly ratified also by the Republic of Cuba, whose instrument of ratification was deposited with the Pan American Union on August 26, 1935;

NOW, THEREFORE be it known that I, Franklin D. Roosevelt, President of the United States of America, have caused the said Treaty to be made public to the end that the same and every article and clause thereof may be observed and fulfilled with good faith by the United States of America and the citizens thereof.

IN TESTIMONY WHEREOF, I have caused the Seal of the United States of America to be hereunto affixed.

DONE at the city of Washington this twenty-fifth day of October in the year of our Lord one thousand nine hundred and thirty-five, and of the Independence of the United States of America the one hundred and sixtieth.

FRANKLIN D. ROOSEVELT

By the President:
CORDELL HULL
Secretary of State.

3.
Call To World Unity (1947)[3]

With each crisis in history man has paused to take inventory of the facts and issues of the day. This is an opportune time to reflect upon the enormity of World War II and its global devastation. We find there is no longer a national insurance against war. Nations can no longer seek immunity from war in their geographical barriers.

Mountains, oceans and climes are no longer obstacles to modern science. Wars cannot be prevented by interdicts, disarmaments, nor large standing armies. In the wake of World War II there are millions of people dead, crippled and diseased, wanton destruction of property and barbarous vandalism. More than a year after the war's termination the world is still a fused keg of dynamite ready to explode at the faintest spark. Today the common man knows, for the first time, there can be no peace without a world peace.

How can this be obtained? What is the foundation of World Peace? The answer lies in the oft-preached, seldom practised—"Know Thy Neighbor". This ageless teaching must be practiced now, more than ever before, to establish the world peace for which so many gave to the last measure. It could be done if we were to live among our global neighbors. Obviously it is impractical. However, in the absence of the desired personal contact the knowledge necessary for mutual understanding can be secured through Culture. Availing a people's constructive genius to others is the basis of—"Knowing Thy Neighbor". Esteem and appreciation of this Culture can insure the common understanding necessary to unity and permanent peace.

Culture belongs to no one man, group, nation or era. It is the mutual property of all mankind and the heritage of generations. It is the constructive creation of human endeavor. It transcends all obstacles, prejudices and intolerances.

It is the highest perception of Beauty and Knowledge. Without Culture there is no truth, no unity, no peace.

The creative mind and its equally important sponsors are aware of Culture's omnipotence as the sole instrument for permanent world peace. In the same breath Culture must be availed to and sponsored by all mankind and generations.

It must be made sacred and inviolate to the human mind and hand. It is to the fulfillment of this beneficent goal that humanity must dedicate itself.

---

[3] A text by the Roerich Pact and Banner of Peace Committee published in the collection *The Roerich Pact and Banner of Peace* (New York: The Roerich Pact and Banner of Peace Committee, 1947, 1-4).

Our past is filled with deplorably sad and irreparable destructions. Not only in times of war but in times of peace, creations of human genius are destroyed. At the same time the elite of humanity understand that no evolution is possible without the accumulations of Culture. The ways of Culture are untold and difficult. Hence, the more carefully one must guard the paths which lead to it. It is this generation's duty to create for the younger generation the traditions of Culture for there, where Culture is, there is Peace.

Mankind must strive for Culture's Day of Triumph. This will occur when, simultaneously in all schools and all educational institutions, the world will be reminded of the true treasures of humanity, of creative heroic enthusiasm, of a richer and fuller life. The ennobled consciousness, having contacted the Realm of Culture, will naturally enter upon the path of peaceful construction, discarding as shameful rubbish all belittlement of human dignity created by ignorance. For this purpose our cultural heritage must be safeguarded by all available means. These treasures must be consciously valued, remembering that every contact with them will ennoble the spirit. The one pan-human desire is to make inviolate the cultural achievements of mankind and thus insure permanent unity and peace, the world over.

Material effort and endeavor in this fulfillment is not new. This goal had its inception in 1929 when the Roerich Peace Pact proposed a special Banner of Peace for the protection of all cultural treasures. An International Congress for the Roerich Pact and Banner of Peace was established with its central seat in Bruges, Belgium. This agency was spreading the ideals of Peace through Culture with most significant results. It proved conclusively how close this aim is to the hearts of all positive people of the world.

The lists of adherents to the Banner of Peace are long and glorious. The Banner has been consecrated already. Sacred oaths have been offered to introduce it everywhere. This ideal must continue to its complete fulfillment. The late President Franklin D. Roosevelt in 1935 said of the Roerich Peace Pact, "This treaty possesses a spiritual significance far deeper than the text of the instrument itself."

The Roerich Pact for the protection of cultural treasures is needed not only as an official regulation, but as an educating law which, from the first school days, will imbue the young generation with the noble idea of safeguarding the true values of all humanity. It condemns not only the destruction of Culture in war but also all the barbaric acts by which the symbols of Culture are endangered in peace.

The Pact instills unceasingly into the minds of our children, our grandchildren and all who surround us the impulse to strive toward constructive creation. Thus, it inscribes an essential page in the history of cultural achievements.

The Roerich Peace Pact has been justly named the Red Cross of Culture. Truly, it stands in closest relation to the great Red Cross which at the time of its inception was received rather skeptically, but now has become an undisputably humanistic foundation of life. If humanity recognized the Red Cross as a protection to the physically wounded and ill, then it will also recognize the Banner of Peace as the symbol of peaceful prosperity and health of spirit.

All cultural centers of the world should proclaim ceaselessly the call to the Roerich Pact and Banner of Peace, thus eliminating the very possibilities of war. There can be created for generations new lofty traditions of veneration for real cultural treasures. Untiringly, everywhere the Banner of Peace unfurling, the very physical fields of war will be destroyed.

Time is short! Not an hour nor day must be lost! Man's cultural heritage must be made inviolate. The ideals of the Roerich Peace Pact must be availed to all. Its text is a cultural covenant which is the welding force necessary to world unity and peace. Under the Banner of Peace mankind will proceed towards the one Supreme Culture in powerful and peaceful union as the World League of Culture!

NICHOLAS ROERICH (Naggar)

On Culture, Values, and Peace
(Selected Essays and Letters[1])

Content
1. The Banner of Peace
2. The Sacred Sign of Peace
3. The Heart of Culture
4. The Red Cross of Culture
5. The Mission of Womanhood
6. Glory to Women, Bearers of Culture
7. Roots of Culture
8. In spite of difficulties (To the Bulgarian Society, 1930)
9. Re-evaluation
10. Defense of Values

1. The Banner of Peace[2]

This sign of the triad which is to be found all over the world may have several meanings. Some interpret it as a symbol of past, present and future, enclosed in the ring of Eternity; others consider that it refers to religion, science and art, held together in the circle of culture, but whatever be the interpretation the sign itself is of the most universal character.

The oldest of Indian symbols, Chintamani, the sign of happiness, is composed of this symbol and one can find it in the Temple of Heaven in Peking. It appears in the Three Treasures of Tibet; on the breast of the Christ in Mending's well-known painting; on the Madonna of Strasbourg; on the shields of the Crusaders and coat of arms of the Templars. It can be seen on the blades of the famous Caucasian swords known as 'Gurda'.

---

[1] The following Essays and Letters were written on diverse occasions and published in diverse journals, magazines, and collections – *Realm of Light* (NY: Roerich Museum, 1931), *Fiery Stronghold* (Boston: The Stratford Company, 1933), *Beautiful Unity* (Bombay: Youths Art and Culture Circle, 1946). Our selection is thematic, merely axiological, and not chronological.
[2] Roerich, Nicholas. "The Banner of Peace," in *Flamma*, No. 7, Autumn, 1939, 161-162.

It appears as a symbol in a number of philosophical systems; it can be found on the images of Gessar Khan and Rigden Djapo; on the "Tamga" of Timurlane and on the coat of arms of the Popes. It is to be seen in the works of ancient Spanish painters and of Titian, and on the ancient ikon of St. Nicholas in Ban and that of St. Sergius and the Holy Trinity.

It can be found on the coat of arms of the city of Samarkand, on Ethiopian and Coptic antiquities, on the rocks of Mongolia, on Tibetan rings, on the breast ornaments of Lahul, Ladak and all the Himalayan countries, and on the pottery of the Neolithic age.

It is conspicuous on Buddhist banners. The same sign is branded on Mongolian steeds. Nothing, then, could be more appropriate for assembling all races than this symbol, which is no mere ornament but a sign which carries with it a deep meaning.

It has existed for immense periods of time and is to be found throughout the world. No one therefore can pretend that it belongs to any particular sect, confession, or tradition, and it represents the evolution of consciousness in all its varied phases.

When it is a question of defending the world's treasures, no better symbol could be selected, for it is universal, of immense antiquity and carries with it a meaning which should find an echo in every heart.

To day when humanity is burying its treasures to save them from destruction, the Banner of Peace stands for other principles.

It affi rms that works of art and of genius are universal and above national distinctions, it proclaims 'noli me tangere' – "Do not treat the world's treasures in a sacrilegious way."

2. The Sacred Sign of Peace[3]

Recently we deplored the destruction of paintings of Goya and of the ancient Church treasures in Spain as well as the destruction of the churches in Russia since the revolution; then we heard of the burning of the valuable Shanghai Library and now we read in the newspapers that the President's Palace in Havana was looted by a mob. Thus, besides destruction by war, we notice continuous vandalism. Can one keep silent when knowing of such destruction? Can we permit future generations to believe that we negligently allowed barbarians to destroy that which glorifies the high culture of mankind?

It is our duty to reiterate persistently the imperative need to safeguard the precious treasures from annihilation through crass ignorance. People take little account of the united

---

[3] Roerich, Nicholas. "The Sacred Sign of Peace," in idem. *Fiery Stronghold*. Boston: The Stratford Company Publishers, 1933, 186-192.

measures that must be undertaken to avoid these most deplorable new indictments against our present age.

Let us look into the essence of things without being seduced by petty details. Usually these trifles alone hinder the discernment of actual facts. Our Banner, dedicated to the protection of all the true treasures of humanity, is being much discussed at present. There are many new proposals. Some are against open manifestations, lectures and pilgrimages in connection with this idea. Some state that one should only whisper about the destructions which take place, as though we could conceal so public a disgrace. Still others state that not only culture but even civilization is imperiled. And there are voices, which even suggest the immediate construction of a new Noah's Ark. It is possible that civilization itself is already in peril!

Let us hope it is not so.

Many new names are suggested for the Banner, sufficiently long to contain all descriptions. But we know the danger of such long definitions when a short commanding SOS should be sounded.

Some suggest that the Banner be sold everywhere to spread it. Still others wish to keep the Banner and all considerations about it, in a hidden vault. Some wish to see the symbol of the Banner in the lapel of every thinking man. Others wish to conceal it and disclose it only during some new extraordinary mishaps. Some consider the wide interest and inquiries about the Banner as a most beneficial sign. But for others, for some inexplicable reason, this is a sign of extreme danger. Some consider that the Banner should be utilized only during war-time and preferably limited to Europe. Others justly affirm that the treasures of Egypt, Persia, India, Japan, China, the Americas and the entire world demand the same immediate protection. Some think that the League of Nations is an organization which makes decisions for the entire world, others point out that its jurisdiction does not cover even half the globe. Such is the diversity of opinions!

Some propose that this Banner should be shown during all international exhibitions that display the flags of all nations. But others believe that it is impossible to have this Banner even in private premises, as it may hinder warfare. To some it appears to be a threatening sign of impotent "pacifism"; to others the Banner appears as a glorious defense of the dignity of mankind. Some regard it as imperative to insist openly on the safeguarding of cultural treasures everywhere. And others, again, desire to postpone all discussion, until after the passage of some law, although they themselves do not know from where they may expect this law—like a "deus ex machina."

What is the meaning of all these apparently contradictory but insistent counsels, suggestions and even demands? They simply signify the great interest in this Banner, which cannot fail to call forth the response of the human heart. We must become accustomed to this diversity of expression of the human mind.

One must know that no world problem was ever decided without the raising of all kinds of symbols. In all processions, an abundance of placards and emblems are carried, these in their inner essence serving the same ideal. Thus, even if someone becomes angered about the Pact and Banner, this is already good. Even though he be excited, in his anger he still thinks of the protection of treasures by which the human race evolves.

It has often been said that an overt enemy is still closer to the truth, than an indifferent fool, who is neither hot nor cold, and who, according to all cosmic laws, will finally disintegrate. But life itself points to the complete urgency to do battle against vandalism. Each daily newspaper, every daily record directly or indirectly indicates the same need. If anyone suggests speaking in subdued tones, we must tell him: "When someone is ill at home, when the heart is torn by grief, would not it be inhuman to demand a tone of icy indifference?"

When something is dear to our hearts we cannot speak of it in frigid terms.

Everyone in this world who has loved someone or something, knows that it is impossible to speak of the beloved with mediocre expressions. The human spirit, during such moments of great tension, always finds a thundering vocabulary of enthusiasm and vigor. No graves, no extinguishers can quench the fire of the heart, if it senses the truth. How, then, were attainments and martyrdoms born, if not from the realization of the great Truth? From where was that invincible daring, that inexhaustible resourcefulness that humanity remembers even from its school books, generated? The lovers of frigid words should forgive the enthusiasm of others who exist by its life-giving, strengthening fire. But let all suggestions be heard, for one cannot undo that which already exists. To those who propose to speak in frigid terms of the most precious concepts, we shall say: "All right, we shall also listen to you. We shall whisper, but it will be so thunderous a whisper as to reach every human heart."

Even silence may be louder than thunder, as is so beautifully related in the Old Testament. But can we forbid the human heart to beat for that which is so vital and dear to it? How can we put an end to earthly and heavenly songs! To annihilate the magnificence of human creative songs would be to embitter and finally to kill the heart. But where is that remarkable individual who boasts that he can always do without the heart?

If in our hearts we call the Banner of Peace the Banner of Beauty this short name will of course resound in the heart but it would be inapplicable in life, because people are ashamed to speak of the beautiful.

Thus also do people act when they come upon the Great Realities. That which they ponder in the quiet of night, appears unrealizable and even shameful to them by day. When we look over everything already published and written about the Pact and Banner, every response that has come from distinguished personalities and from unknown workers, we want to be with these enthusiasts who were not afraid to sign their full names in order to affirm the protection of human treasures. There are before us thousands of letters received from the Americas, from Europe and Asia. One would like so much to enumerate the multitude of names who have become friends through the noble sentiments they express, but this would take many pages.

According to the ancient traditions, an entire city was once spared because of a single righteous man. Then judging by the letters received, and marking upon our map the places of their dispatch, one obtains a remarkable design of the sites where people are thinking of the preservation of the world's treasures, beyond the limitations of nations and creeds. And how many more have not been asked! New friends who have heard about the Banner-Protector by accident have continuously come from far-away. Therefore, let us not prevent any remote and solitary seekers from reaching the One Light. They all, in their own way, strive for constructive good.

In a far-encompassing whisper, let us tell all those who come about love and friendliness; they did not come from egotistic motives, but they came in the name of spiritual treasures, in the name of everything beautiful that is spread in creative labor and knowledge. Whoever wants to cry out, let him do so. Whoever wants to whisper, let him whisper. But let us not impose silence upon any human heart, if it be open to Beauty and Good. If the unique vocabulary of attention and good becomes more voluminous than we thought, then let us only rejoice at this and let us continue to call for the preservation of the true treasures of the world. May our Banner be that sacred symbol of Peace, which by its presence will remind humanity of its evolutionary destiny!

I rejoice that the friends of Peace, Beauty and Knowledge will gather in Washington to affirm the Laws of the Spirit!

If the Red Cross flag protects physical health, then may the Banner of Peace preserve the spiritual health of mankind.

Himalayas, 1933

3. The Heart of Culture[4]

Culture is reverence of Light. Culture is love of humanity. Culture is also fragrance, the unity of life and Beauty. Culture is the synthesis of uplifting and sensitive attainments. Culture is the armor of Light. Culture is salvation. Culture is the motivating power. Culture is the Heart.

If we gather all the definitions of Culture, we find the synthesis of active Bliss, the altar of enlightenment and constructive Beauty.

Condemnation, disparagement, defiling, melancholy, disintegration and all other characteristics of ignorance do not befit Culture. The great tree of Culture is nourished by an unlimited Knowledge, by enlightened labor, incessant creativity and noble attainment.

The cornerstones of great civilizations support the stronghold of Culture. But from the tower of Culture there radiates the jewel-adamant, from the loving, discerning and dauntless Heart.

Love opens these beautiful Gates. As with each true key, so also must this love be true, self-sacrificing, daring, and fiery. Where we find the sources of Culture, they are fiery and issue from the very depths. Where Culture has once been born, it cannot be killed. One may annihilate civilization, but Culture, the true spiritual treasure, is eternal.

Therefore, the field of Culture is a joyful one. Joyful even during arduous labor. Joyful even during the tense battles with the most obscure ignorance. The flaming heart is without limitations in the great Infinity.

The Festival of Labor and Constructiveness! A summons to this Festival means a reminder of eternal labor, of the joy of responsibility and of human dignity.

The labor of the worker for Culture is like the work of a physician. The true physician is acquainted with more than one disease. And not only does the physician cure that which has already occurred, but his wise foresight anticipates the future. The physician not only eradicates the illness, but he labors to improve the health for the whole of life. The physician descends into the darkest cellars in order to carry light and warmth there. The physician is not forgetful of all the amelioration and beautification of life, in order to give joy to the understanding spirit. The physician not only knows of the old epidemics, but he readily acquaints himself with the symptoms of new diseases, which have been induced by the decay of the foundations.

---

[4] Roerich, Nicholas. "The Heart of Culture," in idem. *Fiery Stronghold*. Boston: The Stratford Company Publishers, 1933, 107-109.

The physician has sane words of counsel for the young and for the old, and is ready to give everyone encouraging advice. The physician does not cease to extend his Knowledge, otherwise he could not answer the needs of the present. The physician does not lose patience or tolerance, because a restraint of feeling would repel the suffering ones against him.

The physician does not fear the sight of human ulcers, because he is concerned only with their cure. The physician collects various curative herbs and stones; he knows the research for their benevolent application. The physician is not weary of hastening with aid for the suffering ones at all hours of day or night.

All these qualities are also inherent in the worker for Culture. He is equally ready at all hours of day or night to contribute his help. The worker for Culture always beneficently answers: "I am always ready," like the motto of the Sokols. His heart is ever open to everything in which experience and Knowledge may be useful. While helping, he himself continually learns, because "in giving, we receive." He is not afraid, for he knows that fear opens the gates of darkness.

The worker for Culture is always youthful, for his heart does not wither. He is flexible, because in movement there is force. He stands vigil on the parapet of Bliss, Knowledge and Beauty. He knows what true co-operation is.

All co-workers for Culture are united by threads of the heart. Mountains and oceans are no obstacles to these flaming hearts. They are not dreamers but builders and smiling plowmen.

In sending this greeting of Culture, one cannot do so without a smile, without the call of friendship. Thus we shall meet, thus we shall gather together and labor for Bliss, Beauty and Knowledge. And we shall do this without delay, without losing a day or an hour, in blissful constructiveness.

September 1, 1932

4. The Red Cross of Culture[5]

In a recent cable from New York, we have read that there were about 800,000 unemployed in that city alone. In the United States the number of unemployed exceeds nine

---

[5] Roerich, Nicholas. "The Red Cross of Culture," in idem. *Fiery Stronghold*. Boston: The Stratford Company Publishers, 1933, 453-459.

million. In addition, we know that this number does not include a multitude of professional workers, even though they are going through poverty and an unemployment no less severe. Such numbers are a true disaster; they show that the crisis has not only penetrated all strata of society, but is already a destructive factor. By the same mail we are informed that the very existence of the Metropolitan Opera House is threatened. Letters inform us not only about new curtailments of educational institutions but also about losses of many millions by people who were considered invincible pillars of financial wisdom.

When, under our eyes, such pillars of life-long wisdom are being shaken, does this not indicate a sign that these materialistic foundations have already reached their limit and are passing away? And is not this sign one more testimony that it is necessary to raise the forgotten and dusty banners of spirit out of the dust in order to counterbalance the apparent destruction with invincible values?

When, if not now, should the hearts of children be kindled by the records of heroic deeds of true education and Knowledge? Perhaps there has never as yet been a time when one needed so urgently to penetrate into the difficulties of the family and, based upon historical examples, indicate exactly what means were used to overcome the recurring crises in the history of humanity. One cannot hide any longer that the crisis has taken place; it is impossible to console oneself with the hope that daily collections will feed all the unemployed and starving. It is quite obvious that which has occurred lies much deeper.

The folk wisdom long ago had the saying, "Money lost, nothing lost; courage lost, all is lost." Now we must remember this wise proverb, because we have gotten into the habit of speaking about the crisis; those who have suffered as well as those who have for some reason suffered only a little, equally blame the crisis, equally blocking all their initiative and creative efforts.

Thus, if basic counteraction is not begun, this crisis may be only a prelude to something much more colossal.

We optimists must primarily divert any panic, any despair, whether on the stock market or in the Holy of Holies of the Heart. There is no horror which, after a greater tension of energy is evoked, cannot be transmuted into a luminous solution. It is especially horrifying to hear people who are not ill-intentioned but burdened by the crisis, begin to say that now is not the time to think of Culture. We have already heard similar words, inadmissible, in their cowardice and despair.

Know, my dear readers, that now one must think with particular urgency, not only about culture as such, but about how to apply this source of life for the new generation. One may imagine how the trend of thought of youth, which has just begun to form, will express itself, if it hears in school and at home about the horrors of despair, only about the necessity of renouncing that which is most vital, and forgetting the very sources of Light and Progress.

The terrible expressions "One cannot," "This is not the time," "Impossible," lead the new consciousness into a dark prison. And nothing, nothing in the world will illumine these obscurities of the heart if they are once admitted. Nor must we think only of youth; we must at the same time also think about childhood. Every educator knows that the foundations of a person's attitude towards the world, often ineradicable throughout one's entire life, are being laid, not during adolescence, but far earlier. It is often only the silent gaze of a child which reveals that the surrounding conditions are not at all beyond his comprehension, as it seems to adult conceit. How many basic problems are being solved in the brain and heart of a four or six-year-old child!

Everyone who has watched the development of children will of course remember those remarkable definitions, remarks, and counsels which have been uttered by the child quite unexpectedly. But besides these spoken expressions, what innumerable sparks of consciousness are also revealed in the silent look of a child. And how frequently these little ones divert their gaze from the grown-ups, as though protecting some decisive thought which, according to the opinion of children, the grown-ups would probably not understand.

And now one should fill this agile mind of a child with the most luminous thought, not with empty hopes, because idealism is expressed not in nebulous words, but in an immutable force, which can be proven by historians as a most exact mathematical problem.

Is it not now the time in our schools, beginning from the lower classes, to bring in the attracting and inspiring message of the heroic deeds of humanity, of its most useful discoveries and of that luminous Bliss, which of course is predestined, but which has not yet been consummated because of the absence of vision.

We began with the mention of New York, amazed by the last newspaper reports, amazed by the fact that in the seemingly wealthiest city, the municipality is in immediate need of dozens of millions, in order to prevent starvation.

We are quoting this newspaper communication because it is not only far from the truth, but in its essence, it doesn't even express the entire truth. That which was communicated about New York refers of course to all cities, not only to those of America, but of the entire world. Often these communications are concealed either by conditioned limitations or by the dark dust of eruptions as is now being reported from South America, in the accounts of airplanes that were sent to places stricken by cataclysms where "nothing was to be seen." Verily from many parts of the globe "nothing is to be seen", and when the darkness of the eruption disperses, then we see a still greater calamity of the human spirit.

He who now considers the inevitability of the crisis is in no way a Cassandra, uttering ominous prophecies, "which at least in the case of Cassandra were fulfilled." He who now points out the crisis is assuming a role analogous to the flagman of a train who, seeing the impending catastrophe, waves his flag of warning, hoping with his entire heart that the engineers will be vigilant and see his warning. Let us be such flagmen.

Let us raise the banner for the protection of Culture! Let us remember the Universal Day of Culture suggested last year as a day in schools when recitations of the greatest achievements of humanity, instead of the ordinary lessons, would kindle young hearts, through their luminous message. If last year we had in mind a League of Youth and at least one day which would manifest the Beautiful Garden of humanity, then we now ask that the urge for this manifestation be increased. A single day will no longer strengthen the consciousness which is now shaken by social and family misfortunes. One must speak more frequently about the saving, creative, and inspiring source.

To educate, does not mean to give a record of technical information. Education, the forming of the world-consciousness, is attained by synthesis; not by the synthesis of misfortunes, but by the synthesis of the joy of perfection and creativeness. But, if we shut off all flow of this joyous illumination of life, then what type of educators will we be? What education can the pedagogue offer who spreads around him sorrow and despair? Not far from despair is also the pretense of joy; here, it is, that each forced smile that has been called, not without reason, the smile of the skull. It means that we must convince ourselves how necessary and vital the program of Culture is as a salutary beginning, as a giver of life.

From the medical world we know that the so-called, vitalizing remedies cannot act suddenly. Even for the best vitalizer, time is needed so that it should penetrate to all nerve centers, to stimulate them not only mechanically (because each stimulant induces a reaction) but truly to strengthen and revitalize the nerve substance. If we see in all examples of life, the necessity of a certain period for the process of revitalization, then how urgently necessary it is to think and to begin to act under a sign like the Red Cross of Culture.

Humanity has become accustomed to the sign of the Red Cross. This beautiful symbol has penetrated life not only in times of war, but has afforded to all existence an affirmation of the concept of humanitarianism. And the same realization of humanitarianism, the same immediate necessity from small to great, must surround this sign of Culture similar to the Red Cross. One must not think that it is possible only to think of Culture at certain times when digesting the tasty food of a dinner. One should know that it is just as needed during hunger and cold. As the sign of the Red Cross shines luminously to the wounded, so should the Sign of Culture burn ardently to the physically and spiritually hungry.

Is it now the time to obstruct, to protest, to disagree and to wrangle in a petty manner? When a Red Cross ambulance hurries through the streets, all traffic stops to make way for it. Likewise for the urgent Sign of Culture, Let us also give up at least some of our usual habits and all the vulgar sediments and dusty limitations of ignorance from which, in any case, we will sooner or later have to purify ourselves.

For people who have not come close to questions of education, the Sign of Culture may seem only an interesting experiment. Of course, we will not hide our opinion that people will thus show their lack of education in history. But if it seems only an experiment to some we also will agree to this, because no one may say that this experiment can be destructive or create decay. Creativeness of thought about Culture is so apparent that it is even ridiculous to speak of it.

During serious danger on a ship, the command is given "Act according to your ability."

And also now thinking about Culture one must say to friends and enemies, "Let us act according to our abilities." It means let us double all our forces for the glory of the creative concept of Culture whose vitality cannot be deferred.

Himalayas, April 17, 1932

5. The Mission of Womanhood[6]

From the most ancient days, women have worn a wreath upon their heads. With this wreath they are said to have pronounced the most sacred incantations. Is it not the wreath of unity? And this blessed unity….is it not the highest responsibility and beautiful mission of womanhood? From women one may hear that we must seek disarmament not in warships and guns, but in our spirits. And from where can the young generation hear its first caress of unification? Only from the mother.

To both East and West, the image of the Great Mother—womanhood, is the bridge of ultimate unification. To the Hindu of yesterday and today sings his song to the all-powerful Mother, Raj-Rajesvari. To her, the women bring their golden flowers and at her feet they lay the fruits for blessing, carrying them back to their hearths. After glorifying her image, they immerse it in the water, lest an impure breath should touch the Beauty of the World. To the Mother is dedicated the site on the Great White Mountain which has never been climbed. Because, when the hour of extreme need strikes, it is said that there she will

---

[6] Roerich, Nicholas. "The Mission of Womanhood," in idem. *Fiery Stronghold*. Boston: The Stratford Company Publishers, 1933, 443-447.

stand and will lift up her Hand for the salvation of the world. And encircled by all whirlwinds and all Light, she will rise like a pillar of space, summoning all the forces of the far-off worlds.

In this way it happens that when the West speaks of the "Hundred Armed One" of the Orthodox Church, it is but another facet of the images of the many-armed, all benevolent Kwan-Yin. When the West exalts with reverence the gold-embroidered garment of the Italian Madonna, and feels the deep penetration of the paintings of Duccio and Fra Angelico, we are reminded of the symbols of the many-eyed Omniscient Dukkar. We remember the All-Compassionate, the multitudinous aspects of the All-Bestowing and All-Merciful. We remember how correctly the psychology of the people has conceived the iconography of symbols and what an enormous Knowledge lies hidden at present under the inanimate lines. There, a smile appears where preconceptions disappear and prejudice is forgotten!

And as if freed of a great burden, they speak of the Mother of the World. With affection we may recall the Italian cardinal, who was in the habit of advising worshipers, "Do not overburden Christ, the Savior, with your requests, for He is very busy: Better address your prayers to the Holy Mother. She will pass your prayers on to whomever is necessary."

The images of the Mother of the World, of the Madonna, the Mother Kali, the Benevolent Dukkar, Ishtar, Kwan-Yin, Miriam, the White Tara. Raj-Rajeswari, and Niuka. All these great images, all these Great SelfSacrificing Beings merge together in one conception as one benevolent Unity. And each of these, in spite of the difference of language, comprehensible to all, ordains that there should be, not division, but construction. They say that the day of the Mother of the World has come. In the smile of Unity all becomes simple. The aureole of the Madonna becomes a scientific physical radiation, the aura long since known to humanity.

The symbols of today, so poorly interpreted by rationalists, instead of being regarded as supernatural, suddenly become subjects for investigation to the sincere research worker. And in this miracle of simplicity and understanding, one distinguishes the breath of the evolution of Truth.

A Hindu of today who has graduated from many universities addresses the Great Mother, Raj-Rajesvari Herself in full reverence.

At the same time, at the other end of the world, people sing: "Let us glorify Thee, Mother of Light!"

And the old libraries of China and the ancient Central-Asiatic centers preserve, since the most ancient days, many hymns to the same Mother of the World.

Throughout the entire East and in the entire West there lives the image of the Mother of the World, and deeply significant salutations are dedicated to this High Entity.

The great Features of the Face are often covered and under the folds of this veil, glowing with the squares of perfection, may one not see the One Great Unifying Aspect, common to Them All!

Peace be to the World! Blessed be woman, messenger of peace.

I ask you, representatives of womanhood, to support our Banner of Peace, which has as its aim the protection of artistic and scientific treasures of mankind. These treasures of the human spirit are so often endangered by destruction not only during war but also during all kinds of inner unrest.

The Mission of womanhood is great. As we have stated already: "When there are difficulties in the home, we turn to the woman. When accounts and calculations are no longer of aid, when enmity and mutual destruction reach their limits, we turn to the woman. When evil forces overcome one, then woman is invoked. When the mechanical mind becomes helpless, then one remembers the woman. Verily, when wrath obscures the judgment of the mind, only the heart finds saving solutions. And where is the heart which can replace the woman's? And where is the courage of an ardent heart, which can be compared with the courage of woman at the brink of the insoluble? What hand can replace the calming touch of conviction of a woman's heart? And what eye, having endured the pain of suffering, will respond so self-sacrificingly, in the name of Bliss?

Among these great leading missions, stands unyieldingly the cultural mission to affirm and propagate the creativeness of mankind. Sponsoring creative thoughts, the consciousness strives towards true progress.

Three million women of America supported the Banner of Peace. All women of the world will act likewise. The Red Cross has saved many suffering ones. Thus also will the Sign of Culture strengthen in consciousness the true values of the spirit.

You, daughters of the Great Mother of the World, your hands weave the Banner of Peace unfurled in the name of the most Beautiful!

Urusvati, Himalayas, 1933

6. Glory to Women, Bearers of Culture[7]

From heart to heart!

Culture is reverence of Light. Culture is love of humanity. Culture is fragrance, the unity of life and beauty. Culture is the synthesis of uplifting and sensitive attainments. Cul-

---

[7] Roerich, Nicholas. "Glory to Women, Bearers of Culture," in *Mira* 1933, Vol. 30, No.9, 1933:3-4.

ture is the armor of Light. Culture is salvation. Culture is the motivating power. Culture is the Heart.

If we gather all the definitions of Culture, we find the synthesis of active Bliss, the altar of enlightenment and constructive beauty.

Condemnation, disparagement, defying, melancholy, disintegration, and all other characteristics of ignorance do not befit culture. The great tree of Culture is nourished by an unlimited knowledge, by enlightened labor, incessant creativeness, and noble attainment.

The cornerstones of great civilizations support the stronghold of Culture. But from the tower of Culture, there radiates the jewel—adamant from the loving, realizing, and dauntless Heart.

Love opens these beautiful Gates. As with each true key, so also must this love be true, and Culture self-sacrificing, daring, fiery. Where we find the sources of Culture, they are fiery and issue from the very depths. Where culture has once been born, it cannot be killed. One may annihilate civilization, but Culture, the true spiritual treasure, is eternal.

Therefore, the field of Culture is a joyful one, joyful even during labor, joyful even during the tense battles with the most obscure ignorance. The flaming heart is without limitations in the great Infinity.

The Festival of Labor and Constructiveness! A summons to this Festival means a reminder of eternal labor, of the joy of responsibility and of human dignity.

The labor of the worker for Culture is like the work of a physician. The true physician is acquainted with more than one disease. And not only does the physician cure that which has already occurred, but his wise foresight anticipates the future. The physician not only eradicates the illness, but he labors to improve the health for the whole of life. The physician descends into the darkest cellars in order to carry light and warmth there.

The physician is not forgetful of all the amelioration and beautification of life, in order to give joy to the understanding spirit. The physician not only knows of the old epidemics, but he readily acquaints himself with the symptoms of new diseases, which have been induced by the decay of the foundations.

The physician has sage words of counsel for the young and for the old, and is ready to give everyone encouraging advice. The physician does not cease to extend his knowledge, otherwise he could not answer the needs of the present. The physician does not lose patience or tolerance because a restraint of feeling would repel the suffering ones from him.

The physician does not fear the sight of human ulcers because he is concerned only with their cure. The physician collects various curative herbs and stones; he knows the research for their benevolent application. The physician is not weary of hastening with and for the suffering ones at all hours of the day or night.

All these qualities are also inherent in the worker for Culture. He is equally ready at all hours of the day or night to contribute his help. The worker for Culture always beneficently answers: "I am always ready!" His heart is ever open to everything in which experience and knowledge may be useful. Helping, he himself continually learns, because "in giving, we receive." He is not afraid, for he knows that fear opens the gates of darkness.

The worker for Culture is always youthful, for his heart does not wither. He is movable because movement is force. He stands vigil on the parapet of Bliss, Knowledge, and Beauty. He knows what true cooperation is.

All coworkers for Culture are united by rays of the heart. Mountains and oceans are no obstacles to these flaming hearts. They are not dreamers but constructors and smiling ploughmen.

In sending this Greeting of Culture, one cannot do so without a smile, without the call of friendship. Thus we shall meet, thus we shall gather together and labor for Bliss, Beauty, and Knowledge. And we shall do this undeferrably, without losing a day, nor an hour, in blissful constructiveness.

Mothers, wives, and sisters—transform the dusky daily life into the festival of Great Service, and show the coming generation that every labor, while of spiritual aspect, creates high quality. This sublime quality should enter human life from dawn to sunset, and in this constant self-perfectment, we will find the creative smile of happiness.

Mothers, wives, and sisters—create heroes!

May the blessings of the Mother of the World be with you!

7. Roots of Culture
(On the Tenth Anniversary of the Master Institute, 1931)[8]

Ten years have already passed since we laid the foundation of the Master Institute of United Arts. How unnoticeably these ten years have gone by! Because during a multitude of circumstances and events, time moves with especial rapidity. As if it were yesterday one recalls how with M. M. Lichtmann we were hurrying to rent space in the Hotel des Artistes in New York. By accident we found ourselves delayed on the way, and due to this accident,

---

[8] Roerich, Nicholas. "Roots of Culture," in idem. *Realm of Light*. New York, Roerich Musem Press, 1931, 58-62.

as we entered the subway, we were accosted by a Greek artist with the unexpected extraordinary exclamation:

"I have been looking for you for three months already! Do you need a large studio?"

"Of course we do. Where is it?"

"In the building of the Greek Church on 54th Street."

"All right, tomorrow we will go to look at it."

"No, impossible! I cannot keep it any longer; if you wish to see it, let us go at once!"

And so instead of the Hotel des Artistes, we are seated with Father Lazaris of the Greek Cathedral, who insists that I must be of the Clergy. And here we decide to rent the space. And under the Cross of the Greek Cathedral is laid the foundation of the long-since conceived Institute of United Arts. It is a large studio, but only one room.

Some one says to us: "Could you possibly dream of having an Institute of United Arts in one studio?"

I answer, "For the conception of creation, one does not need a room larger than the cell of Fra Angelico. Each tree must grow. If the work is vital, it will develop, if it is destined to die, in any case it will have to die in one room."

And so the first piano studies resound through the studio, and the first dreams about painting, vocal and sculpture classes are realized. Soon the studio has to be divided into three parts, and life itself supports the idea of unity.

Those connected with us are such experienced, creative guides as Giles, Such, Mordkin, the Lichtmanns, Grant, Germanova, Bisttram, Andoga, Wagenaar and Appia. Already we have seventy co-workers, working in different departments and hundreds of students fill the classes and halls. Already the new generation of teachers is growing, and Ellen Kettunen, Frieda Lazaris, Linda Cappabianca and others of our pupils form the second line of attack. Twelve years ago, based on long academic experience, I decisively affirmed the following statement:

"Art will unify all Humanity. Art is one—indivisible. Art has its many branches, yet all are one. Art is the manifestation of the coming synthesis. Art is for all. Everyone will enjoy true art. The Gates of the 'Sacred Source' must be wide open for everybody, and the light of art will influence numerous hearts with a new love. At first this feeling will be unconscious, but after all it will purify human consciousness, and how many young hearts are searching for something real and beautiful! So, give it to them. Bring art to the people where it belongs. We should have not only Museums, Theaters, Universities, Public Libraries, Railway Stations and Hospitals, but even Prisons decorated and beautified. Then we shall have no more prisons."

I remember that at that time, certain friends smiled to each other, whispering, "Beautiful dreams, but how will life react to them?" But our chief principle is: "Admittance and benevolence." We and our co-workers do not like the dead, "No"; and with each possibility make the effort to say, "Yes." It is not without reason that all people express their affirmations by an open sound, and for negation have chosen the dumb, semi-bestial, "No."

What other considerations have been confirmed by the experience of the last ten years? Life has confirmed that all unity is useful; confirmed that it is practical (we do not fear this word) to have various branches of art under one roof, having one common library, a common office, a common artistic activity, common guidance and the closest intercourse between the separate branches. It is practical to afford the students the opportunity of trying their forces in various branches until they finally make their choice. It is practical that there be interchange of musicians, artists and designers. It is practical to show full trust in the teacher, letting him manifest his methods in life. The results will indicate whether he is right, because as in one's entire life, we must judge by results. It is practical to give opportunity to students as soon as possible to try their forces in life, teaching them courage and safeguarding them from vulgarity. It is practical as was carried out by Howard Giles and Emil Bisttram, to have music during the work in art classes and to give lectures which by their artistic and philosophic content, may raise and unite the spirit of the entire artistic working guild.

It is practical to give examples from the history of art; thus we will once more learn to what extent art was the creative, peaceful basis in the entire life of the State. Chiefly, one must reject less, remembering that the majority of denials have ignorance as their basis; thus the teachers turn into guides, transmitting to the students not only technique, but also life's experience, sharing with them the valuable acquisitions which will prove a strong shield for the new generation.

How often humanity, entangled in its problems, attempted to deny the significance of the teacher. In epochs of decadence, it was seemingly possible to shake the basic conception of the spiritual hierarchy. But not for long did this darkness last. With the epochs of renaissance, again the great leadership of teaching was inevitably crystallized and people again began to feel the ladder of ascent and the blessed hand of the Leader. Many times small minds hesitate, fearing that they may be oppressed by the personality of the Teacher. Especially those who have little to lose often worry lest they lose something. In this regard, we now enter a very significant epoch. In certain strata of humanity, the spirit of denial has just succeeded in evoking a protest against the Teacher. But as always happens, denial can arise only temporarily, and the creative origins of humanity again lead the wanderers of life into the path of affirmation, of fearless search—to the path of creation and beauty. People again remember about the Teachers. Of course these teachers must not pertain to a grandfather's study with all its petrified remains. The Teacher is He who reveals, enlightens and encourages. He who will say, "Blessed are the obstacles. Through them we grow." He who recalls the beautiful Golgothas of knowledge and art, because therein lies the creative achievement. He who is able to remind, to teach the means of achievement – he will not be rejected by the strong spirits. He himself, will realize the value of the Hierarchy of knowledge; and in his constant movement will create the ascending researches.

So many schools and useful disseminators of knowledge can be organized in our societies. To all of them the same advice can be given; each tree can be planted only as a small sapling. Only gradually it will become tried and find steady roots. Therefore, if there is heartfelt desire to help the dissemination of knowledge and beauty, let it be fulfilled without delay. Let it not be handicapped by small possibilities. Practicality is not in the measure, but in the inner substance of the seed.

Himalayas, 1931

8. In spite of Difficulties
(To The Bulgarian Roerich Society, 1930)[9]

Your last two letters, written in Paris and New York, were communicated to me. Thank you for your sincere lines. Thus, exactly must we act in our service to the Great Light. The entire world is divided now into the destroyers and the builders. And each one, who understands the high significance of Culture, will be among the builders, among those who strain their energy in order to defend the world from the malevolent assaults of darkness. Great must be the ignorance and blindness of those who cannot even distinguish the Light from the Darkness. You understand why the parent of Darkness, from ancient times, has been called the sower of refuse. It is he who so clouds with dust the eyes of the ignorant, that they are entirely unable to distinguish the day from the night.

In sending you my book, "Flowers of Morya's Garden," I have done so in the name of Saint Sergius. Direct your worthiest strivings to this Great Protector, this Builder of the true, spiritual Culture. "Flowers of Morya's Garden" is, as you know, published for the benefit of the famished —for the spiritually famished. Because physical starvation is

---

[9] Roerich, Nicholas. "In Spite of Difficulties (To the Bulgarian Society, 1930)," in idem. *Realm of Light*. New York: Roerich Museum Press, 1931, 143-145.

nought in comparison with starvation of spirit. And for each one who thinks of Bliss, the immediate task is to help. Only in giving do we receive. Then only do we receive that truly great Bliss which the Ancient Wisdom preordains and knows and which is so realistically expressed in true Christianity.

There are two conceptions, Bliss and Heroic Achievement, firmly defined in the Russian words Blagodat i Podvig, but which lack adequate expression in other languages. These, one must understand as reality. Clinging to Bliss, one must infuse it actively into daily life. For what else can transform the homely routine of each day into beauty? Only this—Great Bliss! What a wondrous word! Because this realization creates miracles. And the most brutal heart pays homage to the highest Light, which is no less a reality than the sun. But we also, with each torch of ours, evoke the supreme fiery elements; which means that in each heart may also be kindled a purifying flame of all-understanding and all-containment. I am no lover of "mysticism" or "occultism," because both are synonyms of nescience.

As I have so often pointed out in "Paths of Blessing" which you now read, we must strive to clarity, to lucidity, to the truth, in which is revealed the great radiant hierarchy.

From your letters I learn that you are enduring hardships. One must say that now it is difficult for all. Hence we may all rejoice if we have been deemed worthy to be summoned to work, inspired by the example of the great deeds of the most Holy Sergius—the deeds of him, who so often suffered revilement and was abandoned even by his chosen brethren, yet conquered all difficulties only by the power of spirit, continuing unceasingly to build dwellings of Bliss as guiding milestones.

As you know in America, we are building a Chapel in the name of Saint Sergius. Like sentinels of Bliss these signs will stand upon the ways of the gathering of experience. How many of our brothers, now scattered, cull great experiences and knowledge, which will sustain them upon the benevolent ways. I have sent you my address about Culture. Verily, let us all give thought to this great conception, to this step to light. I know that the thought of Culture will benevolently re-echo in your heart and in the rhythm of this sacred tremor, new, invincible forces will suffuse your beings.

Greetings!

9. Re-evaluation[10]

In the remote Himalayas, newspapers have reached us. In one we read that more than two thousand banks in the United States have discontinued operations. Another informs us of the failure of a powerful bank in Switzerland. The third announces the closing of banks in Ger-many, Austria and Hungary. And finally the news that the gold standard has been abandoned.

Well, well! Let us remember what we wrote ten years ago about "heaps of valueless banknotes," in the full meaning of this word. Is it not time to remember the tales related of the first revolutions in Germany and Russia; when people who had huge fortunes in paper money, suddenly realized to their horror that their assumed fortunes were in fact only paper when instead of spending money to print labels for beer bottles, the brewers preferred to paste banknotes of high denominations on their bottles. And in our collections we still have German postage stamps of a face-value of twenty billion German Reichsmarks. How much further may one go?

These are not fairytales, but living facts. Yet even during these times of paper disaster, good old Rembrandt never betrayed his collectors. And it never entered anyone's head to label beer-bottles with original creations of artists. Thus, even during the most difficult times, the human spirit never forgot the true, irreplaceable values of mankind. Perhaps humanity remembered these values only dimly as in a dream, overcoming with reticence the entire heritage of prejudice and ignorance; nevertheless, it did recall them. And even persons of the most desperately negative character, although remaining silent, never dared to contradict that which constitutes the whole meaning and purpose of human life.

Until quite recently humanity professed an unusual reverence and esteem for bankers. They were at times even elected as members of Governments. True, these Governments did not last long and passed without a trace into oblivion. Financiers should not take this statement to mean that we are altogether against them. Among them we know quite a number of very cultured persons who devote much of their time to educational problems. And one should not forget that these cultured representatives of the financial world have responded very quickly to true values at times. I remember how one of them told me, "And yet I would prefer to have a collector of art objects for a son-in-law; after all, it is safer."

Of course when we speak of collecting an object we should understand its inner quality. We do not mean the common purchasers of art objects who show their outer pros-

---

[10] Roerich, Nicholas. "Revaluation," in idem. *Fiery Stronghold*. Boston: The Stratford Company Publishers, 1933, 34-38.

perity by a certain display of furniture and bibelots which are brought to their home by obliging antique dealers. We mean of course those true collectors who build up their treasury in the name of the beautiful, in the name of the imperative demand of their dynamic spirits, those who impress their individuality upon the characters of their collections, thus proving themselves to be true co-creators. We should take off our hats before such preservers of values.

One may only wish that all storms of life should pass by such collectors without affecting them in any way and that each revolt of ignorance should bring them new possibilities and new energy.

We cannot follow the laws of life of artistic creations. Beyond the boundaries of seeming coincidences, we invariably meet the great Cosmic Justice. Amidst dazzling snow-white peaks it is difficult to discern which is higher and stronger, but each of them is subject to unchanging laws. This is similar with human creations. Who can follow this most intricate complex of the conditions of creativeness? But it is not for us to judge them. We should but rejoice and be uplifted in spirit while approaching the constructions of Beauty. With great care, we should guard their existence, for we cannot think like those who consoled themselves: "Après nous—le déluge!" We are responsible for these creative treasures.

Someone interposes, "We already know all this." No, my dear one you do not know this; for if you knew it you would construct your lives differently. But if you do know this and do not apply this valuable Knowledge into life, the worse it is for you. For your sake, let us think that you are not aware of these values. But if you insist that you knew all this long ago, we must regretfully classify you as ignoramuses! For only the ignoramus light-heartedly judges and condemns. And the same ignoramus is primarily most gullible; he accepts all paper values, each beer-label, just because his grandfather drank from the same bottle or because the beer-labels are bought by gentlemen in shiny top-hats and ladies who, despite their figures, annually change the fashion of their dress.

What further disasters are needed in order that the gullible and light-minded should listen to the voices of their hearts, which in some sleepless hour of dawn, whisper to them that truth is not interwoven with top hats, nor with a new fashion of dress that makes even walking difficult.

But the laws of life forge an immutable evolution. It is the greatest happiness to see how, despite all prejudices and superstitions, life builds its steps and evinces the significance of creative labor.

By speaking of the re-evaluation of values, we perhaps use an inexact expression. We should simply say evaluation of values, for by re-evaluation we imply the acknowledgment of values which after all have never really been accepted as such.

How useful is the study of history, especially when we can liberate ourselves from preconceived, conventional ideas and purify our thinking for a true understanding. Again and again, let us remember precisely what monuments and what types of deeds the history of the world records as worthy and transmits as its heritage to future generations. Unbiased history has long ago given us a true appraisal of values. Then why make up and whisper conceitedly about changed conditions of living? The value of the heart, the value of the Beautiful, the value of Knowledge is always identical and precious. History does not preserve beer labels; through all its appealing symbols, it untiringly teaches us where the true, indestructible value lies. Each bit of news about the crash of conventional values is nothing save a new knock of fate at the door. Remember those persistent knocks of fate in Beethoven's Symphony. Just as inexorably will Cosmic Justice knock at the doors of mankind until the human heart opens towards the joyous realization of true, indestructible values.

But let us never conclude with regrets. Not all people care for top hats, not all are devoted to the conventionalism of their attire. We know that the hearts of the great masses of humanity are striving to move from the conventional to the real, are striving instinctively and often semi-consciously towards the covenants of sublime Teachings. And not only the hearts of the widespread masses, but also the child's heart is always open to the Beautiful as long as it is not besmirched by the experiences of life. In the name of this child's heart which is open to the assimilation of everything beautiful, which is ready to accept true values, we send our best thoughts. And great is the host of these striving co-workers, visible and invisible. Therefore, neither the crashes of thousands of banks, nor a tempest of cancelled and cremated banknotes, can upset us; instead they will fill our consciousness with the radiant dawn of true values.

10. Defense of Values[11]

Speaking of the Pact for the preservation of artistic and scientific treasures, I agree with you that all conventional leagues and "uncultured non-cooperations," as Masaryk called them, lead to nothing. From this standpoint, pacts are nothing more than scraps of paper. My idea, however, is very different. For a long time I have been a member of the French Red Cross, having been elected a life member, so I am well aware of the history of this admirable institution from the day of its of its founding by H. Dunant.

---

[11] Roerich, Nicholas. "Defense of Values," in *The Scholar*, Vol. XIV, No. 11, 1939: 491-493.

I remember the irony and derision that hailed his idea, and this great Swiss was labeled utopian and mocked for his impracticable ideas.

Seventeen years of steady labor were required before he was able to realize his humanitarian scheme, and what seemed impossible was eventually realized.

Even today, you will find people who take an evil pleasure in stating that Italian bombs recently destroyed Red Cross hospitals. Barbarous incidents, however, do not affect the lofty ideals of the Red Cross. One can spit at and insult divine images, but this is not likely to change their character. When Millet's Angelus was disfigured by vandals, it did not lose its significance.

My idea concerning the preservation of artistic and scientific treasures aims at creating an international impulse to protect all that is precious and valuable to life.

If the Red Cross sign recalls humanitarianism, then a similar sign ought to remind mankind of its cultural treasures.

From his early school years and throughout all of his social manifestations, man should have a clear conception of the significance and the importance of art and science.

Pictorial impressions are the most lasting and decisive. If children, then, are taught from their early years to respect the Red Cross of Culture, then their consciousness is much more likely to rise to a higher plane. In our correspondence on such matters, we have received many interesting suggestions. In Paris, the well-known literary paper—Les Nouvelles littéraires—has invited correspondence on the subject and will be publishing letters from General Gamelin, Paul Jameau, Ugo Oggetti, Philadelphus, and other prominent people. The subject was brought to the fore in an article by our friend De la Pradelle concerning the preservation of works of art in times of war. A professor once wrote to me: "You rouse me and make me ashamed of myself, and leave no room for pessimism and dejection." If a man feels ashamed, then it means that he has begun to ponder over the value of art and science, which we should all do, morning, noon, and night. My effort then has been to stimulate thought toward a higher level rather than argue over scraps of paper.

If, as in the case of H. Dunant, we must put up with all sorts of abuse, this will not discourage us. The archives of literature and the opinions of all sorts of individuals point to endless strife and effort in this direction. Humanity is a long way from peace; nevertheless, in all lands people today aspire toward the "peace of all the world."

This would seem to be a sublime utopia, and yet the human heart will never pray for war, even though this remains the infamous condition of our time.

Space is filled with prayers for the peace of the whole world, and in this saturation of space, there is light and optimism. And if it is not to be for us today, then let us hope that it will be for the humanity that is to come, and that we have been told to love. There may be very different opinions as to the present state of mankind, and one can look upon scientific progress with pessimism or optimism. Currently, however, malice and hatred are pouring up from the pit of darkness, and it is very difficult for people to see clearly. The weak in spirit do not understand how those who are predisposed to right conduct are often kept apart by trifling prejudices, which we ought to overcome by setting an example to the younger generation. Not so much time now remains for us to labor in this world and to set forth all we have learned from our contact with the most varied types of people.

Suspicion, belittlement, and indifference there cannot be where the heart is concerned, and so, let us continue to express the desires of the heart.

In all of us there is a fund of precious recollection that can be of use in all circumstances. You know that I and all of us have to undergo slander. Not long ago a friend wrote from Paris to say that certain people had invented all sorts of fictions about me, going as far as to allege that I did not paint my pictures. All this, however, has no effect because truth is a thing that will come out. Long ago it was said, "Grief today, tomorrow joy."

NIKOLAY RAYNOV (Sofia)

Roerich and the Fight for Culture[1]

Abstract

In 1930, at the initiative of Nikolay Raynov[2], was founded the Bulgarian Roerich Society. This brief essay, written and published by Raynov in the Newspaper Zarya *1933, aims to introduce the oeuvre of Nicholas Roerich and his ideas of Pax Cultura – peace trough culture – to a larger Bulgarian audience. Raynov argues that it is not enough to create oeuvres of art, i.e. to write books or to paint pictures, but that it is also necessary to fight for the protection of cultural works and monuments, especially in times of conflict and war. In this sense, this brief essay can be conceived as a call to the Bulgarian public to join the Roerich Pact, elaborated in 1928/1929.*

Keywords: Nicholas Roerich, Art, Culture, Peace, Banner of Peace

---

Nowadays there are few all-round geniuses. Such personalities are unique. Nicholas Roerich is among them: painter, graphic designer, poet, archaeologist, historian, public figure, geographer, essayist, ethnographer, pedagogue, and philosopher. There are more than fifty branches of the famous Roerich Society, created not to glorify a man (no matter

---

[1] Published in Raynov 1933. All References are mine – Y.R.
[2] Nikolay Raynov (or Nikolai Rainov, 1889-1954) is a famous Bulgarian writer, poet, art historian, painter, ethnographer, archeologist, translator, theosophist, and philosopher. He graduated from Sofia Theological Seminary in 1908, studied also Philosophy, and graduated from National Academy of Arts in Sofia 1919. He served as war correspondent during World War I. In 1919 he travelled to the Syria, Egypt, and Palestine where he collected material for his writings. From 1922 Raynov worked as Librarian in Ivan Vazov National Library in Plovdiv until 1927 when he was appointed Professor at the Academy of Fine Arts in Sofia. In 1922 he foundet the 1923 he became Editor-in-Chief of the theosophical Journal "Orpheus", and President of the same-named theosophical lodge. From 1925-1927 he was on a Fellowship in France where he studied at the *Conservatoire des arts et métiers*, and attended also the philosophical courses of Henry Bergson. Raynov is co-founder and first director oft he Institute for Litterature at the Bulgarian Academy of Sciences. His first book "Bogomil Legends" () was highly praised, yet his novel "Between the desert and alife", which tells the story of Jesus, led to a public polemic, and he was excommunicated from the Orthodox Church. Raynov is author of 9 volumes on history of Bulgarian literature, 12 volumes of history of art, more than 40 novels and legends, and 30 volumes of fairy-tales from all over the world.

how great he is), but to work in accord with his perceptions of a universal human ideal. The New York City Roerich Museum attracts around 5,000,000 visitors annually. During the past ten years, Roerich established a series of educational institutions in America for the study of all arts: painting, sculpture, graphics, decorative art, applied arts, music, stage art, directing, and ballet. There are workshops, libraries, museums, theaters, lecture halls. The Banner of Peace, proposed by Roerich in order to fly over cultural buildings during the war, gained worldwide recognition at the Bruges congress two years ago. Out of bounds and nationalities, Roerich fights for the culture of humanity, heavily threatened at this terrible time. More than 2,000 paintings by this genius painter point out to the world the cultures of the peoples. Although a poet, Roerich is not a literary writer in his ornamental and pictorial works: he speaks with colors, lines and harmony in them, and so he captures at once.

Since several years, he lives in the Himalayas where he works. Kumar Haldar, one of the best Indian painters, notes: "The Himalayan Majesty is nowhere depicted as it is in Roerich's works." He depicts not only the Majesty of the Himalayas, but also of all humankind, which will overcome the Himalayas. From his corner in the highest mountains of the world, Roerich contemplates the cultural trajectory of humanity and finds nothing greater. One of his first books, *Flowers of Moriah's Garden*, contains intimate poems in which the poet's soul gradually approaches the innermost focal point of culture. In *Adamant* and *Path of Blessing*, he was able to sum up the cultures of the peoples in poetic fragments. And, in his latest books, *Altai-Himalaya*, *Heart of Asia*, *Shambhala*, and *Abode of Light*, he introduces us to his broad activities spreading the ideas of peace, mutual acquaintance and understanding, culture, and love for light.

In *Heart of Asia*, Roerich recounts his expedition through Mongolia. It helped him to accumulate a rich artistic and scientific groundwork during this difficult and dangerous undertaking that ended with the founding of the Himalayan Research Institute, which is already working with plenty of distinguished scientists. Jean Duvernoy wrote that, when a friend gave him that book of Roerich, he said to him: "It seems that this man is invincible, he spent five years in Asia, enduring Chinese and Tibetan captivity, and overcame all the extreme difficulties". The fruit of this exhausting journey is known: more than 500 paintings of Asian subjects and three books, all this by Roerich alone without counting the scientific research of his son.

However, the struggle for culture finds the most focused expression in *The Realm of Light*. It is a book about the human heart as the source of culture, because under "culture" Roerich does not understand the discovery of poisonous gases, neither football nor a raft-city, nor a doll-machine. The source of culture is love, nobleness, and honor. Culture is the sum of the most sublime manifestations of an individual and a collective person: that which does not die. In this book, we see how many people and cultural associations work around the world for an ideal: from Finland to Japan, from France to Bulgaria, and from Latvia to Tahiti. No trace of fanaticism and sectarianism. Everything constructive and creative is encouraged.

One of the main institutions, established by the tireless activist for renewal of humanity, is the Institute of United Arts. On his coat of arms, you can clearly see Roerich's motto:

> Art will unify all humanity. Art is one – indivisible. Art has its many branches, yet all are one. Art is the manifestation of the coming synthesis; art is for all. Everyone will enjoy true art. The gates of the 'sacred source' must be wide open for everybody, and the light of art will influence numerous hearts with a new love. At first this feeling will be unconscious, but after all it will purify human consciousness, and how many young hearts are searching for something real and beautiful! So give it to them. Bring art to the people – where it belongs. We should have not only museums, theaters, universities, public libraries, railway stations and hospitals, but even prisons decorated and beautified. Then we shall have no more prisons. (Roerich 1921, 326; cf. Corona Mundi 1924, 76)

Nicholas Roerich is a worshipper of culture. His language game is the following: "Cult-Ura" means "worship of light," because the Aryan word-root Ura signifies Light. And he outlines: "Erroneously, the idea of something supernatural, almost unattainable in the dusk of daily life is often connected with the concept of Culture. In truth, it is just the contrary. Culture as such will function essentially when it enters into each day of life and becomes the criterion of quality for all our actions." (Roerich 1933b, 181)

How does he suffer that the love for the books decreases!

> Just now perhaps, the necessity of co-operation between reader and editor should be especially stressed. The financial crises reflect most of all upon the means and qualities of education. This is sad but true! As though, because of an economic crisis, one would receive indulgence for ignorance and savagery! Just at present, the world traverses an unprecedented and deeply-rooted material crisis. A crisis of overproduction, a crisis of the lowering of quality. A crisis in the faith of the possibility of a better and brighter future. It occurs mainly because of the fact that many generations have already been trained to believe that the leading world power is the gold standard. But recalling the entire history of humanity, we know this is not so. Let us not be compelled to repeat again that the true *valuta* is the *valuta* of spiritual treasures, and the sources of these values without a doubt still remain in the books, written in many different languages, but which carry the one language of the spirit. (Roerich 1933a, 164)

A lot has been written about Roerich abroad, and the writings still increase. May this short note attract the attention of the Bulgarians to the work of this great cultural figure, whose multifaceted work stands above all praise, no matter how flattering it may be. We are happy to be the contemporaries of a genius with whom we can communicate.

Translated from the Bulgarian by Yvanka B. Raynova

References

Corona Mundi. *Roerich*. New York: Corona Mundi Inc., 1924.

Raynov, Nikolay. "Roerich i borbata za kultura" ("Roerich and the Fight for Culture"), in *Zlatorog*, No. 7, 1933, 333-335.

Roerich, Nicholas. "Paths of Blessing", Part I, in *The Herald of the Star*, Vol. X, No.12, 1921: 325-327.

Roerich, Nicholas. "Love the Book", in idem. *Fiery Stronghold*. Boston: The Stratford Company, 1933a, 161-167.

Roerich, Nicholas. "Salutations to our Cultural Societies," in idem. *Fiery Stronghold*. Boston: The Stratford Company Publishers, 1933b, 181.

NIKOLAY RAYNOV (Sofia)

Art and War[1]

The greatest painter of our time, Nicholas Roerich, is the compiler of the famous Treaty – the "Pact Roerich," which many countries have already accepted. Thus, in time of war, they will raise the "flag of peace" over all cultural institutes and artistic monuments: churches, museums, libraries, universities, academies, etc. This fact speaks enough about the attitude of art to war.

Art creates, war destroys. They are mutual enemies. In his best painting – "Napoleon on the battlefield at Eylau" –, Antoine-Jean Gros, the most talented military painter of all times, has inherently expressed the tragic of the war, and the indignation of the war commander. It is, as if Napoleon tells to the conquerors of all time: "Woe to you fools, your bloody celebrations sow darkness and cover the earth with corpses. You drag backwards the human culture for thousands of years."

Besides Gros, other painters also expressed their outrage at the war, the most terrible sign of barbarism that humankind still carries, – Vasily Vereshchagin, Francisco Goya, Diego Velázquez, Käthe Kollwitz, George Grosz, Otto Dix, just to name a few.

There is no person with heart and soul who does not share the deep indignation of the great artists. War transforms earth into ash, tomb, and desert for the personal benefit of a small number of people who produce weapons, and who are the only ones to benefit from the fratricide of the peoples.

In his novel *Alexander in Babylon* (1904), Jakob Wasserman portrays the miserable death of Alexander the Great in the East, after he has captured the world. Historians tell us the stories of the destruction of many peoples and nations who have disputed power over the earth: Egyptians, Babylonians, Assyrians, Romans, Huns, and Vandals.

King Simeon is great not with his victories, but with the literature he has protected. Julius Caesar has only one merit, namely that he wrote about the Gaelic war and not that he led this war. It is not a merit to fill the space with bloody cries and to ruin the ground with grenades: nothing will grow in such a field except disgrace. The struggle for power of the peoples who challenge the earth that belongs to God is ridiculous. Every historical

---

[1] Published in *Zarya* (newspaper), 11 of Mars, 1939, VI.

atlas will show us how volatile this power is. Compared to eternity, which is the age of the world, the kingdom of longest duration takes only a day.

Art creates for eternity. It saturates the universal spaces with ideas, images, and inspirational experiences that no one's sword will destroy. The names of the conquerors will remain on the list of international badgers, names for which no ink is black enough.

What is Tamerlane (Amir Timur) compared to Rembrandt, or Napoleon compared to Tintoretto? Let us remember Charles V, who – after so many wars – humbly backs down to pick up Titian's brush and hand it to him.
This gesture is the greatest that a ruler has ever made.

Translated from the Bulgarian by Yvanka B. Raynova

YVANKA B. RAYNOVA (Sofia/Vienna)

The Painting "Confessions" of Nikolay Raynov[1]

Abstract

The aim of the following paper is to show that it is not possible to penetrate into the depths of Nikolay Raynov's universe and to comprehend its wholeness, without posing and investigating the question about the origin or the foundation of his various creative occupations, i.e his novels, philosophic and theosophic writings, art history and critique, paintings, decorative design etc. This question is far too complex to be answered briefly without being simplified, and therefore two main directions will be articulated: the recption of Orphism developed in Plotinus' and Porphyry's Neoplatonism – which is the basis of modern Theosophy –, and the synthetic understanding of art, which puts Raynov's views in close proximity to Wassily Kandinsky and Nicholas Roerich.

Keywords: Nikolay Raynov, Art History, Aesthetics, Painting, Culture

The artwork is frequently called the "artist's confession".
But to understand what he wants to tell us,
we have to know his language."

Nikolay Raynov

From the enormous oeuvre of Nikolay Raynov, his paintings seem to be the least known to the public. In the catalogue for his anniversary exhibition in 1939, Nikola Mavrodinov wrote that his contemporaries knew Raynov mostly from the vignettes and the covers of his own books, as well as the publications of Tsvet Publishing House, where he worked as a decorator after the war. Also, that the watercolour paintings, which were exhibited in 1922 in Plovdiv, partly resembled to the Far East paintings, because he took the

---

[1] This article is a slightly modified version of the one published in the Catalogue of the Painting Exhibition in Sofia, 28.02.-07.04.2019 (see Sofia City Art Gallery 2019, 51-55). The English translation is made by translators from the Sofia City Art Gallery.

tiniest nature forms, such as a leaf, a flower, a blade of grass, and magnified them to achieve a certain effect. In the ornamentations and the predominant fairy-tale elements, Mavrodinov identified the key difference from Far East art, pointing out the essential characteristic of Raynov's watercolours:

> He [Raynov] takes a flower – a poppy, a cornflower, a camomile flower, a bellflower or snapdragon – places it in the middle and depicts it stylized so that we are unable to recognize it at first. He preserves only its lasting essence (…) Thus, a new world of nature is created, and in it the forms of nature, which resembles to heraldic signs, return to life. In this world everything is precious, rare, significant and somehow magical. (Mavrodinov 1939, 1)

Besides their similarity to Far East art, Nikolay Raynov's paintings are considered by many as related to the movements of Symbolism, Secession, Impressionism, Expressionism, etc. Probably the noble purpose of these comparisons is to assert that we, Bulgarians, too, had artists who were part of the modern European art movements and even developed them. There is no doubt that in Raynov's literary, philosophical and art history works, as well as in his paintings, one can find different influences from both the East and the West that are worthy to be explored. However, the attempt to put his painting in any conceptual or artistic movement or to qualify it as a specific conglomeration of different styles poses the risk of reductionism and loss of its specificity. Nikolay Raynov's entire work, including his paintings, might perhaps best be characterized by his own words regarding Rimbaud: "He, too – like all creators belonging to the sphere of ingenious uniqueness – cannot be confined to a certain school, just as life failed to confine him to a certain belief, metier, art or vocation" (Raynov 1922, 2).

While for Mavrodinov Nikolay Raynov's paintings seem to be a kind of illustrations to his books, other art experts go even further by emphasizing the "organic connection" (Russev 1974, 5) of Raynov's paintings with his literary works and writings on art history. However, no one is posing the question about the origin of the deep correlation and interaction between all his various creative occupations, which should be a question of priority if one wants to penetrate into the depths of Raynov's universe and comprehend its wholeness. This issue is far too complex to be answered briefly without being simplified. Therefore, I will outline only two directions indicated by Raynov himself: the Orphism developed in Plotinus' and Porphyry's Neoplatonism – which is the basis of modern Theosophy –, and the synthetic understanding of art.

In *History of Plastic Arts,* Raynov refers to the following statement of August Rodin:

> The landscape painter sees a reflection of the universal soul not only in the living beings, but also in the trees, the bushes, the valleys and the hills. What to other men is

only wood and earth, appears to the great landscapist like the face of an infinite being. Corot saw goodness scattered over the tops of the trees, over the grass of the fields, over the mirroring water of the lakes. Millet saw there rather suffering and resignation" (Raynov 1939, 29-30).

This is not a casual quotation but one that expresses the metaphysical credo of Raynov himself.

In a concise form Raynov's metaphysical views are presented in his foreword *De Antro Nympharium* (*On the Cave of the Nymphs*), where he describes the cosmogony of Orphism and Neoplatonism, containing the doctrine of God as the One – the ineffable First Cause –, the doctrine of the Universe as a macrocosm originating from the original Trinity (Good, Soul and Mind of the World) emanated from God, and the doctrine of the human being as a microcosm "carrying in himself as a potential the essence of the Universe and God" (1920, 8). It should be noted, that the concept of the threefold manifestation of the macro and the microcosm has been supplemented and further developed in modern Theosophy through the doctrine of the seven cosmic planes, the seven planetary systems, the seven cycles, the seven races and subraces, the seven bodies etc., reappropriated by Raynov in his conception of the seven circles of art development.

The Trinity as the initial manifestation of the ineffable God – the inscrutable Enigma of all Enigmas – is the active power that creates the world and imparts spirit into it. According Raynov, it penetrates every particle in order to animate it and empower its further development, "and since the essence of development lies in the gradual accomplishment of perfection, the task of this development consists in the conversion of the hidden potentials into acting powers" (ibid., 14).

According to this emanationist and pantheistic doctrine, the divine is everywhere, even in the so-called "inanimate" nature, in every pebble or rock, but there it is trapped in the coarsest and raw form. In the plant kingdom, the beginnings of consciousness arise, and within the animal kingdom begins the formation of the soul. Yet the power of the divine is most strongly revealed only in the human being. Raynov points out that the Neoplatonists called the human being a "small world" as it possesses a triplicate nature like the creative Trinity, and the purpose of its development is to realize the three aspects of its hidden divine power: "The divinity hidden in man is the driving force that overcomes every obstacle, elevates the spirit ever higher, through an infinite number of forms, in order to unify it with its Source" (ibid., 17).

Raynov's landscapes are an expression of this pantheism, which is described in the *History of Plastic Arts* as follows: "The feeling of pantheistic melting of the Self into nature and fusion with it is the starting point of any landscape art. A painter who did not experience it, and did not make the viewer also experience it – he failed in his work" (Raynov 1939, 29). An artist, whether a writer or a painter, must in his activity imitate the God-Creator, who has embedded in every outer form an inner idea (Raynov 1920, 22), and should contribute alike to the "consistent improvement of the world" (Raynov 1931, 13).

In other words, with his art, the artist must transform both, the world and the soul of the viewer who contemplates the artwork. This transformation is always symbolic, insofar as the external, visible forms serve as a means of expression of what is inside, hidden and invisible. Therefore, Raynov considers as most relevant Benedetto Croce's definition of art as a vision or an intuition, based on which the artist creates an image. The task of visual art is not to make this image perfect, as an end in itself, but to bring through it the human being and the reality closer to the higher, invisible worlds.

In support of this understanding, Raynov refers to Vladimir Soloviev's concept of the threefold task of art, which is to be a direct objectification of the deepest inner qualities of the vibrant idea that cannot be expressed by the nature, to spiritualize the natural beauty and thus to lead to the immortalization of its individual phenomena.

The supreme purpose of art, therefore, lies in the spiritual transformation of the natural and the human world, and thus in the creation of a universal spiritual organism. The visions and embodiments of the artist, when he is inspired and in line with the development of the universal spirit, i.e. the "creative evolution" (Bergson), are of prophetical nature: "Being aware of the task of the ultimate spiritualization and redemption of the surrounding nature, man is looking for vigorous ways to realize it – in the artworks he prophetically outpaces the future beauty of all things. Therefore in its deepest inner essence every true art is always a prophetic predication of a future event; every true work of art is a tangible depiction of an object or a phenomenon from the point of view of its final state or the future world – which is the same thing" (ibid., 17).

This is the perspective from which Raynov's own paintings are to be viewed, and in particular, his unique compositions in lacquer paint on tin foil, created in the period 1937-1939. It is as though a different world is emanating from them – celestial, ethereal or astral – vested in shimmering colours that change their nuances depending on the angle of contemplation. Fairy-tale plants and trees, birds with glittery feathers and mythical animals enchant the viewer with their glowing beauty, "shining" in the full spectrum of the seven rainbow colours. Shimmering gold, silver, emerald, cobalt, purple tones reflect and direct the light back to the viewer, creating a sense of agility, vivacity, and musicality. It is difficult to identify which are Raynov's favourite colours, because he uses different shades depending on the subject and the mood he seeks to convey. In some of the paintings, the warm and cold tones are in harmony, in others – landscapes in blue or green, night fields and black skies – the cold colours predominate, and yet in others – landscapes with trees on a background of orange-sienna and yellow-golden skies – the warm colours prevail and embrace all forms. Such colour selection is certainly not accidental, it often carries a deep metaphysical meaning and symbolism in accordance with the theosophical theory of colours.

Some of Raynov's compositions, mainly watercolors and projects for book covers, represent illustrations of his literary works with fabulous plots (*The Prince and the Plague*), parables and visions (*Visions of Ancient Bulgaria*) or philosophical and theosophical books (*Thus Spoke Zarathustra: The Secret Teaching, At the Feet of the Master*). However, they do not have a merely illustrative function. Like his landscapes, they are a constituent part of Nikolay Raynov's global worldview and creative work and, in particular, an expression of his conception of the role of synthesis in art and culture, a conception which is not to be confused with the various synthetic styles and movements in painting[2].

In the art context, the synthesis, which is a fundamental philosophical and theosophical concept designating, in general terms, the unification of different spiritual elements in a higher whole, is used by Raynov in several aspects. It is put in relation to the creative process, the artwork resulting from it, the perception and evaluation of the work, the connection and interaction between the different arts and, last but not least, the idea of the seventh circle of development of mankind, art and culture, which is called "the age of the future synthesis". The metaphysical basis of Raynov's specific synthesis interpretation is the concept of the threefold nature of the human being as a combination between spirit, soul and body. These three elements play a key role in the creative process. When the painter creates an artwork, the activity involves his entire spirit, soul and senses. Raynov states that this takes place in the form of a struggle between the spirit and the matter, whose purpose is for the artist to imprint on the substance the traits of his inner world, his attitude toward life, his beliefs, his lived experience and a specific spiritual content, by the use of different tools (Raynov 1928, 4-5). In this sense, the artwork may be regarded as the "artist's confession" (ibid., 6). "When the artist paints a landscape, not only he sees the forest in front of him, but he also hears the rustling of the leaves, the murmur of the brook, and the song of the birds, he perceives the smell of the flowers and the cool fresh air, he feels the hardness of the

---

[2] Synthetism, as it is well known, is an art style of post-impressionism arising from the synthetic combination of Cloisonnism and Symbolism. Paul Gauguin, Émile Bernard, Louis Anquetin pioneered the style and, opposing Naturalism and Pointillism, tried to express the reality through the synthesis of different images and subjects, conveyed through an approach of symbolic aesthetics. Raynov gives examples of Synthetism found also in New Traditionalism, in Jean-Arp's superrealism, in the decorative-colourful synthesis of Matisse et al. (See Raynov 1939, 91-92, 121, 152).

stone, the roughness of the bark, the tenderness of the flower petals, etc. If he is a very talented landscapist, he will perceive every possible impression, and will convey it indirectly into his painting. Even though the landscape renders directly only the visual images, a viewer will fall under the sophisticated charm of the overall impression of the view. The brush has fused the visible so skillfully that we feel the fragrance of the flowers, the breeze blowing, the air flickering, the pleasant babble of the brook and the whole range of tangible impressions: cracked rocks, hard stones, lush foliage, rough stems, smooth water surface" (Raynov 1947, 6-7).

According to Raynov, sense and mind are two inextricably linked aspects of the artwork perception, but people are more mindful of either the first or the second one, depending on their temper. With the synthetic understanding of the creative process and the artistic insight, Raynov resists, on the one hand, the division, which arises in analytical and abstractionist conceptions, and on the other hand, the rupture between the different approaches of aestheticians and art historians. "One group will contemplate, enjoy and consequently appreciate, while another one will try to get to know, understand and interpret. The first standpoint is maintained by the aestheticians and the second one by the art historians. In the best case, both approaches are united and complemented by talented critics and historians with broader views" (Raynov 1928, 7).

It is no coincidence that Raynov's *History of Plastic Arts* ends with an outline of the future era of synthesis, in which sculpture, architecture, applied arts and painting will be united into an organic whole: "When painting sets to work, it will learn how to build as architecture builds, to vest the skeleton in forms as sculpture does, and will add to what it has learned the fascination of a language full of colours. Thus, all three will be harmonized in it. From its involvement in life, the applied arts will also benefit" (Raynov 1939, 226). This conception is quite similar to Kandinsky's outlook that the specialization of arts must be overcome by a new synthesis that once existed in the Russian Church, where architecture, painting, sculpture, music, poetry and dance formed a united whole (Kandinsky 1927). However, Raynov's synthesis does not only refer to the arts and the science of arts, but also to the realization of a radical change in public consciousness. Only then, the current sixth circle of art will be completed and new genius artists will be born, who will grasp the deep essence of Being and "see the presence of God even in a sand grain" (Raynov 1939, 227).

Revealing and approaching the divine, fabulous and magical world of nature represents a key subject in Raynov's oeuvre, and especially in the paintings shown in this exhibition, but it is not the only one. No less important is the topic of the struggle: the struggle between the spirit and the flesh, between good and evil, beautiful and ugly – themes that are vividly present in his fairy-tales, parables and stories. This is also the fight experienced by each person with himself, when facing various hardships, and by the artist, pursuing the attainment of perfection. And last but not least, this is the struggle of culture and art to achieve the highest goals of mankind. In 1939, in an anniversary interview on the occasion of his 50th birthday, Nikolay Raynov pointed out that everything he had accomplished was the result of a systematic hard work and constant struggle. Describing the crisis in the late 1930s, which led to the decline of spiritual values and loss of interest in art, he added: "It is this time of struggle and tensions that enables the emergence of militant writers. A true artist will not write for his own sake. His clear conscience will not allow him to remain indifferent to the situation of the nations. He becomes a socially committed writer and, while serving his art, begins to serve the higher causes of humanity" (Raynov 1939b, 1).

The faith in the transforming power of art, and the necessity he felt to serve the supreme human goals, led Nikolay Raynov to his commitment to the Roerich Pact. On his initiative, the Bulgarian Roerich Society was established in 1930. In his article "Roerich and the Struggle for Culture" (1933) he noted:

> "One of the main institutions, established by the tireless activist for renewal of humanity, is the Institute of United Arts. On his coat of arms you can clearly see Roerich's motto: "Art will unify all humanity. Art is one – indivisible. Art has its many branches, yet all are one. Art is the manifestation of the coming synthesis; art is for all. Everyone will enjoy true art. The gates of the 'sacred source' must be wide open for everybody, and the light of art will influence numerous hearts with a new love. At first this feeling will be unconscious, but after all it will purify human consciousness, and how many young hearts are searching for something real and beautiful! So give it to them. Bring art to the people – where it belongs. We should have not only museums, theaters, universities, public libraries, railway stations and hospitals, but even prisons decorated and beautified. Then we shall have no more prisons. (Raynov 1933, 335)

From the point of view of 20th century history, and of our actual situation alike, these views might appear fairly utopian, if not naive. Yet Nikolay Raynov was not a mystic closed in himself, nor a quixotic dreamer. He knew very well how to interpret the symbols and codes of Kali Yuga, "the dark age". Hence, the brutally realistic diagnosis he made of our time: the golden ages are gone, there are no more brilliant spiritual leaders, absent is the great creative spirit that might open the gates to the future seventh circle of art (Raynov 1929, 48-56; idem 1939, 227). However, the past does not vanish without a trace. It always leaves trails, guiding signs, vivifying sources from which we can draw inspiration and strength. Whether or not the new age of synthesis will ever come is unknown. It is not that important either. What matters are the "confessions" and the revelations of this forerunner, which are a standing testimony to the fact that another world exists – an ethereal world of noble beauty and light that opens up to us through his paintings and his reflections on the mission of art and culture.

Prof. Dr. Yvanka B. Raynova, Institute for the Study of Societies and Knowledge – Bulgarian Academy of Sciences, Sofia / Institut für Axiologische Forschungen, Wien,
raynova[at]iaf.ac.at

References

Kandinsky, Wassily. "UND. Einiges über synthetische Kunst". In: *Internationale Revue i* (Amsterdam), No.1, 1927: 4-10.

Mavrodinov, Nikola. "Akvarelite i gravyurite na Nikolaiy Raiynov." In: *Nikolay Raiynov – yubileiyna izlozhba. Katalog* ("Nikolay Raynov's Watercolours and Engravings." In: *Nikolay Raynov – Anniversary Exhibition. A Catalogue*). Sofia: 1939.

Raynov, Nikolay. "Novoplatonichnata filosofiya i mistikata na Porfirosa". In: Porfirios. *Peshtera na nimfite*. Prevod i vstupitelna studiya N. Raynov. ("The Neoplatonic Philosophy and Mysticism of Porphyry". In: Porphyry. *De Antro Nympharium* [*On the Cave of the Nymphs*]. Translation and Foreword by N. Raynov). Sofia: Stoyan Atanassov, 1920.

Raynov, Nikolay. "Jean Arthur Rimbaud". In: Arthur Rimbaud. *Izbrani Proizvedenya* (*Selected Works*). Translation by G. Mihaylov with a foreword by N. Raynov. Sofia: T. F. Chipev, 1922.

Raynov, Nikolay. *Vuzgled v istoriya na izkustvoto* (*A View within History of Art*). Sofia: 1928.

Raynov, Nikolay. *Edna vecher u Perikla* (*A Night at Pericles*). Sofia: Akazia, 1929.

Raynov, Nikolay. *Vechnoto v izkustvoto. Istoriya na plastichnite izkustva, tom 1* (*The Eternal in Art. History of Plastic Arts, Vol. 1.*). Sofia: Stoyan Atanassov, 1931.

Raynov, Nikolay. "Roerich i borbata za kultra" ("Roerich and the Struggle for Culture"). In: *Zlatorog*, No. 7, 1933: 335.

Raynov, Nikolay. *Moderno izkustvo. Istoriya na plastichnite izkustva, tom 12* (*Modern Art. History of Plastic Arts, vol. 12*). Sofia: Stoyan Atanassov, 1939.

Raynov, Nikolay. "Pri yubilyara, za izkustvoto. Intervyu s N. Raynov". In: *25 godini Nikolaiy Raynov, yubileen list*. Broy edinstven ("Conversation with the celebrated jubilee on the subject of art. An interview with N. Raynov". – In: *25 years Nikolay Raynov. A Jubilee magazine*. Single copy). Sofia, 1939b: 1.

Raynov, Nikolay. *Istoria na iskustvoto* (*History of Art*). Vol. I. Sofia: Ivan Koyumdzhiev, 1947.

Russev, Svetlin. "Prikazno-dekorativen svyat. Yubileiyna izlozhba na Nikolay Raynov" ("A Fairy-tale and Decorative World. An anniversary exhibition of Nikolay Raynov's works"). In: *Literaturen front*, 13.VI. 1974: 5.

Sofia City Art Gallery. *Enchanted Kingdom. 130th Anniversary of the Birth of Nikolay Raynov*. A Catalogue of the Painting Exihibtion, 28.02.-07.04.2019. Sofia: Sofia City Art Gallery, 2019.

GALINA DEKOVA (Sofia)

Nikolay Raynov – Beauty with a crystalline structure

Abstract

The aim of the paper is to give a glimpse of the syncretism and complexness of the work of Nikolay Raynov and to propose an approach that would show his methods of implication of artistic historical ideas into paintings and works of decorative art. Furthermore, it is a reflection about the 130th anniversary exhibition of Raynov's paintings at the Sofia City Art Gallery[1] from the perspective of its historical place in European art and its actual insight.

Keywords: Nikolay Raynov, Art History, Fine Art, Decorative Arts, Painting

Nikolay Raynov is perceived as an enigmatic figure by his contemporaries, a figure with unique and universal talent. His mysterious silhouette manifests itself in parallel universes: as a priest of written speech among the painters, capable of expressing the silent thinking in form, color and space; as a thinker, gifted with providence beyond the image, in perfect command of the laws of beauty. Even though he never received recognition as the founder of Bulgarian art theory, his *History of the Plastic Arts* has made him the first teacher of several generations of fine artists (Raynov 1931-1939). Yet, his role remains unclear: some art historians and critics see in his work a pantheistic monolithic force, animating literature and visual arts with its strive for transforming nature into a decorative style and escape from reality towards a distant realm of harmony and beauty (Avramov 1974), while other calls him "a wise sorcerer" and "wizard of words" (see Beshkov 1984).

As a theoretician of art, he stands outside of exact science, whose basis has been laid long before, by the German school. He builds his system of the evolution of arts and styles in an encyclopedic manner, offers new concepts in his mother tongue and implements it in

---

[1] The exhibition is open from February 28 until April 7, 2019. It is accompanied by a bilingual catalogue with authors Adelina Fileva, Yvanka B. Raynova, and Stanislava Nikolova.

his own artistic-decorative work. He intuitively uses a biological metaphor, although it brings him closer to a transcendent morphology and cosmology rather than to the natural sciences (Kubler 1962, 8). He classifies art styles in the paradigm of evolution, all of which are governed by physical processes – coming to life, flourishing, dying. Each natural event reflects the universal order in its own terms. The rejection of imitation, the escape from mimesis brings him closer to the contemporary theories of the ornament – in stylization, Raynov sees the highest achievement of art. Already in the 19th century, Alois Riegl glorified the ornament as a purist form of the beauty, created by humans, as it transforms dead nature by force of its strict physical laws (Riegl 1893, 224). Later, in the 1930s, Walter Benjamin considered the cubistic manifestations of the decorative as well and the decomposition of color and shape as the end of art (Benjamin 1995, 377). Complemented by the theological or spiritual substratum of the study of shapes, Raynov's flat theory, i.e. "universal" history of art of cultures, generates a modernist eclectic secular religion, in which art is the true means for social and "spiritual revival". Although the most utopic versions of this artistic ideology were partially realized during Socialism, its research lies ahead. This context probably divides Nikolay Raynov's audience into believers and sceptics. In any case, such an exhibition faces us with a determination to seek our own point of view: "You look. However, looking is not only a means by which the inner motion becomes possible. The real hard work is not to look, not to 'contemplate', but to experience. A man does not experience through his eyes." (Raynov 1931, 19)

The exhibition in Sofia City Art Gallery consists of over 120 art pieces by Nikolay Raynov, lend by diverse Bulgarian galleries and by private collections. The first part combines paintings, created during the 1920s and the 1930s of the 20th century. The second part exhibits a small portion from Nikolay Raynov's graphic art, in view of the fact that he was extremely productive and illustrated far more Bulgarian and foreign publications than we know today.

The process of how Nikolay Raynov created his paintings is very interesting. The experimentation with materials (varnish, tinfoil, colorful paper) and a miniature technique, the geometrization, which demands concentration and analytical thinking, was in clear contradiction to the intensive intellectual work that turned him into one of the most productive writers between the two wars. The search for symmetry and order in the world of non-organic forms, their simplification to art signifiers is a decorative task, whose possible solutions demand separate algorithms. The composition is fixed as a decorative picturesque – an ideal nature view intended for enclosure between the covers of a book. The choice of subjects (trees, wild flowers, etc.) also denotes far more than mere curiosity for nature and its role as a source of inspiration. It reveals the atavistic relation to the mountains, the home, the land and especially the forest (see Heidegger/Jaspers 1990, 63). Raynov pays special attention to the forest as a biotope, as well as to specific plants, making up his own theory about the Bulgarian ornament as a metaphor for the forest. But in the context of his teleology, the forest seems to be, above all, a place for initiation. It is not by coincidence that the European Modern style from the beginning of the 20th century, its floral tendency in particular, is connected to escapism and eroticism. However, if Raynov's art is connected in its beginnings to *Art Nouveau*, it has also its roots in analytical Cubism and Neo-Naïvism. Another common feature of these variations of Modernism is the specific look towards the past – a romanticized search for inspiration in historical images, close to retrospective dreaming. In that sense, precisely Raynov's historic visionaries from the post-First World War period makes his allocation, both as painter and as writer, so difficult.

Delivered in a close viewer's distance with patience and punctuality, Raynov's paintings are devoid of space, light and perspective. Their perception needs to be in an immediate proximity, in a tactile, almost tangible manner. The image is usually one-dimensional and subdued to a hierarchical perspective – the stylized plant is typically at the front and takes up the whole pictorial field, distinguished with a mere contour by its surroundings, which is present in the shape of an unfolded one-dimensional background. The natural world is represented in a geological incision with indications of the sky, clouds, horizon, earth lines, vegetation – a pictorial grammar of nature, implementing the whole arsenal of ornamentation and simplification in a rather complicated stylization task.

The characteristic feature of these compositions is that they do not construct the ornament in the way described by the theoreticians, i.e. as aligning of all viewers' points towards the object (Mavrodinov 1947, 71). As the preliminary drawings, included in the exhibition, very well illustrate, at the basis of Raynov's compositions is observation. Drawn from life, the sketches are characterized by a vivid line and a realistic punctuality. The purpose of "stylization" in this case is to bring the foreground and the background in the shape of a colorful interweaving, delimiting the zones into equal two-dimensional color spots with a clear contour without any shade, without tones, without depth and complexity[2]. Raynov's stylized plants are schemes of spiritual or empirical processes and realia, which are interpreted in some of his texts available to us today. Each element in them is a signature with a universal meaning and function. Their interpretation demands both, the author's narrative and the aggregate of his philosophical system.

---

[2] György Lukács correlates space in visual arts and the complexity of human relations and states that ornament cannot depict evil, neither can it hint to its presence (Lukács 1963).

In front of these landscapes of the intimate and the sublime, the questions arises whether and when in Bulgaria, along with the New Age, happens a spiritual turn in art, and what is its reflection in social engineering from the second half of the twentieth century, for example. The approach, chosen 2013 by Massimiliano Gioni, the curator of the 55th Venetian Biennale, seems to me helpful for the purposes of a contemporary reception (Gioni 2013). Under the motto *The Encyclopedic Palace,* representations of spiritual doctrines and spiritual teachings, which are not part of the canonical history of art, were included in the central exposition in *Giardini*. Among the exposed works were *The Red Book* by Carl Gustav Jung, drawings from Rudolf Steiner's lectures, Aleister Crawly, a.o. Except for expanding the dictionary of art, the exhibition's purpose was to actualize the initiating function of depiction. In Gioni's words, this can happen by stage representation and models of one's own initiation, as well as through a symbolic regression in performance and body-art. The case of Jung's *Red Book* is of particular interest (Jung 2013). It is an impressive handwritten codex, where the texts are combined with images. Carl Gustav Jung has documented a long-standing experiment with himself in it, known as *Confrontation with the unconscious* (*Auseinandersetzung mit dem Unbewussten*). It contains texts, imaginative situations, awake fantasies, reflections and illustrations. He never published it, because he thought it was incompatible with his scientific work, so it became known to the public 50 years after his de The idea of the historians was to formulate these principles so that the artists of the respective countries could incorporate them into their works. It is believed that this congress is a formal expression of the political battle for influence and cultural Lebensraum ath. The exhibition could have very well included paintings by N. Roerich, branded by him as theosophical icons with healing power. And, undoubtedly, Nikolay Raynov's work could also have been included.

In 1933 Raynov was invited as chairman of the Eurasian section of the 13th International Congress of the art historians in Stockholm, where he could not go because of political hinderence (Tiholov 1948, 146). The main themes of this congress were the national styles in art and the national attribution. The tasks of the congress were in line with the current trends in art studies – based on a study of primitive customs, racial ideas, etc., to construct a new European national history of art and its alternative geography according to the major cultural spheres (Kaufmann/Pilliot 2005, 15). The idea of the historians was to formulate these principles in such a way, so that the artists of the respective countries could incorporate them into their works. It is believed that this congress was a formal expression of the political battle for influence and cultural *Lebensraum* (living space).

Later on, in 1939, another key event happened in Nikolay Raynov's life, which he evaluated later as positive – the church and different associations prevented the celebration of the 50th anniversary of his birth. This only further strengthened the audience's impulse to enter "Nikolay Raynov's realm" and marked the apogee of his fame (Petkov 1939).

But let us go back to Nikolay Raynov's ornamental art. His earliest pieces date back to around 1910, the time when he attended the Drawing School. Later, from 1925 to 1927, he studied at the *Conservatoire national des arts et métiers*. During these two years in Paris he worked mainly as a framing artist and after his return to Bulgaria he continued in this direction. He was among the founders of the Applied Artists Association in 1930, became later its chairperson as well as chair of the Union of Bulgarian Artists in 1944. All of these events turn Nikolay Raynov into a pioneer and a main figure of the Bulgarian movement for the establishment of applied arts as equal to fine arts.

The exhibition on the occasion of the 130 anniversary of his birth gives us reasons to contemplate not only Raynov's place in European context, but also Bulgarian peculiarities of the European style of the 1920s. In addition to the many existing publications, I find it worthwhile, in regard to further research on this topic, to take into account the *Europeana* project from 2012, *Partage Plus* (*http://www.partage-plus.eu/*), involving 25 institutions from 17 countries (Museum of Design – Gent, MAK-Vienna, Museum of Arts and Crafts – Zagreb, the National Museum – Warsaw, etc.). Each of them creates its own web content and delivers artefacts, digitalizing during 24 months works of applied arts, posters, and architectural objects. In this way, an archive of more than 75 000 units was created, including 2500 3D models, accessible through the *Europeana* portal. The positive effects of the project highly exceed its specific purpose, which is to create a virtual archive of *Art Nouveau*, allowing many of the participating museums to buy digitalization equipment, to systematize and take stock of their funds. Many exhibitions with works, never shown before, were organized. Scholars may take a great advantage in the unified and the systemized terminology for the applied arts. A great benefit for scholars is the unified and systematized terminology of applied arts. In this context, the theoretical developments by Nikolay Raynov could be the basis for a specific Bulgarian contribution.

Dr. Galina Dekova, Curator of Gallery "Vaska Emanouilova" – Sofia City Art Gallery, galinadekova[at]gmail.com

References

Avramov, Dimitar. "Hudojnikat Nikolay Raynov" (The Painter Nikolay Raynov), – *Narodna Kultura*, 27.03.1974.

Avramov, Dimitar. *Nikolay Raynov – yubileiyna izlozhba. Katalog* (Nikolay Paynov –Jubilee Exhibition. A Catalogue). Sofia: Bulgarski Hudojnik, 1974.

Benjamin, Walter. *Gesammelte Briefe Bd. I: 1910-1918*. Bd. 1. Berlin: Suhrkamp, 1995.

Beshkov, Alexander. Nikolay Raynov. A Film. Sofia: Studio „Kultura", 1984.

Gioni, Massimiliano (ed.). *The Encyclopedic Palace: 55th International Art Exhibition: La Biennale di Venezia*. Venezia: Marsilio, 2013.

Jung, Carl Gustav. *Das Rote Buch*. Düsseldorf: Patmos, 2013.

Heidegger, Martin und Karl Jaspers. *Briefwechsel 1920–1963*. Frankfurt am Main: Vittorio Klostermann, 1990.

Kaufmann, Thomas Dacosta, and Elizabeth Pilliod (eds.). *Time and Place: The Geohistory of Art*. London: Routledge, 2005.

Kubler, George. *The Shape of Time*. New Heaven and London: Yale University Press: 1962.

Lukács, Georg. *Die Eigenart des Ästhetische. Georg Lukacs Werke, Ästhetik, Teil 1*. Neuwied/Berlin: Luchterhand, 1963.

Mavrodinov, Nikola. *Novata balgarska jivopis*. (New Bulgarian Painting). Sofia: Bulgarska kniga, 1947.

Petkov, Petar. *V Chest na Nikolay Raynov* (In Honour of Nikolay Raynov), – *Literaturen Glas*, 08.03.1939.

Raynov, Nikolay. *Vechnoto v izkustvoto. Istoriya na plastichnite izkustva, tom 1* (The Eternal in Art. History of Plastic Arts, vol. 1). Sofia: Stoyan Atanassov, 1931.

Raynov, Nikolay. *Istoriya na plastichnite izkustva, tom 1-12* (Modern Art. History of Plastic Arts, vol. 1-12). Sofia: Stoyan Atanassov, 1931-1939.

Riegl, Alois. *Stilfragen. Grundlegung zu einer Geschichte der Ornamentik*. Berlin: Verlag von Georg Siemens, 1983.

Sofia City Art Gallery. *Enchanted Kingdom. 130th Anniversary of the Birth of Nikolay Raynov*. A Catalogue of the Painting Exihibtion, 28.02.-07.04.2019. Sofia: Sofia City Art Gallery, 2019.

Tiholov, Petko. *Nikolay Raynov. Zhivot, tvorchestvo, anekdoti*. (Nikolay Raynov. Life, Work, Anecdotes). Sofia: 1948.

BOOK REVIEW

SUSANNE MOSER (Wien)

Crisis as a Driving Force for the Development of Philosophy

Yvanka B. Raynova. *Sein, Sinn und Werte: Phänomenologische und hermeneutische Perspektiven des europäischen Denkens*. Frankfurt am Main, Bern, Bruxelles, New York, Oxford, Warszawa, Wien: 2017, 331 S.

In her book *Sein, Sinn und Werte: Phänomenologische und hermeneutische Perspektiven des europäischen Denkens* (*Being, Meaning and Values: Phenomenological and Hermeneutical Perspectives of European Thought*), Yvanka B. Raynova refers to a long discourse on the so-called "crisis of philosophy". Even today philosophy is accused to be in a crisis of meaning, to be abstract and unworldly, to be without practical application nor connection to reality and, thus, that it cannot serve the needs of society. In short, philosophy is useless. Raynova's book is directed against such reproaches, with which already Brentano, Husserl and Heidegger hat to deal. Her central concern is to show that phenomenology not only aroused from a crisis thinking, but that it is crisis itself that made it possible for philosophy to evolve:

> The thematization of the 'crisis' was not only beneficial for Husserl's oeuvre (...), but also for Martin Heidegger, Jan Patočka, Maurice Merleau-Ponty, Paul Ricœur, Jacques Derrida and others. (10)

Unfolding the diverse facets of this discussion in the phenomenological schools, Raynova displays how the crisis of reason led to a crisis of meaning and of being. According to her, this axiological insecurity came to a head in the area of responsibility, human dignity and human rights and led to the necessity of a rethinking of history and community (ibid.). The hidden purpose of her analyses is to show that philosophy is indeed useful, as a basic knowledge without which the concept of the fundamental values and the history of human rights, upon which the European Community is based, cannot be understood and further developed.

In the first chapter Raynova turns to the origin of phenomenological research by revisiting the question of Herbert Spiegelberg as to whether the phenomenological movement begins with Franz Brentano. In discussion with Spiegelberg, who, in her opinion, endeavored to prove the originality of Husserl's philosophy while Brentano's influence on Husserl was shown to be negligible and reduced to the role of the teacher, Raynova undertook a quite differentiated study of Husserl's Brentano reception. This enabled her to articulate the main difference between Brentano and Husserl, namely that between descriptive psychology and phenomenology (29), as well to show the various principles that Husserl inherited from Brentano, albeit in a revised form, among other the scientific nature of philosophy, philosophy as a fundamental science and basis of the other sciences, the principles of unprejudiceness and of evidence, and the immanent character of philosophy. From this she concludes that it is not only legitimate but also necessary to begin the history of the phenomenological movement with Franz Brentano. (39)

In the next few chapters, Raynova gives an insight into the plethora of phenomenological research by drawing a line "From Being to Existence" and "The Critique of the Transcendental Ego" (chapter 2) to "The Abyss of Existence and the Indeterminacy of Values" (chapter 3). She acts here as a mediator between the different positions. By means of a comparative hermeneutics, she outlines the long way from Husserl's attempt to connect "true being and cognition" as the task of transcendental philosophy, which aims to expose the meaning of "pure" phenomena (34), through Martin Heidegger's hermeneutic turn, posing anew the question of the meaning of being, till Jean-Paul Sartre's attempt to elaborate a phenomenological ontology. Even the problem of being as being never became the object of a special enquiry in Paul Ricœur's work, one could speak, according to Raynova, of similarities between Heidegger, Sartre and Ricœur, because the Cogito as "search for the truth" is always dependent on something else than on itself – on the being (Heidegger), on existence (Sartre), on the text or the otherness (Ricœur) – whose disclosure is the basic requirement for the realization of authenticity. (77) Especially in the field of values, Raynova demonstrates, in opposition to some critics like Françoise Dastur, that there is an approximation of the value theories of Ricœur and Sartre, arguing that Ricœur himself rejected to deepen the opposition to Sartre's value conception (98) and adopted his view that there is no final justification in the field of value theory. (97)

The first three chapters may be of great help to those seeking a brief but profound introduction to phenomenology. After this theoretical prelude, chapters 4 and 5 –"From the Truth of Being to the Truth of the Whole" and "Integral Thinking and Conflictual Discourse" – which are dedicated to the Austrian philosopher Leo Gabriel, presents a successive entry into the hermeneutics of European intellectual history. (107) Unlike those who consider Gabriel's key work *Integrale Logik* (*Integral Logic*) as a counterpart to Hegel's dialectical logic, Raynova argues that the idea of the "truth of the Whole", on which is based *Integrale Logik*, can be understood as an answer to the 'truth of being' of Heidegger's *Sein und Zeit* (107). Accordingly, she shows how Gabriel transgresses and at the same time unites the concepts of phenomenology, existential philosophy and hermeneutics by reinterpreting the basic notions of phenomenon and logos. For Gabriel, the phenomenon is neither essence (Husserl), nor the self-presenting being of beings (Heidegger), but a figure which emerges trough the disclosure of being by the means of translation and interpretation. "Thinking is thus not an immediate being-thought, it is translative, i.e. the creative design of what is perceived is translated into symbols, concepts and sentences."(118) In the process of thinking, the meaningfulness of the concrete is developed, in which thought unfolds its form out of itself in a dialogical mediation.

Raynova emphasizes that Gabriel puts crisis thinking in a completely new light because he interprets the crisis in the sense of a broken whole (129) and ascribes to philosophy a special responsibility, namely the "responsibility for the future, for the fulfillment of the task of overcoming the totalitarian systematics in its root, in its logical core of deformation, in order 'to bring the full use of reason' and to recognize the true whole."'(136) Since we can never grasp the whole, we need an open system of thought that recognizes the plurality of worldviews and promotes their dialogue. With Ricœur and Gabriel, Raynova argues the core importance for the European integration process of the preservation of the differences on a higher common level. (147) She underlines, that one must try to integrate the best (Gabriel), but also to create new common values (Ricœur) with the aim of an "East-West synthesis" (149), in order to overcome the still noticeable divide between the West as the "real" Europe and the East, as the "other" Europe. (149) With Ricœur Raynova warns against totalitarian value systems, but also against the illusion that there could be a value-neutral community order. One should not resort to a unified value model, which was the project of the Enlightenment and that of Husserl, but – instructed by the crises and the crisis thinking – seek a conflictual value consensus that can only be won from the diversity and the polyphony of European cultures, traditions and discourses.

In the two chapters that follows, Raynova succeeds in showing how the development of crisis thinking based on the problem of responsibility by undertaking an astonishingly broad analysis from Husserl through Heidegger, Sartre, Arendt, Patočka, Jonas and Levinas to Derrida (Chapters 7 and 8). While the early Husserl ascribes to transcendental phenomenology as ultimate knowledge the highest responsibility – the responsibility for the "true being" and the realization of mankind –, one can observe in late Husserl, who was afflicted by the crisis of National Socialism, a historical-philosophical turn. But even where the late Husserl poses concrete ethical and historical questions, he ends, according to Raynova, with statements that sublate the particular responsibility of the individual in the universal, i.e. in the transcendentality of the "absolute self-responsibility" of an "absolute ego-self". (203) Subsequently, Raynova reveals how the crisis of the Second World War brings down the philosophical discourse on responsibility from its transcendental-philosophical level to the level of the concrete. Responsibility is no longer understood from the transcendentality, but from being or from the other. It is no longer related to the special ability of the "European" man to rational, philosophical thinking, nor to a special "philosophical mission" derived chiefly from a teleology of history. (205)

In chapter 9, "Human Rights and Human Dignity", Raynova addresses the widespread claim that Ricœur has given the following definition of human dignity: "The human being is entitled to something by the fact that it is human." (243) By pointing out that the article from which this sentence was taken is not concerned with human dignity, but with human rights, she makes an important contribution offering a first analysis of the conceptions of human rights and human dignity in Ricœur's work. In doing so, Raynova argues that Ricœur conceived human dignity, which he never explicitly defined, through the prism of human capacities, especially of the capacity to take responsibility.

In the last chapter "From the European 'Crisis of Mean' to a 'New Ethos' for Europe", Raynova shows the potential of hermeneutic phenomenology in relation to the problem of the integration of the European community. Based on Ricœur's vision of a new ethos for Europe, which Raynova considers as a complement to his complex crisis concept, she proposes a new European translation ethos that should overcome existing linguistic asymmetries and discursive dominance. (310) Ricœur's ethos for Europe, which covers three models – the models of translation, memory exchange and forgiveness – displays translation chiefly as "linguistic hospitality" and thus ignores the downsides of translation, especially the real struggles for dominance in translation policy. In order to grasp these, Raynova introduces the concept of "Über-setzung", of translation as "Super-position", as a term designating "a special form of domination over and through language by the use of the gift of the linguistic hospitality of translation." (298) Translation in this context of Super-position means the setting of a language, language game, idiom or culture over another by exploiting its hospitality. In contrast to Domenico Jervolino's view that Europe has matured through its centuries-long history of conflicts and wars and is ready to become "translator and mediator of the world", Raynova believes that this is not the case at present. (297) Rather, it is regrettable that before the fall of the Berlin Wall there was more interest in a philosophical East-West exchange on the part of the West, than now in the United Europe and also more appreciation. (312) With its criticism of a one-sided "translation", Raynova combines a positive undertaking, namely the development of a new European ethos of translation, because only by showing the one-sidedness in European language and cultural policy the Ricœur's translation paradigm can be seen as really needed and not just perceived as an ideal model of a new ethos for Europe. (313) Because the cultural and scientific diversity of Europe is not something to which one has immediate access, there is a need of a polyphonic approach, which Raynova, following Ricœur and Gabriel, calls a *translative hermeneutics of the European history and values*. (313)

It is no secret that the phenomenological schools are in competition with each other and sometimes even hostile to each other. What's special about Raynova's approach, in my opinion, is that she is well-balanced in her interpretations, letting the various viewpoints to enter in an appreciative polylogue. It is no coincidence that Ricœur's hermeneutic phenomenology, which seeks to mediate between opposite positions, takes a central methodological place in her deliberations. By combining and transforming his dialectical method of suspicion and his discursive mediation into a translative and comparative hermeneutics, and applying it in a problem-related manner, Raynova unfolds the various perspectives of the classics of phenomenology demonstrating convincingly their importance for contemporary European thought.

Dr. Susanne Moser, Institut für Axiologische Forschungen, Wien /
Karl Franzens-Universität Graz, susanne.moser[at]univie.ac.at